Italienisch
für Anfänger

von
Renate Merklinghaus
Nadia Nuti-Schreck
Linda Toffolo

Ernst Klett Verlag
Stuttgart Düsseldorf Leipzig

von
Renate Merklinghaus, Dozentin an der
   Volkshochschule Vaterstetten
Nadia Nuti-Schreck, Dozentin an der
   Volkshochschule Mittleres Taubertal
Linda Toffolo, Lehrbeauftragte an der
   Universität Regensburg und Dozentin
   an der Volkshochschule Regensburg

unter Mitwirkung von
Christine Breslauer, Dozentin für Methodik und
   Didaktik an der Heinrich-Heine-Universität
   Düsseldorf

und beratender Mitarbeit von
Miranda Alberti, Autorin und Dozentin an der
   Volkshochschule München
Giuliana G. B. Attolini, Studienleiterin an der
   Volkshochschule Essen
Silvia Bentivoglio, Fachbereichsleiterin Italienisch,
   Bildungszentrum Nürnberg
Hansjörg Frommer, Fachbereichsleiter
   Romanische Sprachen an der Volkshochschule
   Karlsruhe
Brigitte Grimmer, Fremdsprachentrainerin in der
   Erwachsenenbildung und Lehrbeauftragte an
   der Technischen Universität Graz
Rosa Pipitone, Fachbereichsleiterin
   Fremdsprachen an der Volkshochschule
   Hameln-Pyrmont
Yvonne Salm, Italienischlehrerin, Luzern
Antonella Sartori, Lektorin an der Universität
   Regensburg
Ingrid Terrana-Kalte, Leiterin der Volkshoch-
   schule Meerbusch und Lehrbeauftragte an der
   Gerhard-Mercator-Universität-Gesamthoch-
   schule Duisburg

Illustrationen
Athos Boncompagni, Arezzo

1. Auflage   1 4 3 2 1 | 06 05 04 2003

Alle Drucke dieser Auflage können im
Unterricht nebeneinander benutzt werden,
sie sind untereinander unverändert. Die letzte
Zahl bezeichnet das Jahr dieses Druckes.
© Ernst Klett Verlag GmbH, Stuttgart 2003.
Alle Rechte vorbehalten.
Internetadresse: http://www.klett-verlag.de
Redaktion: Roberta Robustelli,
   Bettina Peters, Barbara Huter
Gestaltung: Andrea Schmid
Einbandgestaltung: C. Schneyer, S. Kassler
Umschlagfoto: Imagebank
Reproduktion: Meyle + Müller,
Medien-Management, Pforzheim.
Druck: W. Wirtz, Speyer.
ISBN 3-12-525550-3

Liebe Kursteilnehmerinnen,
liebe Kursteilnehmer,

jetzt kann es losgehen! Mit *Allegro* werden Sie einen sanften und unterhaltsamen Einstieg in die italienische Sprache erleben.

Im Lehr- und Arbeitsbuch finden Sie alles, was Sie im Unterricht und zu Hause brauchen:

- 12 Lektionen
- darunter 4 *ripassi* – das sind Wiederholungslektionen – mit Spielen, Lerntipps und Wissenswertem über Italien
- Übungen für zu Hause - mit Lösungen
- ein Vokabular nach Lektionen
- ein alphabetisches Vokabular
- eine systematische Grammatik zum Nachschlagen

Am Ende jeder Lektion gibt es eine Zusammenfassung der wichtigsten Redemittel und eine Übersichtsseite zur Grammatik. Dort finden Sie auch Hinweise auf die entsprechenden Paragraphen in der systematischen Grammatik. So können Sie einzelnen Fragen gezielt auf den Grund gehen.

Allegro wird Ihnen Sicherheit und Orientierung beim Lernen geben. Neben Dialogen und Übungen enthält es auch Lese- und Hörtexte aus dem italienischen Alltag, die Sie nach und nach auf den Kontakt mit Italien und den Italienern vorbereiten.

Und nun *buon divertimento* – viel Spaß!

Ihre Autorinnen
Ihre Redaktion

Und wenn im Unterricht die ersten Fragen auftauchen, helfen Ihnen sicher folgende Wendungen:

Inhalt

Come va?

Guardate e ascoltate.

Sehen Sie sich beim Zuhören die Abbildung an.

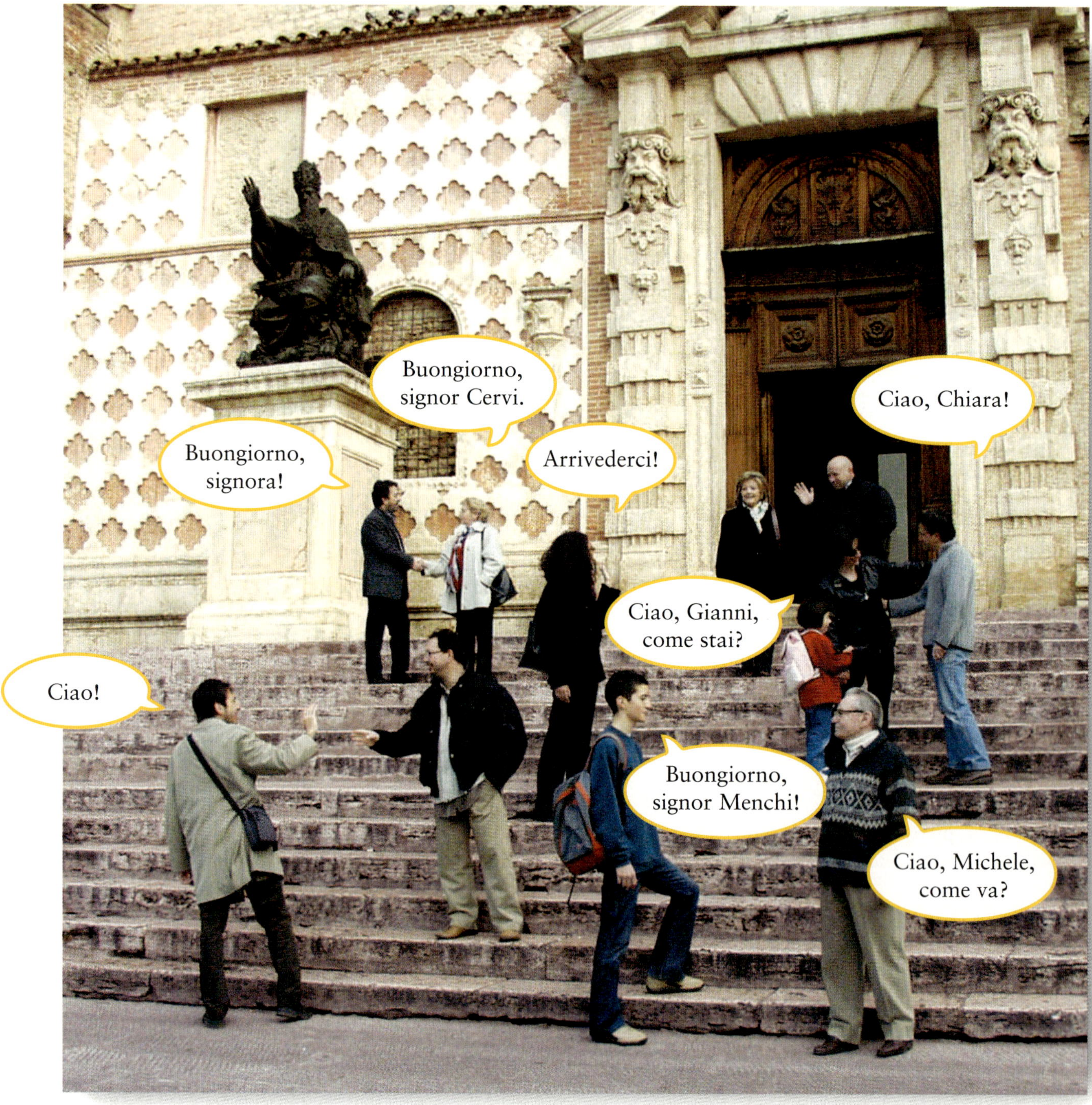

Buongiorno,
signor Cervi.

Ciao, Chiara!

Buongiorno,
signora!

Arrivederci!

Ciao, Gianni,
come stai?

Ciao!

Buongiorno,
signor Menchi!

Ciao, Michele,
come va?

Was sagen die Personen, um sich zu begrüßen? Was sagen sie zum Abschied?
Wie fragt man „Wie geht's?"?

A Buongiorno!

1  **Ascoltate.**
Hören Sie die Dialoge.
In welchem Dialog duzen
sich die Personen, in welchem
siezen sie sich?

- Ciao, Chiara!
- ○ Ciao, Gianni, come stai?
- Io sto bene, e tu?
- ○ Abbastanza bene.

- Buongiorno, signora!
- ○ Buongiorno, signor Cervi. Come sta?
- Non c'è male, grazie. E Lei?
- ○ Bene, bene.

Wer duzt und wer siezt sich auf der Abbildung der vorigen Seite?

2 **Completate.**
Tragen Sie die fehlende Verbform ein.

stare		Come stai? Come sta?	
io	sto	☺ Benissimo.	☺ Non c'è male.
tu	stai	☺ Bene.	☹ Così così.
Lei lui lei	sta	☺ Abbastanza bene.	☹ Insomma ...

3 **Lavorate in gruppi.**
Bilden Sie kleine Gruppen. Begrüßen Sie die anderen Kursteilnehmer und fragen Sie sie,
wie es ihnen geht. Wählen Sie nach Belieben die Sie- oder die Du-Form.

4 **Completate.**
Vervollständigen Sie die Sprechblasen.

Ciao, Petra!

Ciao, Karl!
Come stai?

Bene, e
tu?

Buonasera!

Buongiorno, signora!
Come sta?

Bene, grazie.
E Lei?

Ü 1–2
S. 104

 **B Piacere!**

1  **Ascoltate.**
Hören Sie zu.

● Tu sei Piero Rivelli, vero?
○ Sì, sono io. E tu sei ...?
● Io sono Margherita Moroni.
  E questa è Anna De Rosa,
  un'altra collega.
○ Piacere.
△ Piacere.

Was bedeutet in diesem
Zusammenhang „Piacere."?

2 **Completate.**
Tragen Sie die Verbformen ein.

essere	
io	sono
tu	sei
Lei lui lei	è

Io sono Margherita.

Questo è Piero.

Questa è Anna De Rosa.

3 **In classe**
Machen Sie sich mit Ihrer Nachbarin/Ihrem Nachbarn bekannt und stellen Sie
sie/ihn anschließend den anderen Kursteilnehmern vor.

4 **Formate delle frasi.**
Bilden Sie mit den angegebenen Elementen drei Sätze.

sono   sei   Maria   Giovanni   Rodari   è

tu   io   questo   Antonio   vero

?

Io sono Maria.
Tu sei Giovanni, vero?
Questo è Antonio Rodari.

↓
Ü3
S. 105

C Le presento il signor Rivelli.

1  Ascoltate.
Hören Sie zu.

- ● Buongiorno, ingegnere!
- ○ Buongiorno, signora Moroni.
- ● Ingegnere, Le presento il signor Rivelli.
  Piero, l'ingegner Gambini.
- △ Piacere.
- ○ Molto lieto.

2 Completate.
Tragen Sie die fehlenden Artikel ein.

Le presento	*il* signor Rivelli. la signora De Rosa. *l'* ingegner Gambini.	Piacere.

Wann wird der Artikel vor *signora / signor* bzw. vor dem Titel verwendet?
Wann wird er weggelassen?

3 Guardate e completate.
Sehen Sie sich folgende Visitenkarten an und vervollständigen Sie die Dialoge.

1. ● Ingegnere, Le presento *l'* architetto Capano.
   Francesca, *l'* ingegner Verde.
   ○ Molto lieto.

2. ● È Lei *il* signor Fabbrocini?
   △ Sì, sono io.
   ● Piacere. Sono *l'* avvocato Vitiello.

3. ● Buongiorno, sono *la* dottoressa Lubrano.
   ○ Piacere. Rosaria Accarino.

Arbeiten Sie nun zu zweit und lesen Sie die Dialoge mit verteilten Rollen.

4 **Lavorate in gruppi.**
Arbeiten Sie in kleinen Gruppen. Stellen Sie Ihrer Nachbarin/Ihrem Nachbarn eine andere Kursteilnehmerin/einen anderen Kursteilnehmer vor. Wählen Sie nach Belieben die Du- oder die Sie-Form.

ESEMPIO
- Signora Maier, Le presento il signor Müller.
- Petra, questo è Florian.

5 **Prendete appunti.**
Arbeiten Sie zu zweit und notieren Sie die Sätze, die Sie bisher gelernt haben.

Begrüßen und verabschieden	Jemanden nach dem Befinden fragen
Ciao. Buongiorno. Buona sera. Arrivederci. Arrivederla. Ciao più tardi. Ciao, alla prossima volta.	Come va? Come stai? Come sta? Come state?

Sich oder andere vorstellen	Sagen, wie man sich fühlt
Sono Sonia.	

6 **Fate conversazione.**
Sie sind auf einem Fest. Begrüßen Sie Freunde und Bekannte und fragen Sie sie, wie es ihnen geht.
Stellen Sie sich und Ihre Begleitung anderen Gästen vor.

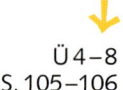
Ü 4–8
S. 105–106

D Dove abiti?

1 **Ascoltate.**
Hören Sie zu. Welche Städte werden genannt?

- ● Ma tu, Margherita, dove abiti?
- ○ Abito qui a Perugia, ma sono di Terni. E tu di dove sei?
- ● Io sono di Genova, ma adesso abito a Firenze.
- ○ Ah! Anche l'ingegner Gambini abita a Firenze.
- ● Davvero? Però non è di Firenze ...
- ○ No, no. È di Lugano.

2 **Leggete e completate.**
Lesen Sie jetzt den Dialog und tragen Sie die entsprechenden Städte ein.

> Di dov'è Margherita?
> È di ....,
> ma abita a ....

> E Piero?
> È di ....,
> ma abita a ....

> E l'ingegner Gambini?
> È di ....,
> ma abita a ....

3 **Completate.**
Tragen Sie die Verbformen ein.

abitare	
io	....
tu	....
Lei lui lei	....

Dove abiti?   Lei dove abita?

Abito a Firenze.

Di dove sei?   Lei di dov'è?

Sono di Genova.

4 **Ascoltate.**
Hören Sie einige Städtenamen und finden Sie die deutschen Entsprechungen.

Francoforte   Stoccarda   *Monaco*   Vienna

Dresda   *Zurigo*   Lipsia   *Lubecca*

Salisburgo   *Basilea*   Amburgo

Basel
Dresden
Frankfurt
Hamburg
Leipzig
Lübeck
München
Salzburg
Stuttgart
Wien
Zürich

5 **Fate conversazione.**
Arbeiten Sie in kleinen Gruppen und fragen Sie sich gegenseitig, aus welchem Ort Sie kommen und wo Sie jetzt wohnen.

↓ Ü 9–10 S. 107

E Sono olandese.

1 📖 **Leggete.**
Folgende Personen sind im Chatroom *Amici.net* angemeldet. Wer könnte zu wem passen?

AMICI.NET

>Ciao a tutti! Sono Greet, sono olandese, di Rotterdam. Cerco ragazzo italiano per un'amicizia on line.<

>Sono David, sono inglese, di Liverpool. Studio in Italia e cerco amici on line.<

> Sono Mauro, abito in Svizzera ma sono italiano al 100%!<

>Salve, sono Laura! Abito a Milano ma sono tedesca. Chattiamo?<

2 **Completate.**
Tragen Sie die Nationalitätsbezeichnungen ein.

	Mauro?	È ....
Di dov'è	David?	È ....
	Laura?	È ....
	Greet?	È ....

Mit welchen Buchstaben enden die Nationalitätsbezeichnungen für die maskuline Form?
Wie enden sie für die feminine Form?
Welche Endung kann für beide Geschlechter gelten?

3 **Fate delle ipotesi.**
Diese Personen haben sich im Chatroom getroffen. Stellen Sie mit Ihrer Nachbarin/Ihrem Nachbarn Vermutungen über ihre Nationalität an.

francese

svizzero/a   austriaco/a

spagnolo/a

ESEMPIO
● Secondo te Piet di dov'è?
○ Secondo me è olandese.

Isabel

Andrea

Janine

Piet

John

Maria

4 **Fate i dialoghi.**
Bilden Sie zu zweit kleine Dialoge mit folgenden Elementen.

1. Fabio ◆ Svizzera ◆ Lugano.
2. Greet ◆ Olanda ◆ Rotterdam.
3. Laura ◆ Italia ◆ Milano.

4. Janine ◆ Francia ◆ Parigi.
5. Peter ◆ Germania ◆ Stoccarda.
6. Maria ◆ Austria ◆ Vienna.

ESEMPIO
● Mauro abita in Svizzera.
○ Dove?
● A Lugano.

● Mauro è svizzero.
○ Di dove?
● Di Lugano.

5 **Raccontate.**
Fällt Ihnen eine berühmte Persönlichkeit ein, die nicht in ihrer Heimat lebt?
Erzählen Sie, woher Sie stammt und wo sie inzwischen wohnt.

6 **Completate.**
So hat sich Mauro im Chatroom *Amici.net* angemeldet. Melden auch Sie sich an.

nome:	**Mauro**	nome:	
cognome:	**Di Giulio**	cognome:	
nazionalità:	**italiana**	nazionalità:	
città:	**Zurigo**	città:	
e-mail:	**mauro65@gmg.ch**	e-mail:	

7 **Scrivete.**
Schreiben auch Sie einen kleinen Text für den Chatroom *Amici.net*.

↓
Ü 11–17
S. 107–109

F Come si pronuncia?

1 Ascoltate e ripetete.
Hören Sie die folgenden Wörter und sprechen Sie sie nach.

centro   giubileo   ciabatta   ghirlanda   acciuga   come   galleria

Calabria   laguna   pacchetto   geniale   adagio   Giro d'Italia   parmigiano

prego   arrivederci   traghetto   Chianti   cura   Riccione

2 **Completate.**
Tragen Sie nun die Wörter entsprechend ihrer Aussprache in die Tabelle ein.

[tʃ] wie *tschüs*	[k] wie *Kino*	[dʒ] wie *Gin*	[g] wie *Geld*

3 **Leggete.**
Arbeiten Sie zu zweit und lesen Sie sich die Wörter gegenseitig vor.
Kennen Sie noch andere Wörter, die in diese Gruppen passen?

↓
Ü 18–19
S. 109

Spielen Sie folgende Situation am Arbeitsplatz zu dritt. Zwei Kolleginnen/Kollegen treffen eine neue Mitarbeiterin/einen neuen Mitarbeiter zum ersten Mal. Sie begrüßen sich und stellen sich untereinander vor. Sie unterhalten sich kurz über Herkunft und aktuellen Wohnort und verabschieden sich anschließend.

Si dice così

<table>
<tr>
<td colspan="2">

Begrüßen und verabschieden

Buongiorno!
Buonasera!
Salve.
Ciao!
Arrivederci.

</td>
<td colspan="2">

Sich oder jemanden vorstellen

Sono Mario. Questo è Marco. Questa è Maria. Le presento	il signor Rivelli. la signora Moroni. l'ingegner Gambini.	Piacere.

</td>
</tr>
<tr>
<td colspan="2">

Nach dem Befinden fragen

Come stai? Come sta? Come va?	Benissimo, grazie. Bene. Abbastanza bene. Non c'è male. Così così. Insomma …

</td>
<td colspan="2">

Nach der Herkunft fragen

Di dove sei? Lei di dov'è?	Sono	di Perugia. tedesco.

Nach dem Wohnort fragen

Dove abiti? Lei dove abita?	Abito	a Monaco. in Germania.

</td>
</tr>
</table>

Grammatica

1. Verben: Formen im Singular   → 1, 18, 19, 31

Im Italienischen liegt der Wortakzent in der Regel auf der vorletzten Silbe. Einige Verbformen werden auf der drittletzten Silbe betont: *abito*. (Achtung: Der Betonungspunkt wird nicht geschrieben, er dient nur als Aussprachehilfe.)

	essere	stare	abitare
io	sono	sto	abito
tu	sei	stai	abiti
lui, lei, Lei	è	sta	abita

Das Verb (Zeitwort) wird meist ohne Personal-pronomen (persönliches Fürwort) verwendet: *ich wohne – abito*. Jedoch wird das Personalpronomen zur Hervorhebung benötigt: **Tu sei Piero, vero? – Sì, sono io.**

2. Personalpronomen: Formen im Singular   → 15

1. Person:	io
2. Person:	tu
3. Person:	lui, lei, Lei

Die Personalpronomen für die 3. Person Singular (Einzahl) sind **lui** – *er* und **lei** – *sie*. Die höfliche Anrede im Singular wird ebenfalls mit der weiblichen Form der 3. Person wiedergegeben. Die Anredeform *Lei* gilt für Frau und Mann gleichermaßen.

3. Bestimmter Artikel: Formen im Singular   → 5

maskulin	*feminin*
il signore	la signora
l'ingegnere	l'amicizia
lo studente	
lo zoo	

Der bestimmte Artikel (Geschlechtswort) lautet
- *il* bei maskulinen (männlichen) und
- *la* bei femininen (weiblichen) Substantiven (Hauptwörtern).

Mit Vokal (Selbstlaut) beginnende Substantive haben den Artikel *l'*. Maskuline Substantive, die mit s + Konsonant (Mitlaut) oder **z** beginnen, haben den Artikel *lo*.

4. Bestimmter Artikel: Gebrauch   → 6

Le presento   **il** signor Rivelli.
            la dottoressa De Rosa.
Aber:
Buongiorno, signor Rivelli!
Buonasera, dottoressa!

Im Unterschied zum Deutschen steht im Italienischen vor Titel und Name der bestimmte Artikel. Er entfällt jedoch bei der Anrede. Die Endung -re der Titel und Berufs-bezeichnungen wird vor dem Namen zu -r verkürzt: *il signore – il signor Rivelli.*

5. Nationalitätsbezeichnungen   → 11

tedesco	tedesca
austriaco	austriaca
svizzero	svizzera
olandese	
inglese	

Die Nationalitätsbezeichnungen sind Adjektive (Eigenschafts-wörter). Im Singular haben sie meist folgende Endungen:
- **-o** in der maskulinen Form
- **-a** in der femininen Form.

Einige Adjektive enden auf
- **-e** in beiden Formen.

6. Präpositionen: *a, in*   → 27

a Roma	**in** Italia

Bei Städtenamen steht die Präposition (Verhältniswort) *a*, bei Ländernamen meist *in*.

Dove vai?

Guardate la carta.
Sehen Sie sich die Karte mit Ihrer Nachbarin/Ihrem Nachbarn an.
Welche Städte kennen Sie?

- Bolzano
- Trento
- Aosta
- Verona
- Trieste
- Venezia
- Milano
- Pavia
- Torino
- Bologna
- Genova
- Imperia
- Firenze
- Senigallia
- Ancona
- Perugia
- Pescara
- L'Aquila
- Roma
- Campobasso
- Napoli
- Bari
- Potenza
- Lecce
- Cagliari
- Catanzaro
- Reggio Calabria
- Palermo

Kennen Sie weitere
italienische Städte?

A In treno

1  **Ascoltate.**

Hören Sie das Gespräch und versuchen Sie dann herauszufinden,
auf welcher Strecke sich die Reisenden befinden.

△ = signora Kreisler   ○ = signor Kreisler
● = signora Magoni

△ Scusi, siamo già a Pavia?
● No, Pavia è la prossima.
△ Ah, grazie.
● Non siete italiani, vero?
○ No, siamo tedeschi, di Francoforte.
● E adesso tornate in Germania?
○ No, no, noi abitiamo a Milano.
● Ah, abitate a Milano anche voi ...
   Perciò parlate così bene l'italiano!

2 **Completate.**
Tragen Sie die fehlenden Verbformen ein.

	essere	abitare
io	sono	abito
tu	sei	abiti
lui, lei, Lei	è	abita
noi	....	....
voi	....	....
loro	sono	abitano

Non	abitiamo / torniamo	in Germania.

3 **Mettete una crocetta.**
Welche Aussagen treffen zu?
Kreuzen Sie an.

La signora Magoni
☐ abita in Germania.
☐ è italiana.

Il signore e la signora Kreisler
☐ abitano a Milano.
☐ tornano in Germania.
☐ sono italiani.
☐ sono di Francoforte.
☐ abitano a Pavia.
☐ parlano bene l'italiano.

Vergleichen Sie das Ergebnis mit Ihrer Nachbarin/Ihrem
Nachbarn. Lesen Sie die richtigen Sätze vor und bilden Sie
aus den Aussagen, die nicht zutreffen, verneinte Sätze.

4  **Ascoltate e osservate la carta.**
Hören Sie nun ein zweites Gespräch in einem Zug und versuchen Sie wieder herauszufinden,
auf welcher Strecke sich die Reisenden befinden.

5 🎧 **Ascoltate.**

Hören Sie das Gespräch nochmals. Warum sind Rita und Manuela unterwegs?

△ = controllore ● = Rita ○ = Manuela

△ Biglietti, prego …
● Scusi, per Senigallia devo cambiare?
△ No, con questo treno no.

○ Vai a Senigallia?
● Sì, anche tu?
○ No, io vado a Bologna … a trovare un amico. E tu, come mai vai a Senigallia?
● Eh, per lavoro. Beh, veramente studio ancora, ma quest'estate lavoro in un albergo.

6 **Completate.**

Ergänzen Sie die fehlenden Verbformen.

andare	
io	....
tu	....
lui, lei, Lei	va
noi	andiamo
voi	andate
loro	vanno

Come mai vai a Senigallia/a Bologna?		
		per lavoro.
		a passare le vacanze.
Vado a	Senigallia Bologna	per visitare la città.
		per imparare l'italiano.
		a trovare un amico.

7 **Raccontate.**

Arbeiten Sie in kleinen Gruppen und erzählen Sie mit Hilfe der folgenden Wendungen etwas über die Personen, die einander im Zug begegnet sind.

 a Milano
in Germania

 in Germania
a Bologna
a trovare un amico

 in un albergo
a Senigallia

 di Francoforte
in treno

ESEMPIO Il signore e la signora Kreisler abitano a Milano.
La signora Magoni …
Rita …

8 **Lavorate in coppia.**

Sehen Sie sich die Karte auf S. 18 an und wählen Sie ein Reiseziel.
Erklären Sie Ihrer Nachbarin/Ihrem Nachbarn, wohin Sie fahren und warum.

9 Scrivete e domandate.

Schreiben Sie nun drei Sätze über sich selbst. Die Zettel werden eingesammelt und neu verteilt. Versuchen Sie durch Fragen herauszufinden, von wem der Zettel stammt, den Sie bekommen haben.

↓
Ü 1–7
S. 110–111

Lettura

1  Leggete.

Lesen Sie folgende Informationen über die Stadt Senigallia.
Unterstreichen Sie alle Wörter, die Sie verstehen.

SENIGALLIA

Dov'è

Senigallia è nelle Marche, una regione dell'Italia Centrale, sul mare Adriatico. Si trova tra le città di Pesaro a nord ed Ancona a sud. A ovest, verso le montagne, ci sono le città di Urbino e di Gubbio.

Che cosa offre

Senigallia è un luogo ideale per le vacanze. Ha circa 10 km di spiaggia e un centro storico importante e ben conservato.

Come arrivarci

Giungere a Senigallia è facile.
Possiamo arrivare dall'autostrada, dalla stazione, dal porto e dall'aeroporto di Ancona Falconara.

2 Lavorate in coppia.

Vergleichen Sie nun mit Ihrer Nachbarin/Ihrem Nachbarn und fragen Sie sich gegenseitig nach weiteren Wörtern.

3 Vero o falso?
Richtig oder falsch? Kreuzen Sie an.

	V	F
Senigallia è una regione italiana.	☐	☐
Urbino e Gubbio sono sul mare.	☐	☐
La spiaggia di Senigallia è lunga.	☐	☐

4 Cercate le parole.
Suchen Sie auf S. 21 im dritten Textabschnitt die passenden Wörter zu folgenden Symbolen.

 ....  ....

B   Vorrei prenotare una camera.

1 Abbinate.
Ordnen Sie die hervorgehobenen Wörter den Symbolen zu.

HR
☆☆☆☆
Hotel Ritz
Lungomare Dante
Alighieri 142
60019 Senigallia

PER LA VOSTRA VACANZA

- 150 camere con vista sul mare, servizi privati e aria condizionata
- Parcheggio
- Ristorante
- Piscina
- Giardino
- Spiaggia privata
- Campo da tennis
- Ascensore e servizio in camera

PER I VOSTRI AFFARI

- Sala congressi

2 Ascoltate.
Hören Sie das Telefongespräch.

- ● Hotel Ritz, buongiorno!
- ○ Buongiorno, vorrei prenotare una camera per questo fine settimana.
- ● Sì ... una singola o una doppia?
- ○ Una doppia.
- ● Va bene, e a che nome?
- ○ Russo.
- ● Russo ... sì. E quando arrivate?
- ○ Venerdì sera. A proposito, c'è il parcheggio?
- ● Sì, signora.
- ○ Ah, perfetto! Solo una domanda ancora, c'è l'aria condizionata in camera?
- ● Certo.
- ○ Bene, allora grazie e arrivederci.
- ● Arrivederci!

Hotel Ritz
Lungomare Dante
Alighieri 142
60019 Senigallia

Camera e colazione	
Camera doppia	120 Euro
Camera singola	80 Euro
Mezza pensione Supplemento per persona	20 Euro

3 Inserite la prenotazione.
Tragen Sie die Reservierung von Frau Russo in den Kalender ein.

lunedì	martedì	mercoledì	giovedì	venerdì	sabato	domenica

4 Mettete una crocetta.
Kreuzen Sie an. Wonach erkundigt sich die Kundin?

- ☐ piscina
- ☐ parcheggio
- ☐ camera doppia
- ☐ camera singola
- ☐ ascensore
- ☐ aria condizionata

5 Completate.
Was fehlt hier? Ergänzen Sie.

	.... parcheggio?	Sì, signora.
C'è	.... aria condizionata?	Certo.
	.... piscina?	No, non c'è.

6 Lavorate in coppia.
Arbeiten Sie zu zweit. Sehen Sie sich noch einmal den Prospekt auf der vorigen Seite an.
Schließen Sie das Buch und fragen Sie sich gegenseitig nach der Ausstattung des Hotels Ritz.

7 **Prendete appunti.**
Arbeiten Sie zu zweit und notieren Sie einige wichtige Sätze, die Sie gelernt haben.

Ein Zimmer reservieren	Informationen über ein Hotel erfragen
....	....
....	....
....	....

8 **Fate la prenotazione.**
Arbeiten Sie zu zweit. A übernimmt die Rolle des Hotelangestellten. B ruft im Hotel Ritz an, um ein Zimmer zu reservieren. Sie/er informiert sich außerdem über die Ausstattung des Hotels. A gibt darüber Auskunft.

Ü 8–14
S. 112–114

C **Mi chiamo Flückiger.**

1  **Ascoltate.**
Hören Sie zu.

- ● Buonasera!
- ○ Buonasera. Ho prenotato una camera singola per stasera. Mi chiamo Flückiger.
- ● Come, scusi?
- ○ Flückiger. Effe – elle – u con due puntini – ci – cappa – i ...
- ● Ah, sì ... Flückiger. Ecco la chiave.
- ○ Ah, grazie.

2  **Ascoltate e ripetete.**
Hören Sie zu und wiederholen Sie.

A	B	C	D	E	F	G	H	I	J	K	L	M
a	bi	ci	di	e	effe	gi	acca	i	i lunga	cappa	elle	emme

N	O	P	Q	R	S	T	U	V	W	X	Y	Z
enne	o	pi	qu	erre	esse	ti	u	vu	vu doppia	ics	ipsilon	zeta

Ä	Ö	Ü
a con dieresi a con due puntini	o con dieresi o con due puntini	u con dieresi u con due puntini

3 **Fate il dialogo.**
Üben Sie zu zweit das Gespräch an der Rezeption und verwenden Sie dabei Ihren eigenen Namen.

4 **Lavorate in coppia.**
Buchstabieren Sie die deutsche Entsprechung eines italienischen Wortes.
Ihr Partner sagt Ihnen die italienische Übersetzung.

> **ESEMPIO** ● A – u – effe – zeta – u – gi.
> ○ Aufzug! In italiano si dice «ascensore».

5 **Ascoltate e scrivete.**
Hören Sie zu. Versuchen Sie, die buchstabierten Wörter aufzuschreiben, und vergleichen Sie
das Ergebnis mit Ihrer Nachbarin / Ihrem Nachbarn. Anschließend hören Sie zur Kontrolle die
Wörter noch einmal.

↓
Ü 15–16
S. 115

D Un po' di fonetica

1 **Ascoltate e ripetete.**
Hören Sie folgende Wörter
und sprechen Sie sie nach.

maschera

ascensore

sciopero

piscina

sciarpa

asciugamano

fiasco

scala

scuola

Ischia

2 **Completate.**
Tragen Sie nun die obigen Wörter entsprechend ihrer Aussprache in die Tabelle ein.

[ʃa] wie *Schal*	[ʃe] wie *Schere*	[ʃi] wie *Schild*	[ʃo] wie *Schokolade*	[ʃu] wie *Schuster*
....	....	....	....	....
....	....	....	....	....

[ska] wie *Skandal*	[ske] wie *Skelett*	[ski] wie *Skizze*	[sko] wie *Skonto*	[sku] wie *skurril*
....	....	....	....	....
....	....	....	....	....

Kennen Sie weitere Wörter, die Sie hinzufügen können?

↓
Ü 17
S. 115

Ricapitoliamo!

Spielen Sie folgende Situation zu zweit. Sie reisen durch die Toskana. Bei einer Stadtführung in Pistoia kommen Sie mit einer Teilnehmerin / einem Teilnehmer aus einer anderen Reisegruppe ins Gespräch. Sie fragen und erzählen sich gegenseitig, woher Sie kommen, warum Sie in Pistoia sind und in welchem Hotel Sie wohnen. Bevor Sie sich verabschieden, stellen Sie sich noch namentlich vor.

A proposito, io mi chiamo ....

Si dice così

Eine Frage / ein Gesprächsthema einleiten

Scusi, siamo già a Pavia?
A proposito, c'è il parcheggio?

Einen Grund angeben

Vado a Senigallia	a trovare un amico.
	per visitare la città.
	per lavoro.

Sagen, wie man heisst

Mi chiamo Flückiger.

Nachfragen, wenn man etwas nicht verstanden hat

Come, scusi?

Fragen, ob etwas vorhanden ist

C'è la piscina?

Etwas bestätigen / bejahen

Sì, signora.
Certo.

Einen Wunsch äußern

Vorrei una camera.

Grammatica

1. Verben: Formen im Singular und Plural
→ 18, 19, 31

	essere	abitare	andare
io	sono	abito	vado
tu	sei	abiti	vai
lui, lei, Lei	è	abita	va
noi	siamo	abitiamo	andiamo
voi	siete	abitate	andate
loro	sono	abitano	vanno

Im Plural (Mehrzahl) wird im Italienischen sowohl die höfliche Anrede mit *Sie* als auch das vertrauliche *ihr* mit der 2. Person Plural wiedergegeben: ***voi abitate** – ihr wohnt / Sie wohnen.*
Regelmäßige Verben auf **-are** (z. B. ***lavorare**, **studiare***) haben die gleichen Endungen wie ***abitare**.*
Das Verb ***andare*** hat unregelmäßige Formen.

2. Verneinung
→ 25

No, io vado a Pescara.
Non andiamo in Germania.

***No** (nein)* kann ohne Verb stehen.
***Non** (nicht)* steht immer vor dem Verb.

3. Bestimmter Artikel: Gebrauch
→ 6

All'albergo Ritz c'è **la** piscina.
Im Hotel Ritz gibt es ein Schwimmbad.

Il signor Kreisler parla bene **l'**italiano.
Herr Kreisler spricht gut Italienisch.

Beachten Sie den Unterschied zum Deutschen: Im Italienischen steht in diesen Fällen der bestimmte Artikel.

4. Substantive: Endungen im Singular
→ 2

maskulin	*feminin*
il parcheggio	la piscina
il ristorante	la stazione
il tennis	la mail

Substantive auf **-o** sind in der Regel maskulin, Substantive auf **-a** feminin.
Substantive auf **-e** sind entweder maskulin oder feminin. Man erkennt das Geschlecht meist am Artikel.
Einige wenige Substantive enden auf Konsonant.

5. Fragewörter: *dove?* und *di dove?*
→ 17

Dove abiti?	*wo?*
Dove vai?	*wohin?*
Di dove sei?	*woher?*

Die Fragewörter *wo?* und *wohin?* werden mit *dove?* wiedergegeben.
Dem deutschen *woher?* entspricht im Italienischen *di dove?*

6. Präpositionen: *a, in*
→ 27

Abito **a** Roma.
Vado **a** Roma.

Abito **in** Germania.
Vado **in** Germania.

Die Präposition *a* vor Städtenamen bedeutet sowohl *in* als auch *nach*. Das gleiche gilt für die Präposition *in* vor Ländernamen.

3 *Ripasso*

Sie haben vor kurzem angefangen, Italienisch zu lernen. Vielleicht wissen Sie schon, wie Sie selbst am besten lernen, oder Sie sind dabei es herauszufinden. Im Unterricht wird ein vielfältiges Angebot an Inhalten vermittelt, aber nicht alles davon ist für Sie gleich bedeutsam. Wählen Sie das für Sie persönlich Wichtige aus. Hier einige Anregungen für ein erfolgreiches Lernen.

A Impariamo i vocaboli!

1 Archivio mobile

Erstellen Sie sich Ihren persönlichen „Italienischbegleiter": Notieren Sie Vokabeln und Sätze in einem Heft, das Sie beim Lernen unterstützt. Wählen Sie aus jeder Lektion den Wortschatz, der für Sie selbst wichtig ist. Wenn Sie etwa mit dem Auto nach Italien fahren wollen, um Freunde zu besuchen, und gerne Tennis spielen, könnten Sie z. B. folgende Sätze in Ihren „Italienischbegleiter" eintragen.

Le mie frasi

Vado a Venezia a trovare un amico.
Vorrei una camera singola.
C'è il parcheggio?
C'è il campo da tennis?
....

2 Schede

Schreiben Sie den Wortschatz, nach Themen oder Situationen geordnet, auf Karteikarten. Auf der Rückseite der Kärtchen können Sie die deutsche Übersetzung der Sätze notieren.

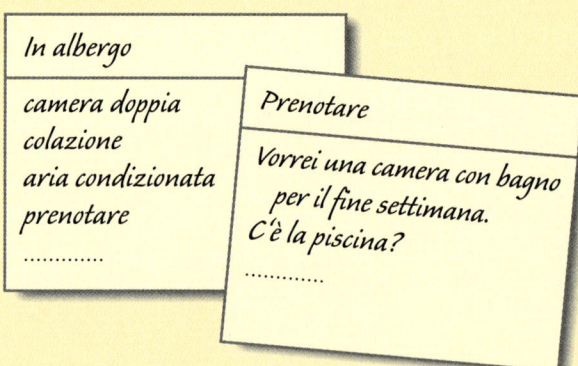

In albergo

camera doppia
colazione
aria condizionata
prenotare
....

Prenotare

Vorrei una camera con bagno per il fine settimana.
C'è la piscina?
....

3 Parole associate

Ordnen Sie Ihren Wortschatz, indem Sie die Wörter zu einem bestimmten Thema „vernetzen". Sehen Sie sich das Beispiel mit dem Wort *treno* an. Arbeiten Sie nun zu zweit und bilden Sie ein Wortnetz mit dem Begriff *vacanza*.

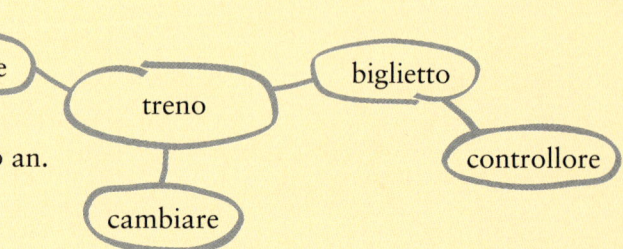

stazione — treno — biglietto — controllore — cambiare

4 E ora provate voi!

Sie haben diese Methoden anhand des Wortschatzes von Lektion 2 kennen gelernt. Probieren Sie sie nun aus, um den Wortschatz aus Lektion 1 zusammenzufassen!

B Leggere in italiano? Certo!

1 Che testo è questo?

Auf Seite 21 ist Ihnen die erste *Lettura* in italienischer
Sprache begegnet. Bevor Sie mit dem Lesen angefangen
haben, konnten Sie sich sicher schon denken, welche Art
von Informationen Sie erwartet. Diese Erwartungen
an den Text sind bereits
eine erste Verstehenshilfe.
Arbeiten Sie zu zweit.
Sehen Sie sich die neben-
stehenden Materialien an,
und überlegen Sie, welche
Informationen sie enthalten
könnten.

2 Che cosa significa?

Wenn Sie einen fremdsprachigen Text lesen, sollten Sie sich zuerst an Wörtern orientieren,
die Sie kennen. Lassen Sie sich nicht von unbekannten Vokabeln entmutigen! Vieles wird aus
dem Textzusammenhang verständlich. Hier sind Möglichkeiten aufgelistet, wie Sie unbekannte
Vokabeln erschließen können. Kreuzen Sie an, was für Sie persönlich bei der Lektüre des Textes
über Senigallia hilfreich war und ergänzen Sie gegebenenfalls die Liste.

Unbekannte Wörter konnte ich verstehen durch:

☐ ihre Ähnlichkeit mit Wörtern meiner Muttersprache

☐ ihre Ähnlichkeit mit fremdsprachigen Wörtern, die ich kenne

☐ den gegebenen Zusammenhang

☐ begleitendes Bildmaterial

☐ ....

3 E ora buona lettura!

Lesen Sie jetzt folgenden
Text und wenden Sie
dabei die gelernten
Lesestrategien an.
Entscheiden Sie sich
dann für **ein** Wort,
dessen Bedeutung Ihrer
Meinung nach für das
Verständnis des Textes
wichtig ist. Schlagen Sie
es im Wörterbuch nach
oder fragen Sie Ihre
Kursleiterin/Ihren
Kursleiter.

HOTEL BAIA DEL CAPITANO ★★★

➤ Mazzaforno/Cefalù (Pa)
Piccolo hotel in stile mediterraneo, situato in una tranquilla zona di campagna a pochi minuti dal mare e a 5 km dal centro storico di Cefalù. Gestione familiare.
Dalla terrazza panoramica mera-vigliosa vista sul Golfo di Cefalù. 39 camere con bagno, telefono, TV, aria condizionata. Ristorante con menu alla carta. Giardino, piscina, spiaggia riservata attrezzata (sdraio e ombrelloni gratuiti), parcheggio. Autobus di linea per il centro.

C Il giro delle Marche

1 Rispondete in italiano!

Die Spielanleitung finden Sie auf S. 207.

1. In welcher Stadt sind Sie jetzt?
2. Sie verbringen zwei Tage am schönen Strand in **Senigallia**. *Com'è l'albergo?*
3. In der Hafenstadt **Ancona** befürchten Sie Parkplatzprobleme. Sie rufen deshalb im Hotel an und fragen, ob es einen hoteleigenen Parkplatz gibt.
4. Sie möchten die mittelalterliche Stadt **Jesi** besichtigen. Ein Mitreisender im Bus fragt Sie: „*Come mai va a Jesi?*". Sie antworten.
5. In **Macerata** besuchen Sie eine Freilicht-Opernaufführung im Sferisterio. Welche Oper würden Sie gerne sehen?
6. In **Loreto** besichtigen Sie die berühmte Basilika. Da fragt man Sie: „*Lei di dov'è?*". Sie antworten.
7. In **San Benedetto del Tronto**, der lebhaften Stadt mit dem größten Palmenbestand Europas, bestellen Sie ein Zimmer mit Meerblick und setzen eine Runde aus.
8. In einem Café an der Piazza del Popolo in **Ascoli Piceno** kommen Sie mit einer italienischen Studentin ins Gespräch und tauschen die Adressen aus. Buchstabieren Sie Ihren Namen und den Namen Ihres Wohnorts.
9. Auf Ihrer Wanderung in den **Monti Sibillini** treffen Sie jemanden, den Sie näher kennen lernen möchten. Versuchen Sie, Kontakt aufzunehmen.
10. Im Städtchen **Fabriano** mit der traditionellen Papierproduktion treffen Sie eine Strandbekanntschaft wieder. Sie werden mit: „*Ciao, come va?*" begrüßt. Antworten Sie darauf.
11. Sie besuchen die Grotten von **Frasassi**. Anschließend bedanken Sie sich beim Reiseführer und verabschieden sich.
12. Sie erholen sich in der Klosteranlage **Fonte Avellana** und erinnern sich an drei italienische Sätze, die Ihnen auf der Reise besonders nützlich waren.
13. In der Kunststadt **Urbino** gibt es viel zu besichtigen. Sie bestellen ein Hotelzimmer mit Halbpension für das Wochenende und setzen eine Runde aus.
14. Jetzt sind Sie wieder in **Pesaro**, an Ihrem Ausgangspunkt. Sagen Sie, wie Ihre Reise weitergeht. *Dove va? Come mai?*

Primi contatti

▶ Italiener sind oft sehr kontaktfreudig, und sie drücken ihre Kontaktfreudigkeit auch über die Körpersprache aus. Der Händedruck beim Kennenlernen und der Kuss auf die Wange eines Freundes sind alltägliche Gesten, selbst dann, wenn man sich am Vortag gesehen hat. Auch unter befreundeten Männern ist es üblich, sich bei der Begrüßung zu umarmen. *Ciao* ist der vertrauliche Gruß, sowohl zur Begrüßung als auch zum Abschied. *Buongiorno* wird tagsüber benutzt, am Abend lautet der Gruß *buonasera*. In Mittel- und Süditalien kann man *buonasera* schon ab 14.00 Uhr hören. Wenn man jemandem beim Abschied einen schönen Tag oder einen schönen Abend wünschen möchte, sagt man *buona giornata* oder *buona serata*.

▶ Für die Anrede von Personen, gibt es in Italien drei Möglichkeiten: *tu, lei, voi. Tu* wird innerhalb der Familie benutzt, unter Freunden, guten Bekannten und unter jungen Leuten. Der Gebrauch des *tu* ist mannigfaltig und hängt sehr von der Situation ab: Im Allgemeinen duzen sich auch Kollegen, unabhängig vom Alter, oder Bekannte. Wenn man Freunden eines Freundes vorgestellt wird, wird meist sofort vorgeschlagen: *Diamoci del tu!* (*Sagen wir du zueinander!*)

Voi wird benutzt, wenn man sich an mehrere Personen wendet.

▶ Personen, die man nicht duzt, werden mit *signora* bzw. *signore* angesprochen, wobei *signore* nur in Verbindung mit dem Nachnamen (ohne -e!) gebraucht wird. Auch Titel werden gern zur Anrede verwendet. *Dottore / dottoressa* ist, wer einen Hochschulabschluss besitzt. *Professore / professoressa* kann eine Lehrkraft an der Universität oder aber auch an einer weiterführenden Schule sein.

Biglietti, prego!

▶ Bahnfahrkarten kauft man am Schalter im Bahnhof, im Reisebüro und – für kürzere Strecken – am Fahrkartenautomaten.

▶ Bei Bahnfahrten innerhalb Italiens muss die Fahrkarte vor Reiseantritt entwertet werden, wenn man keine *multa* (Bußgeld) riskieren will. Gelbe oder orange Automaten mit der Auf-

schrift *convalida (Entwertung)* befinden sich in den Bahnhofshallen, in den Durchgängen oder an den Gleisen.

Alloggio

▶ Wenn Sie in Italien eine Unterkunft suchen, können Sie zwischen verschiedenen Möglichkeiten wählen. Sie können sich für ein *albergo* oder für eine *pensione (Pension)*, für ein *villaggio turistico (Feriendorf)* oder für einen *campeggio (Campingplatz)* entscheiden.

Als Alternative bietet sich auch der *agriturismo* an: Ferien in oft alten, schön renovierten Landhäusern im Einklang mit der Natur.

Wichtig beim Buchen: *una doppia* ist ein Doppelzimmer mit zwei getrennten Betten, *una matrimoniale* ist ein Doppelzimmer mit einem französischen Bett (ca. 160 x 200).

LEZIONE **4** *Prendi un caffè?*

Guardate la foto.
Sehen Sie sich das Foto an.
Was bringt der Kellner?

Sind Ihnen die italienischen Bezeichnungen
für andere Getränke bekannt?

A Prendiamo un aperitivo?

1 Osservate.

Sehen Sie sich die abgebildeten Speisen und Getränke an.
Vielleicht wissen Sie, wie sie auf Italienisch heißen? Kreuzen Sie an.

- ☐ panino
- ☐ caffè
- ☐ gelato
- ☐ aranciata
- ☐ latte macchiato
- ☐ spumante
- ☐ acqua minerale
- ☐ cornetto
- ☐ pasta
- ☐ succo di frutta
- ☐ tramezzino
- ☐ zucchero

2 Ascoltate.

Hören Sie zu. Was bestellen die drei Freunde?

● = Paolo   ○ = Lucia   △ = Claudio   ▲ = cassiera

● Ragazzi, prendiamo un aperitivo al Bar del Corso?
○ Al Bar del Corso? Ma è caro!
● Beh, ma al banco …
○ E va bene.

Alla cassa

● Allora, che cosa prendete?
○ Io un Martini bianco.
● Prendi un Martini anche tu, Claudio?
△ No, io prendo una spremuta d'arancia.
● Allora … una spremuta, un Martini e per me … un prosecco. Quant'è?
▲ 8 euro e 20.
● Claudio, hai per caso 20 centesimi?
▲ Va bene anche così … ecco il resto e lo scontrino.

3 Completate.

Ergänzen Sie die fehlenden Verbformen und Artikel.

	prendere	avere
io	....	ho
tu	....	....
lui, lei, Lei	prende	ha
noi	....	abbiamo
voi	....	avete
loro	prendono	hanno

Che cosa prendete?

Io prendo	un caffè.
Per me	.... aperitivo.
	uno spumante.
	.... spremuta.
	un'aranciata.

Wie lauten die männlichen, wie die weiblichen
Formen des unbestimmten Artikels?
Tragen Sie sie in die Zeichnungen ein.

....

4 **Lavorate in gruppi.**
Arbeiten Sie in kleinen Gruppen. Sie sind mit anderen Kursteilnehmerinnen / Kursteilnehmern in einem italienischen Café. Bevor Sie Ihre Bestellung an der Kasse aufgeben, fragen Sie die anderen, was sie nehmen.

5 **Completate.**
Schreiben Sie den passenden Artikel vor die Substantive.

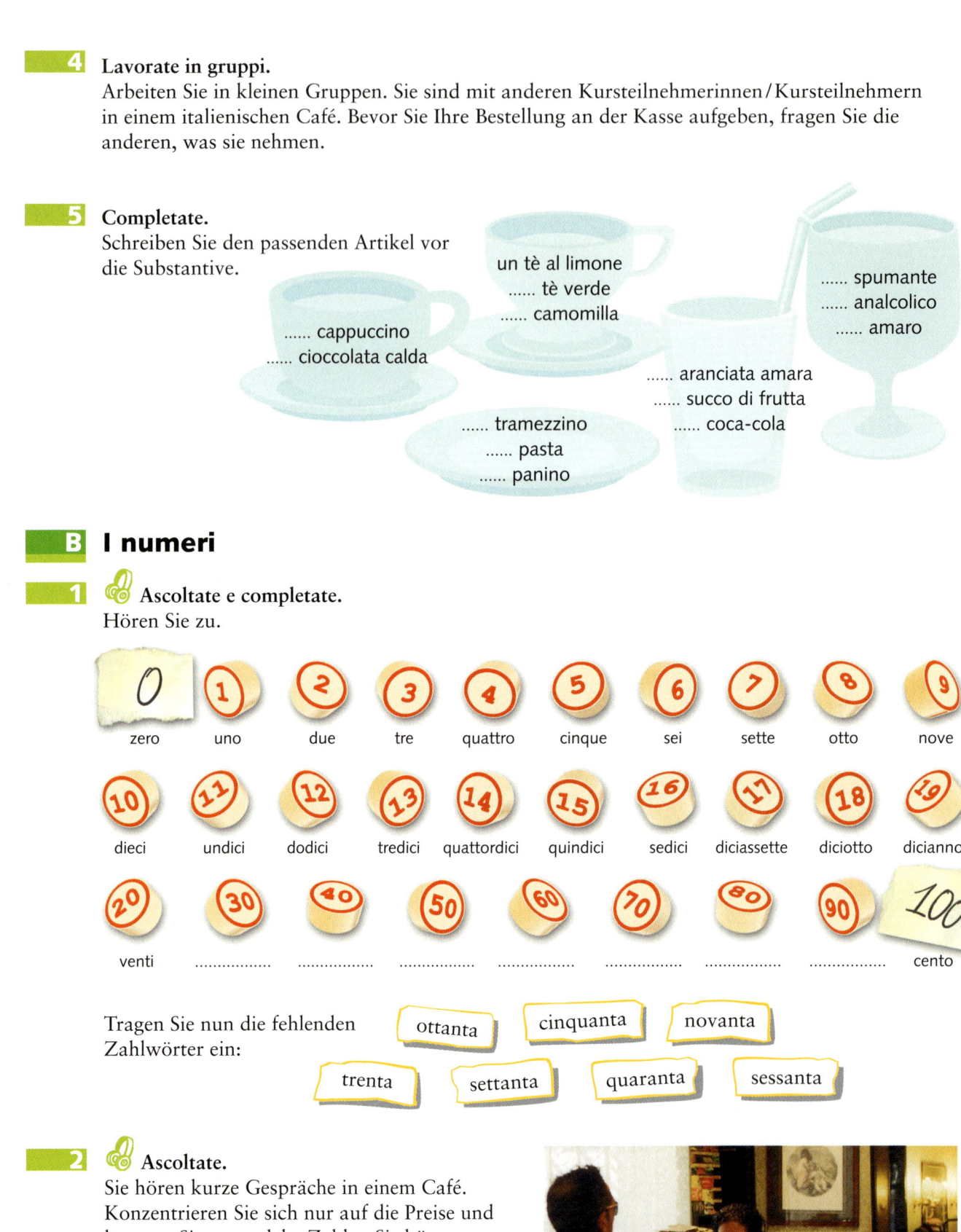

un tè al limone
...... tè verde
...... camomilla

...... spumante
...... analcolico
...... amaro

...... cappuccino
...... cioccolata calda

...... aranciata amara
...... succo di frutta
...... coca-cola

...... tramezzino
...... pasta
...... panino

Ü 1–5
S. 116–117

B **I numeri**

1 **Ascoltate e completate.**
Hören Sie zu.

| 0 zero | 1 uno | 2 due | 3 tre | 4 quattro | 5 cinque | 6 sei | 7 sette | 8 otto | 9 nove |

| 10 dieci | 11 undici | 12 dodici | 13 tredici | 14 quattordici | 15 quindici | 16 sedici | 17 diciassette | 18 diciotto | 19 diciannove |

| 20 venti | 30 .... | 40 .... | 50 .... | 60 .... | 70 .... | 80 .... | 90 .... | 100 cento |

Tragen Sie nun die fehlenden Zahlwörter ein:

ottanta   cinquanta   novanta

trenta   settanta   quaranta   sessanta

2 **Ascoltate.**
Sie hören kurze Gespräche in einem Café. Konzentrieren Sie sich nur auf die Preise und kreuzen Sie an, welche Zahlen Sie hören.

○ 2.50   ○ 12.00
○ 2.15   ○ 15.50
○ 5.70   ○ 1.20
○ 17.50   ○ 4.40

Ü 6–7
S. 117–118

C Volete ordinare?

1 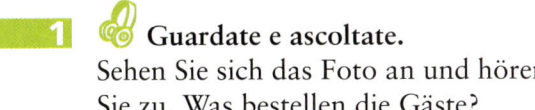 **Guardate e ascoltate.**
Sehen Sie sich das Foto an und hören
Sie zu. Was bestellen die Gäste?

2 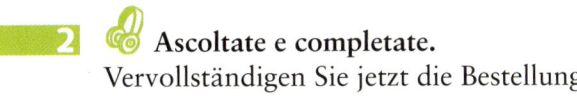 **Ascoltate e completate.**
Vervollständigen Sie jetzt die Bestellung.

● Senta … scusi …

○ Volete ordinare?

● Sì, io vorrei .... e

....

○ Gassata o naturale?

● Naturale.

○ Va bene.

▲ Per me .... e una pasta.

△ Un cappuccino anche per me.

○ E per Lei?

◆ Mmm, per me un caffè, una minerale gassata e

....

◇ Io invece prendo .... di frutta alla

pesca.

3 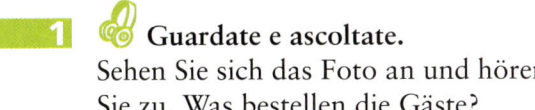 **Ascoltate e completate.**
Hören Sie, wie der Kellner die obige Bestellung zusammenfasst.

○ Allora, due caffè, due bicchieri d'acqua minerale, due cappuccini,
due paste e un succo di frutta alla pesca. Basta così?

Tragen Sie die Pluralformen der Substantive unten ein.

un cappuccino	due ....
un bicchiere d'acqua	due .... d'acqua
una pasta	due ....
un caffè	due ....

Sehen Sie sich die Endungen
der Substantive im Plural an.
Was fällt Ihnen auf?

4 **Lavorate in coppia.**
Arbeiten Sie zu zweit.
Lesen Sie sich gegenseitig die
Bestellungen vor, die der
Kellner aufgenommen hat.

TAVOLO 1
cornetto ‖
tè verde |
caffè ‖

TAVOLO 2
cappuccino ‖
pasta ‖
caffè |

TAVOLO 3
spremuta d'arancia ‖
gelato |
tramezzino ‖

5 **Lavorate in gruppi.**
Bilden Sie kleine Gruppen. Sie sitzen in einem Café. Was bestellen Sie?
Eine Person übernimmt die Rolle des Kellners, nimmt die Bestellungen
der anderen auf und fasst sie anschließend zusammen.

↓
Ü 8–9
S. 118

D   Com'è il caffè?

1 Ascoltate e abbinate.

Hören Sie zu und ordnen Sie jeder
Abbildung einen der folgenden Sätze zu.

1. Il caffè è un po' freddo.
2. Accidenti che panino!
3. Questa pasta è troppo dolce.
4. Mmmh … questa pizzetta è proprio
   buona!

2 Completate.

Tragen Sie die Adjektivformen ein.

	il caffè?		....
Com'è	il panino?	È	grande.
	la pizzetta?		....
	la pasta?		....

Sehen Sie sich die Endungen der Adjektive an.
Was fällt Ihnen auf?

3 Lavorate in gruppi.

Arbeiten Sie in kleinen Gruppen und stellen Sie sich
gegenseitig Fragen zu folgenden Speisen und Getränken.

ESEMPIO
- ● Com'è il caffè?
- ○ È un po' freddo.

- ● È buona la cioccolata?
- ○ Sì, è proprio buona. / No, è troppo dolce.

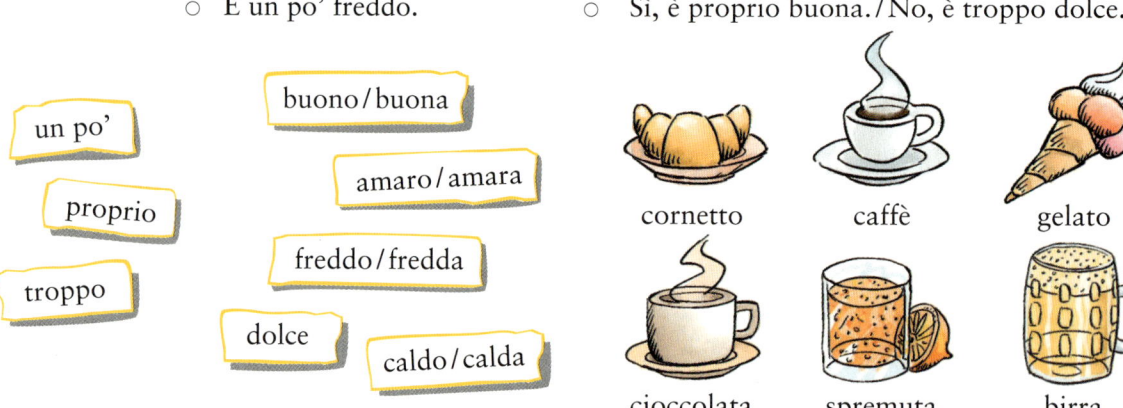

un po'

buono / buona

amaro / amara

proprio

freddo / fredda

troppo

dolce   caldo / calda

cornetto   caffè   gelato

cioccolata   spremuta   birra

↓
Ü 10
S. 119

Ü 10
S. 119

Ascolto

1 Ascoltate e prendete nota.

Hören Sie den Dialog und notieren Sie die Wörter, die Sie bereits kennen.
Vergleichen Sie anschließend Ihre Notizen mit denen Ihrer Nachbarin / Ihres Nachbarn.

2 Ascoltate e fate delle ipotesi.

Hören Sie den Dialog noch einmal und stellen Sie mit Ihrer Nachbarin / Ihrem Nachbarn
Vermutungen an, worüber sich die beiden Personen unterhalten.

3  **Ascoltate e mettete una crocetta.**
Hören Sie den Dialog und kreuzen Sie jeweils die zutreffende Aussage an.

Maria Teresa a colazione di solito prende

☐ un caffè e un panino.

☐ un caffelatte e pane e marmellata.

Marco a colazione di solito prende

☐ un caffè e un cornetto.

☐ un tè e un müsli.

E Ancora numeri!

1  **Ascoltate.**
Hören Sie zu.

20 venti	**25** venticinque	**200** duecento	**700** settecento
21 ven**tu**no	**26** ventisei	**300** trecento	**800** ottocento
22 ventidue	**27** ventisette	**400** quattrocento	**900** novecento
23 ventitré	**28** ven**tot**to	**500** cinquecento	**1000** mille
24 ventiquattro	**29** ventinove	**600** seicento	**2000** duemila

2 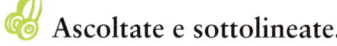 **Ascoltate e sottolineate.**
Unterstreichen Sie jeweils die Zahl, die Sie hören.

44 ◆ 400   600 ◆ 400   87 ◆ 68   50 ◆ 15   1000 ◆ 2000

3 **Leggete.**
Lesen Sie den Zeitungsausschnitt.

365 colazioni, pranzi e cene di un italiano medio

Il menu di un anno a tavola

Primo piatto: 60 kg di pasta al sugo di pomodoro.
Secondo: 82 kg di carne.
Contorno: 40 kg d'insalata.
Dessert: 13 kg di torta.
E da bere: 75 bottiglie di vino, 69 lattine di birra, 81 litri di latte e 715 tazzine di caffè.

82 kg · 75 bottiglie · 69 lattine · 715 tazzine · 13 kg · 60 kg · 40 kg · 81 litri

1 kg = 1 chilo
60 kg = 60 chili

4 **Completate.**
Vervollständigen Sie die Angaben in folgendem Text.

In un anno un italiano mangia sessanta chili di pasta, ottantadue chili di ....,

tredici chili di .... e beve settantacinque bottiglie di ....

↓ Ü 11 S. 119

F Cosa avete di buono oggi?

1  **Ascoltate e completate.**
Hören Sie das Gespräch. Welche der
genannten Speisen kennen Sie schon?

- ● Buonasera!
- ○ Buonasera, Raffaele.
  Un tavolo per due, per favore.
- ● Sì, prego … questo va bene?
- ○ Sì, va benissimo!
  …

- ○ Cosa avete di buono oggi?
- ● Allora … oggi abbiamo … come antipasto bruschetta al pomodoro o ai funghi, di primo minestrone, orecchiette al pesto e cannelloni con gli spinaci e di secondo calamari alla siciliana e coniglio in umido.
- ○ Signor Krämer, Lei cosa prende?
- △ Mah, veramente non so … avete anche le lasagne?
- ● No, mi dispiace.
- △ E va bene, allora per me i cannelloni e di secondo prendo i calamari.
- ● Va bene. E per Lei, signor Rinaldi?
- ○ Dunque, provo anch'io i calamari alla siciliana …
- ● Niente primo?
- ○ No, però prendo un antipasto … la bruschetta al pomodoro.
- ● E da bere?
- ○ Mezzo litro di vino bianco della casa e una bottiglia di acqua minerale gassata, per favore.
- ● Benissimo.

Vervollständigen Sie nun die Tageskarte.

❖❖❖ **Piatti del giorno** ❖❖❖	
Antipasti	**Secondi**
....	Carne
....	....
Primi	Pesce
....	....
....	
....	

2 **Completate.**
Tragen Sie die fehlenden Artikel ein.

Che cosa prendi / prende di primo?
Di primo prendo ...... cannelloni con ...... spinaci. ...... lasagne.

Wie lauten die männlichen Formen,
wie die weibliche Form des bestimmten
Artikels im Plural?
Tragen Sie sie in die Zeichnungen ein.

....　　　　　　　..........

3 **Prendete appunti.**
Lesen Sie noch einmal den Dialog und notieren Sie die entsprechenden Sätze.

Nach den Gerichten der Tageskarte fragen	Etwas bestellen
....	....
....	....
....	....

Ü 12–14
S. 119–120

G Andiamo al ristorante!

1 📖 Leggete.
Lesen Sie die Speisekarte und verschaffen Sie sich
einen Überblick über das Angebot.

Ristorante La Piazzetta

MENU

ANTIPASTI

Mozzarella di bufala	
con pomodorini e rucola	8.00
Crostini di fegatini alla fiorentina	4.00
Piccola zuppa di pesce fresco	6.00

PRIMI

Tagliatelle al sugo di cinghiale	7.50
Ravioli con funghi porcini	7.50
Gnocchetti al gorgonzola	7.50
Lasagne alle verdure	7.50
Farfalle alla pescatora	7.50

SECONDI

Coniglio alla griglia	8.00
Bistecca di maiale	8.00
Agnello in umido	11.00
Calamari alla siciliana	10.00
Trota alla mugnaia	12.50

CONTORNI

Fagioli all'olio	3.00
Peperoni alla griglia	3.00
Spinaci aglio e olio	3.50
Patate fritte	3.50
Insalata mista	3.50

DESSERT

Torta di noci	4.00
Biscottini di Prato e vinsanto	3.00
Frutta di stagione	2.50

Coperto € 2.00
IVA e servizio inclusi

2 🎧 Un po' di fonetica
Hören Sie, was der Kellner des Restaurants *La Piazzetta* heute empfiehlt,
und sprechen Sie anschließend die einzelnen Wörter nach.

3 Lavorate in coppia.
Sehen Sie sich die Speisekarte nochmals an und fragen Sie sich gegenseitig,
welche Beilagen Sie zu den Fisch- und Fleischgerichten nehmen.

> **ESEMPIO** ● Che cosa prendi / prende di contorno con il coniglio?
> ○ Le patate fritte.

4 Fate conversazione.
Arbeiten Sie in kleinen Gruppen. Eine Teilnehmerin / ein Teilnehmer übernimmt
die Rolle des Kellners, die anderen bestellen Speisen und Getränke.

↓
Ü 15–17
S. 121

Ricapitoliamo!

Arbeiten Sie in kleinen Gruppen. Sie sitzen in einem italienischen Restaurant und studieren die Speisekarte. Fragen Sie sich gegenseitig, was Sie als Vorspeise, Hauptgericht etc. nehmen und was Sie trinken.

E da bere che cosa prendiamo?

Si dice così

Einen Satz einleiten

Allora, …
Dunque, …

Sich einverstanden erklären

Va bene.
Benissimo!

Unentschlossenheit äußern

Mah (veramente), non so …

Erstaunen äußern

Accidenti!

Bedauern ausdrücken

Mi dispiace.

Etwas überreichen

Ecco lo scontrino.
Ecco il resto.

Um etwas bitten

Un tavolo per due, per favore …

Etwas bestellen

Prendo un cappuccino.
Vorrei un caffè.
Per me una pizzetta.
Di primo prendo …
Di secondo vorrei …
E da bere …

Jemanden nach seiner Einschätzung fragen

Com'è il caffè?

Etwas beurteilen

Il caffè è un po' freddo.
La pasta è troppo dolce.
La pizzetta è proprio buona.

Nach dem Preis fragen

Quant'è?

Grammatica

1. Verben auf -ere
→ 18, 19, 31

	prendere	bere	avere
io	prendo	bevo	ho
tu	prendi	bevi	hai
lui, lei, Lei	prende	beve	ha
noi	prendiamo	beviamo	abbiamo
voi	prendete	bevete	avete
loro	prendono	bevono	hanno

Prendere ist ein regelmäßiges Verb auf **-ere**.
Das Verb *bere* ist ebenfalls regelmäßig, hat aber einen verkürzten Infinitiv (Nennform).
Die Formen von *avere* sind unregelmäßig. Das **h** bleibt stumm!

2. Unbestimmter Artikel
→ 5

maskulin	*feminin*
un aperitivo	**una** pizza
uno spumante	**un'**aranciata

Der unbestimmte Artikel lautet
■ *un* bei maskulinen und
■ *una* bei femininen Substantiven.
Maskuline Substantive, die mit **s**+Konsonant oder **z** beginnen, haben den Artikel *uno*. Für feminine Substantive, die mit Vokal beginnen, lautet der Artikel *un'*.

3. Bestimmter Artikel: Pluralformen
→ 5

maskulin	*feminin*
i cannelloni	**le** lasagne
gli antipasti	

Der bestimmte Artikel im Plural lautet
■ *i* für maskuline und
■ *le* für feminine Substantive.
Maskuline Substantive, die mit Vokal, **s**+Konsonant oder **z** beginnen, haben im Plural den Artikel *gli*.

4. Substantive: Endungen im Plural
→ 4

Singular	*Plural*
un panino	due panini
un'aranciata	tre aranciate
un ristorante	due ristoranti
un caffè	quattro caffè

Substantive, die im Singular auf -o oder -e enden, haben in der Regel die Pluralendung -i.
Substantive, die im Singular auf -a enden, erhalten im Plural meist die Endung -e.
Substantive, die auf betonten Vokal oder Konsonant enden, bleiben im Plural unverändert.

5. Adjektive: Übereinstimmung mit dem Substantiv
→ 12

Vorrei un tè fred**do**.	Vorrei una pizzetta cal**da**.
Il tè è fred**do**.	Questa pizzetta non è cal**da**.

Die Endung des Adjektivs richtet sich immer nach dem Substantiv, auf das sich das Adjektiv bezieht.

6. Fragewörter
→ 17

Che cosa prendi?
Com'è la pizzetta?
Dove abitate?
Di dov'è, signora?
Quando arrivate?
Come mai vai a Senigallia?

Diese Fragewörter kennen Sie bereits.
Anstelle von *che cosa?* wird in der Umgangssprache auch *cosa?* bzw. *che?* allein verwendet.
Come? und *dove?* werden meist apostrophiert, wenn das nachfolgende Wort mit **e** beginnt.

Tu che cosa fai?

Guardate la pubblicità.
Sehen Sie sich diese Werbung an.
Von welchen Berufen träumt das Kind?

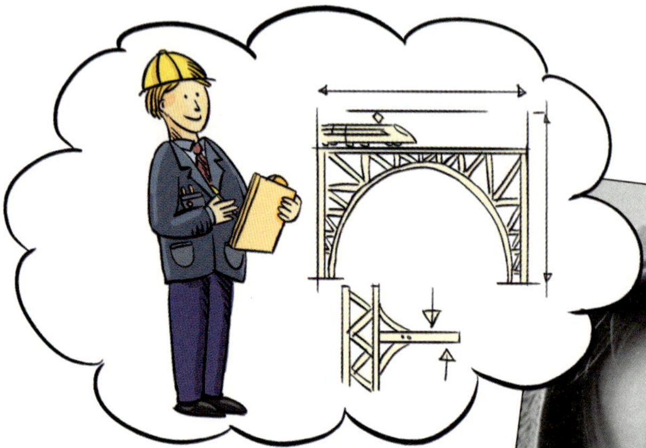

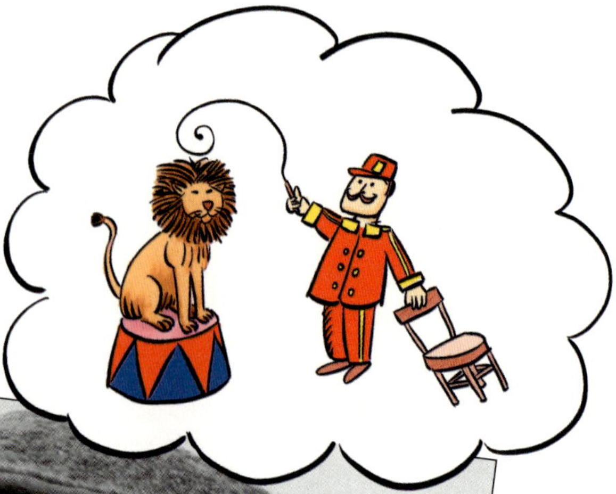

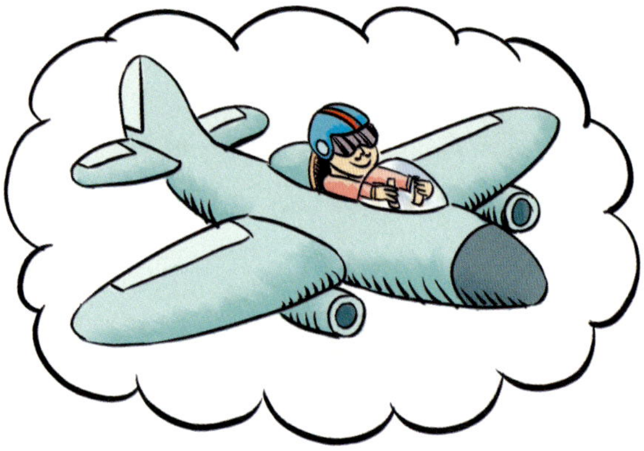

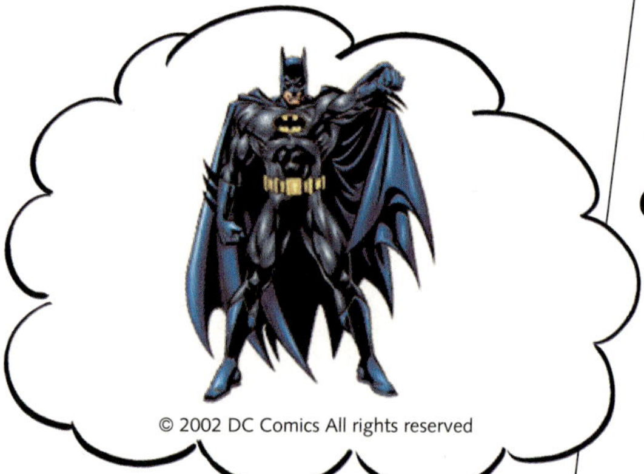

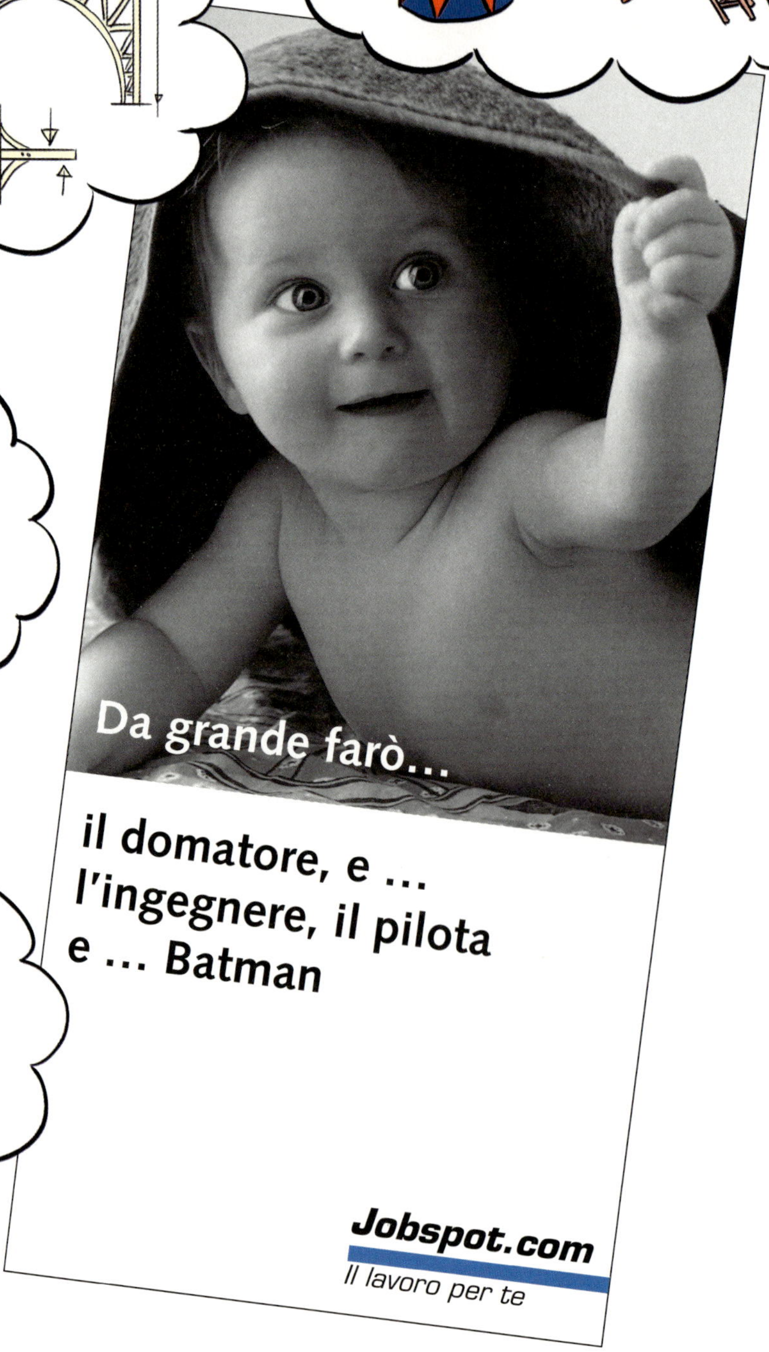

Da grande farò...

il domatore, e ...
l'ingegnere, il pilota
e ... Batman

Jobspot.com
Il lavoro per te

Kennen Sie weitere italienische
Berufsbezeichnungen?

A ## Faccio il tassista.

1 **Lavorate in coppia.**
Arbeiten Sie zu zweit. Sehen Sie sich folgende Berufsbezeichnungen an und versuchen Sie ihre Bedeutung anhand der abgebildeten Gegenstände zu erschließen.

l'insegnante

la commessa
il commesso

il/la tassista

l'operaio specializzato
l'operaia specializzata

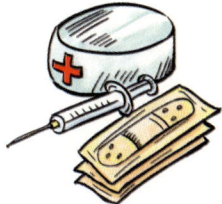
l'infermiera
l'infermiere

l'impiegato
l'impiegata

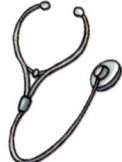
il medico

la casalinga
il casalingo

il programmatore
la programmatrice

2 **Lavorate in gruppi.**
Arbeiten Sie nun in kleinen Gruppen und notieren Sie zu den folgenden Arbeitsplätzen passende Berufe.

ospedale

ufficio

fabbrica

3 **Ascoltate.**
Hören Sie, wie sich einige Personen vorstellen, die an einem Kurs der *Università Popolare di Roma* teilnehmen. Welche Berufe werden genannt?

4 🎧 **Riascoltate e sottolineate.**
Hören Sie die Aussagen noch einmal und unterstreichen Sie die italienischen
Entsprechungen für: *ich bin Taxifahrer, ich bin Lehrerin, ich bin Rentnerin.*

«Mi chiamo Giovanna. Sono infermiera e abito a Frascati.»

«Ciao, io sono Angela. Sono di Viterbo e studio economia qui a Roma.»

«Salve, sono Luciana, sono insegnante e vivo a Ostia.»

«Io mi chiamo Michele, ho 27 anni, sono di Latina e faccio il tassista.»

«Io sono Rosa, ho 62 anni e sono pensionata.»

«Mi chiamo Alessandra, sono impiegata e lavoro in una ditta di import-export a Pomezia.»

Wie gibt man im Italienischen das Alter an?

5 **Completate.**
Ergänzen Sie die fehlende Verbform.

fare	
io	....
tu	fai
lui, lei, Lei	fa
noi	facciamo
voi	fate
loro	fanno

Tu che cosa fai? Lei che lavoro fa?
Faccio il tassista.
Sono medico.
Sono pensionato.
Studio medicina.
Adesso non lavoro, sto a casa.

6 **Cercate un collega.**
Finden Sie heraus, ob jemand in einem ähn-
lichen Bereich tätig ist wie Sie. Gehen Sie im
Raum umher und fragen Sie die anderen
Kursteilnehmer nach ihren Berufen. Wenn Sie
die italienische Bezeichnung Ihres eigenen
Berufes noch nicht kennen, versuchen Sie ihn
mit Hilfe folgender Wendungen zu umschrei-
ben, oder fragen Sie Ihre Kursleiterin/Ihren
Kursleiter.

... in un negozio di scarpe

... in uno studio medico

Lavoro ...   ... in fabbrica

... in una ditta di computer   ... in un'agenzia di viaggi

... in ospedale

... in un albergo

... a scuola

... in banca

Ü 1–4,
S. 122–123

B Com'è il nuovo lavoro?

1  **Ascoltate.**
Hören Sie zu und finden Sie heraus,
ob Paola mit ihrer neuen Arbeit zufrieden ist.

- ● Ciao, Mariella!
- ○ Ciao, Paola! Ma non lavori oggi?
- ● Sì, ma oggi è lunedì, la mattina il negozio è chiuso.
- ○ Ah, già, è vero … E allora, com'è il nuovo lavoro?
- ● Guarda, sono proprio contenta, mi piace molto … anche con le colleghe vado d'accordo, sono giovani, simpatiche.
- ○ Ah, bene!
- ● Ho solo un problema: gli orari poco flessibili. La sera torno a casa tardi e lavoro anche il sabato pomeriggio …
- ○ Insomma è un lavoro impegnativo …
- ● Eh sì, è impegnativo, a volte anche stressante, però almeno è vario. E tu? Novità?
- ○ Purtroppo no. Ma domani ho un colloquio alla Moggi e … speriamo bene!
- ● Beh, allora in bocca al lupo!

2 **Completate.**
Über welche Tageszeiten sprechen Paola und Mariella? Tragen Sie die fehlenden Bezeichnungen ein.

……………… a mezzogiorno il pomeriggio ……………… la notte

3 **Mettete una crocetta.**
Welche Adjektive benutzt Paola, um ihre Arbeit zu beschreiben? Kreuzen Sie an.

☐ interessante	☐ impegnativo	☐ faticoso	☐ stressante
☐ creativo	☐ noioso	☐ vario	☐ comodo

4 **Lavorate in coppia.**
Arbeiten Sie zu zweit. Wie ist aus Ihrer Sicht die Arbeit von Hausfrauen, Lehrern, Taxifahrern?

ESEMPIO Secondo me le casalinghe hanno un lavoro …

5 **Completate.**
Lesen Sie das Gespräch zwischen Paola und Mariella noch einmal durch und ergänzen Sie die fehlenden Adjektivformen.

Gli orari	sono comodi.
	sono poco ………………… .
Le colleghe	sono ………………… .
	sono ………………… .

comod**o** → comod…
flessibil**e** → flessibil…
simpatic**a** → simpatic……
giovan**e** → giovan…

Sehen Sie sich die Endungen der Adjektive im Plural an. Was fällt Ihnen auf?

Ü5–8,
S. 123–125

6 Fate conversazione.
Erzählen Sie Ihrem Nachbarn/Ihrer Nachbarin
nun etwas über Ihre Arbeit.

> Il mio lavoro è …
> L' ufficio …
> I colleghi/le colleghe …
> Gli orari …
> L'atmosfera …

Ascolto

1 Ascoltate.
Hören Sie den Dialog. Sind Fulvia und Alida mit ihrer Arbeit zufrieden?

2 Ascoltate e mettete una crocetta.
Hören Sie den Dialog noch einmal und kreuzen Sie an.
Mit welchem Adjektiv beschreibt Fulvia ihren Beruf?

☐ impegnativo   ☐ interessante   ☐ creativo

3 Ascoltate e collegate.
Hören Sie zu und verbinden Sie die Namen
mit der zutreffenden Aussage.

Fulvia lavora in un ristorante.
lavora in una scuola.
lavora per un tour operator.

Alida lavora con i bambini.
lavora con persone giovani.
lavora con i pensionati.

4 Completate.
Vervollständigen Sie die Sätze.

Fulvia lavora in ....

Alida lavora in ....

C Cucino, pulisco, stiro. E sono contento.

1 Leggete.
Lesen Sie folgenden Text.

Cucino, pulisco, stiro. E sono contento.

■ FIORENZO BRESCIANI, 49 anni, casalingo ed ex-imprenditore,
membro del «Movimento uomini casalinghi», racconta.

«Sono casalingo e la mia vita gira intorno alla casa …
e a mia moglie. Lei è medico e il suo lavoro è molto
stressante. Ma anch'io ho tanto da fare. Ecco la mia
giornata: la mattina preparo la colazione, faccio il letto,
metto in ordine, pulisco, stiro - ma stirare non è il mio
forte – e vado a fare la spesa. Il pomeriggio lavoro
nello studio di mia moglie, poi torno a casa e preparo
da mangiare, così quando lei finisce di lavorare la cena
è già pronta … ormai sono un cuoco perfetto!»

2 **Lavorate in coppia.**
Arbeiten Sie zu zweit. Ordnen Sie die Tätigkeiten
den Zeichnungen zu und sagen Sie, was
Fiorenzo im Laufe eines Tages alles tut.

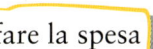 mettere in ordine

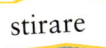 preparare la colazione   fare il letto

fare la spesa   stirare   cucinare

....

3 **Raccontate.**
Erzählen Sie, welche der obigen
Tätigkeiten Sie auch verrichten und
wie oft.

ESEMPIO   Io cucino raramente,
ma faccio spesso la spesa.

ogni giorno	⬤⬤⬤⬤⬤⬤
spesso	⬤⬤ ⬤⬤
di tanto in tanto	⬤ ⬤
raramente	⬤

4 **Completate.**
Lesen Sie den Zeitungsausschnitt noch einmal und ergänzen Sie die fehlenden Wörter.

finire	
io	finisco
tu	finisci
lui / lei / Lei	....
noi	finiamo
voi	finite
loro	finiscono

.... vita gira intorno alla casa e a

.... moglie.

.... lavoro è molto stressante.

Was fällt Ihnen beim Gebrauch der
Possessivbegleiter auf?

5 **Completate.**
Mariangela Bresciani, Fiorenzos Frau, erzählt.
Ergänzen Sie die fehlenden Possessivbegleiter und gegebenenfalls die fehlenden Artikel.

« Io sono medico. .... lavoro mi piace molto, anche se è piuttosto faticoso e .... giornata

tra ospedale e studio è molto stressante. Per fortuna però in casa fa tutto .... marito. Be'

insomma, tutto proprio no ... stirare veramente non è .... forte, però cucina benissimo! »

6 **Fate un inchiesta.**
Stellen Sie Ihren Nachbarinnen/Ihren
Nachbarn folgende Fragen und
notieren Sie die Antworten auf einem
Zettel. Anschließend können Sie im
Plenum darüber berichten.

Che cosa fai
la mattina / a mezzogiorno /
il pomeriggio?

Quali lavori di
casa fai volentieri?

Com'è la tua
giornata?

↓
Ü 9–13,
S. 125–126

D Mi dispiace, ma non posso …

1 Ascoltate.
Über welche Wochentage unterhalten sich
Cristina und Andrea?

● Andrea, scusa, martedì puoi andare tu a
  prendere Rebecca a scuola?
○ Perché?
● Perché ho un appuntamento dal dentista.
○ Ehm, allora devo finire di lavorare prima.
● Eh, sì. Mi dispiace, ma io non posso
  proprio.
○ Va bene. E giovedì?
● Come giovedì? Giovedì ci vado io, come al
  solito.
○ Ma non devi lavorare il pomeriggio?
● Ma no, la settimana prossima ho sempre il
  turno di mattina.

○ Anche domenica?
● No, domenica, per fortuna, sto a casa.
○ Allora possiamo andare a trovare mia
  madre!
● Ma come?
○ Dai, Cristina, non cominciamo di nuovo …
● E va bene.

2 Completate.
Tragen Sie die Wochentage aus dem Text ein und vergleichen Sie anschließend
Ihr Ergebnis mit dem Kalender auf S. 23.

lunedì	....	mercoledì	....	venerdì	sabato	....

3 Completate e confrontate.
Was macht Cristina nächste Woche? Ergänzen Sie
und vergleichen Sie mit Ihrer Nachbarin/Ihrem Nachbarn.

Martedì ....

Giovedì ....

Domenica, per fortuna, ...

4 Completate.
Ergänzen Sie die fehlenden Verbformen.

	potere	dovere
io	....	....
tu	....	....
lui, lei, Lei	può	deve
noi	....	dobbiamo
voi	potete	dovete
loro	possono	devono

Perché non puoi andare a prendere Rebecca?	
Perché	devo andare dal dentista.
	lavoro di pomeriggio.

5 **Lavorate in gruppi.**
Bilden Sie kleine Gruppen. Überlegen Sie sich gemeinsam vier Fragen
zum Dialog und lassen Sie sie von einer anderen Gruppe beantworten.

> **ESEMPIO** ▸ Perché martedì Andrea deve finire di lavorare prima?

6 **Dite perché.**
In der nächsten Woche soll der Italienischkurs ausnahmsweise am Dienstagnachmittag
stattfinden. Leider passt Ihnen der Termin nicht. Sagen Sie warum.

finire	andare a trovare	mia madre/mio padre	dal dentista/dal medico
andare a prendere	andare	il pomeriggio	i bambini a scuola
lavorare	avere	un appuntamento	un lavoro

> **ESEMPIO** ▸ Martedì pomeriggio non posso perché devo finire un lavoro.

7 **Lavorate in gruppi.**
Arbeiten Sie in kleinen Gruppen
und spielen Sie die folgende Szene.
Als Mitglieder einer Wohngemein-
schaft wollen Sie verschiedene
Hausarbeiten untereinander
verteilen. Erstellen Sie gemeinsam
eine Liste der Dinge, die heute
gemacht werden müssen und einigen Sie sich, wer welche Aufgaben
übernimmt.

fare la spesa
pulire il bagno
stirare
preparare la cena
....
....
....

↓
Ü 14–17,
S. 126–127

E **Un po' di fonetica**

1 🎧 **Ascoltate e completate.**
Hören Sie zu und ergänzen Sie die Wörter mit einem oder zwei Konsonanten.

fa......rica	co......esso	pen......ionato	ta......ista	u......icio
fle......ibile	nego......io	sa......ato	co......ega	o......i
a......ocato	ma......ina	a......enzia	me......ogiorno	po......eriggio
co......oquio	intere......ante	di......a	archi......etto	stre......ante

Ricapitoliamo!

Wählen Sie eine dieser vier Personen aus und nehmen Sie ihre Identität an. Überlegen Sie sich, was diese Person über sich sagen könnte. Erzählen Sie es Ihrer Nachbarin/Ihrem Nachbarn. Sie/er kann Ihnen Fragen stellen, um mehr über Sie zu erfahren.

Si dice così

<table>
<tr><td>

Das Alter angeben

Ho 27 anni.

</td><td>

Sagen, was einem gefällt

Il mio lavoro mi piace molto.

</td></tr>
<tr><td>

Sich eindringlich an den Gesprächspartner wenden

Andrea, scusa ...
Dai, Cristina ...
No, guarda ...

</td><td>

Zufriedenheit äußern

Sono proprio contento.

</td></tr>
<tr><td></td><td>

Bedauern äußern

Mi dispiace, ma io non posso proprio.

</td></tr>
<tr><td>

Zuversicht äußern

Speriamo bene.

</td><td>

Die Beschäftigung/den Beruf nennen

Sono infermiere.
Faccio il tassista.
Studio economia.

</td></tr>
<tr><td>

Erleichterung ausdrücken

Domenica, per fortuna, non lavoro.

</td><td></td></tr>
<tr><td colspan="2">

Nach dem Grund fragen/etwas begründen

Perché
Come mai oggi non lavori?   Perché il negozio è chiuso.

</td></tr>
</table>

Grammatica

1. Substantive: Berufsbezeichnungen → 3

maskulin	*feminin*
l'impiegato	l'impiegata
l'infermiere	l'infermiera
il programmatore	la programmatrice
	il/la tassista
	l'insegnante
	il medico

Einige Berufsbezeichnungen haben unterschiedliche Endungen für die männliche und weibliche Form, andere besitzen nur eine Endung für beide Geschlechter. Für einige Berufe, z. B. *medico*, gibt es nur die männliche Form, die auch für Frauen benutzt wird:
La dottoressa Ferri è un buon medico.
Frau Dr. Ferri ist eine gute Ärztin.

2. Die Verben *finire* und *fare* → 18, 31

	finire	fare
io	finisco	faccio
tu	finisci	fai
lui, lei, Lei	finisce	fa
noi	finiamo	facciamo
voi	finite	fate
loro	finiscono	fanno

Eine große Anzahl der regelmäßigen Verben auf **-ire** wird wie *finire* konjugiert, so auch *pulire*.

Das Verb *fare* hat unregelmäßige Formen.

3. Die Modalverben *potere* und *dovere* → 22

	potere	dovere
io	posso	devo
tu	puoi	devi
lui, lei, Lei	può	deve
noi	possiamo	dobbiamo
voi	potete	dovete
loro	possono	devono

Die Modalverben *potere* und *dovere* haben unregelmäßige Formen. Ein nachfolgendes Verb steht im Infinitiv: **Devo lavorare.**

4. Possessivbegleiter: Formen im Singular → 10

maskulin	*feminin*
il mio lavoro	**la mia** giornata
il tuo lavoro	**la tua** giornata
il suo/il Suo lavoro	**la sua/la Sua** giornata
Aber: **mio** marito	**mia** moglie

Im Italienischen steht vor dem Possessivbegleiter der Artikel. Eine Ausnahme bilden die Verwandtschaftsbezeichnungen im Singular.
Beachten Sie außerdem folgenden Unterschied zum Deutschen:
il suo lavoro – *seine/ihre Arbeit,*
la sua giornata – *sein/ihr Tagesablauf.*

5. Adjektive: Endungen im Plural → 11, 12

chiuso → chiusi	I negozi sono chiusi.
chiusa → chiuse	Le banche sono chiuse.
flessibile → flessibili	Gli orari sono poco flessibili.

Beachte: simpatico → simpatici, simpatica → simpatiche.

Die Pluralformen der Adjektive entsprechen denen der Substantive: sie enden auf
■ **-i** (Singular auf -o bzw. -e) oder
■ **-e** (Singular auf -a).

LEZIONE 6 *Ripasso*

A Ancora vocaboli

1 Parole illustrate

Sie lernen neuen Wortschatz vielleicht gerne mit Vokabellisten oder -kärtchen. Dieses Vokabeltraining können Sie effektiver und schöner gestalten, indem Sie einzelne Wörter illustrieren. In Listen lassen sich kleine Zeichnungen einfügen, auf Vokabelkärtchen haben auch kleine Fotos – z. B. aus Zeitschriften – Platz.

scarpe

Lavoro in un negozio di scarpe.

i calamari *pl* alla siciliana — Tintenfisch(ringe) nach sizilianischer Art

il coniglio in umido — Kaninchen geschmort

2 Le cose di tutti i giorni

Sie sind zu Hause von Dingen umgeben, deren italienische Bezeichnung Ihnen teilweise schon begegnet ist. Heften Sie doch einmal Post-its mit Italienisch-Vokabeln an einige Gegenstände. Wenn Ihr Blick im Vorbeigehen immer wieder auf Wörter wie *tavolo* oder *bicchiere* fällt, prägen sie sich wie von selbst ein! Wenn Sie einen Wand- oder Taschenkalender haben, tragen Sie dort die Wochentage auf Italienisch ein!

3 Rime e ritmi

Auch Reime und Rhythmus können das Gedächtnis unterstützen. Sie verwechseln manchmal *la cena* und *il pranzo*? Vielleicht hilft die Übereinstimmung der Vokale in *la cena* und *la sera*. *Appuntamento* ist schrecklich lang? Sprechen Sie es rhythmisch und suchen Sie gegebenenfalls nach einem Reim, z. B. *Ho un appuntamento con Leo in piazza Trento.*

Ho un appuntamento con Leo in piazza Trento.

4 Provate un po'!

Überfliegen Sie nun das Vokabular der letzten beiden Lektionen. Sicher springen Ihnen ein paar Vokabeln ins Auge, mit denen Sie „auf Kriegsfuß stehen". Notieren Sie drei dieser Wörter und versuchen Sie, einen der obigen Tipps anzuwenden.

B Impariamo ad ascoltare!

Während des Italienischunterrichts haben Sie sich schon mehrmals mit Hörtexten beschäftigt, von denen manche im Buch abgedruckt sind und andere nicht.
Dabei haben Sie sicher festgestellt, dass es nicht wichtig ist, immer jedes einzelne Wort zu verstehen, sondern dass es darauf ankommt,

■ sich die Situation vorzustellen,
■ den Zusammenhang zu verstehen,
■ Rückschlüsse aus dem Tonfall und der Stimme zu ziehen oder
■ sich auf eine bestimmte Information zu konzentrieren.

1 C'è tono e tono!

Hören Sie nun einige kurze Dialoge. Versuchen Sie zu verstehen, um welche Art Anliegen es jeweils geht, indem Sie besonders auf den Tonfall der Sprecher achten. Schreiben Sie die Nummer des entsprechenden Hörtextes in die Kästchen.

☐ Jemand beklagt sich.   ☐ Jemand erzählt von einem lustigen Erlebnis.

☐ Jemand informiert sich.   ☐ Jemand bringt seinen Ärger zum Ausdruck.

2 Gesti, mimica e altri fattori

Gerade haben Sie erlebt, dass die Konzentration auf den Tonfall der Sprecher das Verständnis von Gesprächen beeinflusst und erleichtert. Neben dem Tonfall gibt es noch andere Hilfen. Selbst Hintergrundgeräusche, die ja manchmal als Störung empfunden werden, bieten nützliche Hinweise auf die Situation. Kreuzen Sie an, was bei folgenden unterschiedlichen Textsorten eine Hilfe sein kann und tauschen Sie sich anschließend im Plenum aus.

	bei Hörtexten	im persönlichen Gespräch	am Telefon	beim Radiohören	bei Lautsprecheransagen
Tonfall					
Gestik und Mimik					
Hintergrundgeräusche					
Schlüsselwörter					
Kenntnis der Textsorte					
Vorwissen über die Situation					

3 Ed ora attenzione!

Hören Sie nun einen unbekannten Text. Berichten Sie anschließend, ob Ihnen eine der oben genannten Hilfen das Verstehen erleichtert hat.

C Ma quante domande!

1 Domandate e rispondete.

Die Spielanleitung finden Sie auf S. 207.

Lavoro

Casa

Ristorante

lunedì	martedì	mercoledì	giovedì	venerdì	sabato	domenica
dentista						
	avvocato					
			cinema		Trattoria romana	

Impegni

Bar

Quando …?

Che cosa …?

Come …?

…?

Perché …?

Che …?

Come mai …?

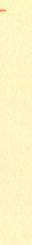

Due caffè, per favore.

▶ Wie viele Millionen Mal täglich wird diese Bestellung in italienischen Cafés geäußert? Verlangt man ohne weitere Erklärung einen *caffè,* ist damit ein Espresso gemeint, *macchiato* ist er mit ein wenig Milch, *corretto* mit einem Schuss Cognac oder Grappa, *lungo* weniger stark, *ristretto* dagegen stärker. *Cappuccino* wird von den Italienern meist morgens getrunken, nicht jedoch nach einer Mahlzeit.

Das Frühstück zu Hause ist normalerweise nicht sehr aufwändig. Für Erwachsene besteht es häufig nur aus einem Tässchen Espresso aus der *caffettiera* (Espresso-Kanne), einem *caffelatte* oder einem *yogurt,* bei Kindern aus *cereali* (Cornflakes) oder in Milch eingetunkten *biscotti* (Kekse).

▶ Der typische Café-Besucher trinkt den Kaffee im Stehen.

Am Tisch kosten die Getränke und kleinen Speisen mehr, da der *servizio (Bedienung)* zu bezahlen ist. Betritt man ein italienisches Café, führt der Weg meistens zuerst zur Kasse und dann – mit dem *scontrino* – weiter an den *banco,* wo man bestellt und vielleicht zwei Sätze mit dem *barista* wechselt, während man die Tasse oder das Glas leert. Das dauert nur einige Minuten, wiederholt sich jedoch mehrmals am Tag: für eine *pasta* oder ein *tramezzino* vor der Arbeit oder in der Pause, einen *caffè* nach dem Essen oder einen *aperitivo* nach der Arbeit. Geht man in Begleitung ins Café, ist es selbstverständlich, dass einer für alle zahlt und die anderen mit einem *offro io* einlädt. Ein Café gibt es an fast jeder Straßenecke, und in kleinen Orten ist es ein wichtiger Treffpunkt, um Karten zu spielen oder Fußballübertragungen anzusehen.

Andiamo a mangiare!

▶ In Italien wird eher spät zu Abend gegessen, und auch die Restaurants öffnen später als in Deutschland. In der *pizzeria* gibt es, wie der Name schon sagt, *pizza* und meist auch *pasta,* in der *trattoria* eine begrenzte, aber oft vorzügliche Auswahl einfacher, regionaler Gerichte. Das *ristorante* hat im Vergleich dazu eine umfangreichere Speisekarte. Wenn man in Italien mit Freunden oder Bekannten essen geht, wird die Rechnung für gewöhnlich von einer einzelnen Person beglichen. Oder es wird zusammengelegt, bis der Gesamtbetrag erreicht ist. Dies wird *pagare alla romana* genannt. Dass jeder genau den eigenen Teil der Rechnung bezahlt, ist nicht üblich. Auf der Rechnung steht oft *coperto,* das

Gedeck. In diesem Preis ist auch das Brot enthalten, das unaufgefordert serviert wird. Die Gäste sind gesetzlich verpflichtet, die Rechnung mitzunehmen. Diese Maßnahme soll helfen, der Steuerhinterziehung Einhalt zu gebieten.

Lavoro e famiglia

▶ Auch in Italien gilt es, Arbeit und Familienleben zu vereinbaren. Viele Frauen sind berufstätig, und Teilzeitarbeit ist nicht weit verbreitet, doch das Angebot an Kinderbetreuungsmöglichkeiten ist im Allgemeinen gut. Auch sind die Großeltern immer noch gerne bereit, sich um ihre Enkel zu kümmern.

▶ Mit der besseren Ausbildung der Frauen und ihrer zunehmenden Behauptung in männertypischen Berufsfeldern wächst auch langsam die Bereitschaft der Männer, ihren Teil zu Haushalt und Kindererziehung beizutragen.

C'è una banca qui vicino?

Osservate e scrivete.
Sehen Sie sich die Fotos an und ordnen Sie
die angegebenen Wörter den Bildern zu.

....

....

....

edicola
cinema
fermata dell'autobus
supermercato
ufficio postale

....

....

Riconoscete qualcos'altro sulle foto?

A Dove vai così di corsa?

1  Ascoltate.

Hören Sie den Dialog. Welche Geschäfte und Einrichtungen werden genannt?

- ● Beatrice! Bea!
- ○ Ehi, ciao, Franco!
- ● Ma dove vai così di corsa?
- ○ Eh, guarda, tra poco arriva mia sorella e io devo ancora fare la spesa, andare all'ufficio postale e passare anche dal fioraio. Ma tu, che fai da queste parti?
- ● Faccio un salto al Centro TIM, ho un problema al cellulare … ah, senti, sai per caso se c'è un bancomat qui vicino?
- ○ Mah, veramente qui nel quartiere non ci sono banche … però aspetta, in piazza Tasso c'è la Banca Commerciale.
- ● Ah già, è vero!
- ○ Scusa, ma adesso devo proprio scappare, eh … Ciao e saluti a Nicoletta!
- ● Ciao.

2 Rispondete e confrontate.

Kreuzen Sie die zutreffenden Aussagen an und vergleichen Sie das Ergebnis mit Ihrer Nachbarin/Ihrem Nachbarn.

☐ Beatrice va dalla sorella. ☐ Franco va al Centro Tim.

☐ Il cellulare di Franco non funziona bene. ☐ In piazza Tasso non ci sono banche.

3 Completate e osservate.

Tragen Sie die fehlenden Präpositionen ein.

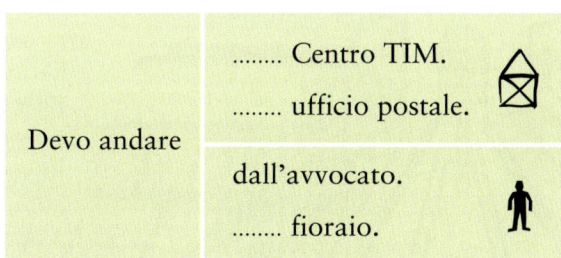

	.... Centro TIM.
Devo andare	.... ufficio postale.
	dall'avvocato.
	.... fioraio.

Wenn Präposition und bestimmter Artikel zusammentreffen, verschmelzen sie zu einem Wort.

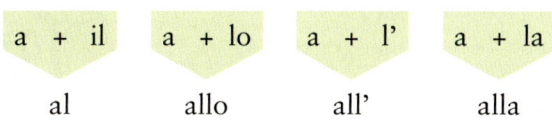

a + il	a + lo	a + l'	a + la
al	allo	all'	alla

Wie lauten die entsprechenden Formen von *da* + bestimmter Artikel?

4 Lavorate in coppia.

Arbeiten Sie zu zweit. Was haben Sie nächste Woche vor? Was müssen Sie erledigen? Wenn Sie möchten, können Sie folgende Beispiele benutzen.

andare

in palestra

in banca

dal parrucchiere

al cinema

al corso di yoga

5 **Completate.**
Vervollständigen Sie die Sätze.

C'è una banca qui vicino?	Ci sono alberghi in questo quartiere?
No, nel quartiere non .... banche.	Sì, ... l'Hotel Venezia.

Wie würden Sie die beiden Fragen im Deutschen wiedergeben? Was fällt Ihnen auf?

6 **Lavorate in coppia.**
Arbeiten Sie zu zweit. Testen Sie Ihr Gedächtnis und überlegen Sie mit Ihrer
Nachbarin/Ihrem Nachbarn, was auf den Fotos auf S. 56 alles zu sehen ist.

Ü 1–6
S. 128–129

ESEMPIO   Dunque, ci sono due ..., c'è ...

B # Dov'è la fermata dell'autobus?

> Scusi, dov'è la fermata
> dell'autobus?

1 **Ascoltate e osservate.**
Hören Sie zu und sehen Sie sich die Zeichnungen an.

È di fronte
all'Hotel Puccini.

È davanti
alla stazione.

È accanto
al duomo.

2 **Lavorate in coppia.**
Arbeiten Sie zu zweit. Für beide Partner sind je vier Begriffe angegeben. Tragen Sie sie
in die gelben bzw. braunen Gebäude ein und finden Sie anschließend durch Fragen heraus,
wo sich die Gebäude Ihres Partners befinden.

A
Centro Tim
Banca
Posta
Cinema

B
Farmacia
Ristorante
Supermercato
Albergo

3 **Fate conversazione.**

Unterhalten Sie sich darüber, ob und wo sich in der Nähe des
Unterrichtsortes bestimmte Geschäfte, Restaurants etc. befinden.

Ü 7–9
S. 129–130

ESEMPIO ▶ ● C'è un ristorante italiano qui vicino?
 ○ Sì, nella Sonnenstraße.

C **Ma che ore sono?**

1  **Guardate e ascoltate.**

Sehen Sie sich die Uhren an und hören Sie die Uhrzeiten.

È mezzogiorno.
È mezzanotte.

È l'una.

Che ore sono?
Che ora è?

Sono le tre.

Sono le quattro e dieci.

Sono le cinque e un quarto.

Sono le sette e mezza / mezzo.

Sono le otto e quaranta.
Sono le nove meno venti.

Sono le nove e tre quarti.
Sono le dieci meno un quarto.

E che ore sono adesso?

2  **Ascoltate.**

Hören Sie das Gespräch der beiden Freundinnen.

● Oddio, la farmacia è già chiusa!
  Ma che ore sono?
○ Eh, è l'una e mezza.
● E come faccio adesso?
○ Non puoi tornare oggi pomeriggio?
  Alle quattro apre di nuovo.
● No, no, le medicine per mia madre sono
  urgenti.
○ E allora perché non vai ai Gigli?
  Lì i negozi fanno l'orario continuato.
  Figurati, sono aperti dalle nove di mattina
  alle dieci di sera.
● Anche la farmacia?

3 **Completate.**
Ergänzen Sie.

aprire	
io	apro
tu	apri
lui, lei, Lei	....
noi	apriamo
voi	aprite
loro	aprono

A che ora apre il centro commerciale?	A che ora chiude?
Apre .... nove.	Chiude .... dieci.

Quando è aperto il centro commerciale?
Il centro commerciale è aperto .... nove .... ventidue.

4 **E da voi?**
Arbeiten Sie in kleinen Gruppen. Wann sind an Ihrem Wohnort
Geschäfte, Post, Banken, Restaurants usw. geöffnet?

> **ESEMPIO** La banca vicino a casa mia apre alle ... e chiude alle ...
> La banca è aperta dalle ... alle ...
> Il supermercato fa l'orario continuato.

5 **Osservate e discutete.**
Sehen Sie sich folgende Schilder an. Unterscheiden sich
diese Öffnungszeiten von denen, an die Sie gewöhnt sind?

BANCA COMMERCIALE ITALIANA
VENEZIA RIALTO
ORARIO DI SPORTELLO
MATTINO   8.35 - 13.35
POMERIGGIO 14.45 - 16.15
(ESCLUSI I SERVIZI DI CASSA CAMBIALI
E DI INCASSO BOLLETTE DI UTENZA)
SEMIFESTIVI   8.35 - 12.05

Posteitaliane
da Lunedì a Venerdì
dalle 08,30 alle 19,00

Sabato
dalle 08,30 alle 13,00

Oggi è di turno
questa Farmacia

Orario 9 - 13 e 16 - 20

Nelle ore di chiusura
della Farmacia e per le
SOLE RICETTE URGENTI
rivolgersi:
all'abitazione del Dottor
PIETRO CERRI
Piazza Boscaglia, 1
Tel. 0588 85085

Chiesa S. Maria Antica
	apertura	chiusura
Mattino	7.30	12.30
Pomeriggio	15.30	19.00

6 **Ascoltate.**
Hören Sie zu und tragen Sie die Zahlen 1 bis 6 in der Reihenfolge ein,
in der Sie die Uhrzeiten hören.

a)  b)  c)  d)  e)  f)

7 **Lavorate in coppia.**
Fragen Sie sich gegenseitig, um wieviel Uhr Sie gewöhnlich frühstücken, zur Arbeit gehen,
Einkäufe machen, nach Hause kommen, zu Abend essen, ...

Ü 10–12
S. 130–131

Lettura

1 Lavorate in gruppi.

Arbeiten Sie in Gruppen. Was fällt Ihnen ein,
wenn Sie an eine italienische *piazza* denken?

2  Leggete.

Lesen Sie den Artikel.

Lucca: piazza dell'Anfiteatro

UN «VUOTO» DI ARMONIA

Dagli anni Trenta dell'800 questa piazza-gioiello incanta i visitatori.
Un salotto ovale sui resti dell'antico anfiteatro romano

*P*iazza dell'Anfiteatro a Lucca, progettata dall'architetto Lorenzo Nottolini nel 1839 sui resti dell'antico anfiteatro romano, è un posto incredibile e di grande fascino, set naturale per il cinema e la televisione, per la pubblicità e la musica.

Un teatro all'aperto, un salotto cittadino, nascosto tra le case. Già, perché tu cammini per le vie strette del centro, tra i negozi di via Fillungo e le antichità di via del Battistero, poi passi sotto un arco, e … sorpresa! Volti pagina. Silenzio. Niente auto. Un cerchio, anzi un ovale di ventidue edifici con negozi, botteghe, bar e ristoranti, che tanti chiamano ancora piazza del Mercato, anche se il mercato dal 1972 non c'è più. E al centro il «vuoto» della piazza che in aprile per la festa di Santa Zita ospita la mostra mercato dei fiori e in luglio i concerti del Summer Festival. Chi lavora nella piazza protesta perché vorrebbe i fiori più spesso e magari anche la fiera dell'antiquariato. Gli abitanti invece si lamentano perché i concerti d'estate fanno troppo rumore e le sedie di plastica dei bar sono brutte. Ma quando la piazza si anima di turisti, il «salotto» sorride.

Adattato da: Bell'Italia, n.189, gennaio 2002

3 Cercate le parole.

Sammeln Sie Begriffe zu folgenden Kategorien aus dem Text und vergleichen Sie anschließend
mit Ihrer Nachbarin/Ihrem Nachbarn.

edifici/locali	feste/manifestazioni
....	....
....	....
....	....
....	

PIAZZA ANFITEATRO

4 **Lavorate in coppia.**
An welche Informationen aus dem Text können Sie sich erinnern? Tauschen Sie sich mit Ihrer Nachbarin/Ihrem Nachbarn aus.

D **Allora a più tardi!**

1 Ascoltate.
Marco beschreibt Luisa den Weg zur *Trattoria La Tavernaccia*. Hören Sie den Dialog. Welche Orientierungspunkte gibt er an?

● Beh, allora a più tardi … ci vediamo in trattoria. Tu, Luisa, vieni, no?
○ Sì, però aspetta, Marco. Io come faccio? Non so dov'è.
● Ah … beh, guarda, quando esci di qui giri subito a sinistra, vai avanti fino … no, aspetta, è un po' complicato. Ti faccio uno schizzo …

2 Ascoltate e guardate lo schizzo.
Hören Sie die Wegbeschreibung noch einmal und verfolgen Sie sie auf der Skizze.

3 Osservate il disegno e completate.
Sehen Sie sich die Skizze genau an und ergänzen Sie die Beschreibung.

Allora, guarda, esci di qui, giri a sinistra e vai avanti. Poi attraversi l'incrocio e continui

dritto fino alla …………………… Bene, poi giri a destra in …………………… e vai sempre avanti fino

al semaforo. Lì giri ancora a destra, dove comincia la ……………………………. Ecco, dopo 50 metri

circa arrivi in piazza …………………… e vedi subito la chiesa. E sulla destra, proprio accanto

all' ……………………, c'è la trattoria La Tavernaccia, non puoi sbagliare. È chiaro?

4 **Prendete appunti.**
Tragen Sie die passenden Verben in die Felder ein.

il ponte

2. .... *a destra*

a sinistra

1. .... *la strada*

la piazza

3. .... *fino all'incrocio*

fino al semaforo

5 **Completate.**
Ergänzen Sie die fehlenden Verbformen.

	sapere	venire	uscire
io	....	vengo	esco
tu	sai	....	....
lui, lei, Lei	sa	viene	esce
noi	sappiamo	veniamo	usciamo
voi	sapete	venite	uscite
loro	sanno	vengono	escono

Sai dov'è piazza San Fedele?
Dunque, tu esci di qui, attraversi l'incrocio, continui dritto fino a …

Scusi, per piazza San Fedele?
Allora, Lei va avanti fino al semaforo, attraversa l'incrocio e gira a destra …

6 **Lavorate in coppia.**
Arbeiten Sie zu zweit. Beschreiben Sie den Weg vom Ausgangspunkt zu einem der eingezeichneten Lokale. Ihre Nachbarin/Ihr Nachbar sagt, um welches Lokal es sich handelt. Danach wechseln Sie die Rollen.

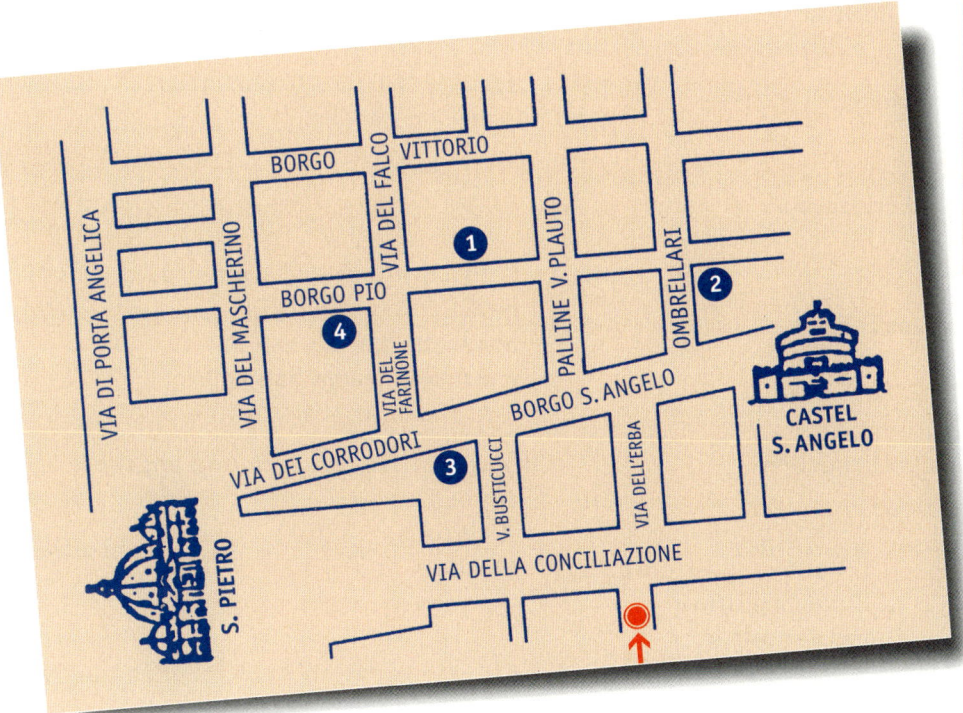

1 **L'Immagine** musica dal vivo

2 **Nuvolari** cocktail bar

3 **Ristorante Alfredo a S. Pietro**

4 **Il quadrifoglio** trattoria

Ü 13–18
S. 131–133

Ricapitoliamo!

Was gefällt Ihnen an Ihrer Stadt? Beschreiben Sie einen Platz, eine Straßenecke oder etwas anderes, was Sie schön oder interessant finden. Sprechen Sie darüber mit den anderen Kursteilnehmern.

Si dice così

Fragen, was jemand unmittelbar vorhat

Dove vai? Che fai da queste parti?	Devo	andare all'ufficio postale. passare dal fioraio. fare la spesa.
	Faccio un salto al centro TIM.	

Sich erkundigen, wo sich etwas befindet

Dov'è la Banca Commerciale?	È	accanto al cinema. di fronte alla fermata. davanti al supermercato.

Fragen, ob etwas vorhanden ist

C'è una banca qui vicino?	Sì, in via Larga c'è la Banca Commerciale. No, qui non ci sono banche.

Den Weg erfragen und erklären

Scusi, per piazza San Fedele?	Dunque,	Lei va dritto fino al semaforo ... gira a destra/a sinistra ... attraversa l'incrocio ... e arriva in piazza San Fedele.

Die Uhrzeit erfragen und angeben

Che ore sono? Che ora è?	Sono le undici. È l'una. È mezzogiorno/ mezzanotte.

Öffnungszeiten erfragen und angeben

A che ora Quando	apre la banca?	Apre alle otto.

Grammatica

1. Verben auf -ire und *sapere* → 18, 31

	aprire	uscire	venire	sapere
io	apro	esco	vengo	so
tu	apri	esci	vieni	sai
lui, lei, Lei	apre	esce	viene	sa
noi	apriamo	usciamo	veniamo	sappiamo
voi	aprite	uscite	venite	sapete
loro	aprono	escono	vengono	sanno

Neben der Gruppe von Verben auf **-ire**, die wie *finire* (vgl. Lektion 5) konjugiert werden, gibt es eine andere regelmäßige Gruppe. Zu ihr gehört z. B. *aprire*.
Uscire, venire und *sapere* haben unregelmäßige Formen.

2. *C'è/ci sono* → 20

C'è un ristorante qui vicino?
In via Larga **ci sono** due banche.

Unterscheiden Sie:
La Banca Commerciale è in piazza Tasso. *(ist)*
In piazza Tasso **c'è** la Banca Commerciale. *(gibt es/ist)*

Je nachdem, ob das Substantiv im Singular oder im Plural steht, verwendet man *c'è* bzw. *ci sono*. *C'è* und *ci sono* kann man im Deutschen mit *es gibt* wiedergeben.

3. Präpositionen in Verbindung mit dem bestimmten Artikel → 7

	il	l'	lo	la	i	gli	le
a	al	all'	allo	alla	ai	agli	alle
da	dal	dall'	dallo	dalla	dai	dagli	dalle
in	nel	nell'	nello	nella	nei	negli	nelle

Einige Präpositionen, z. B. *a, da* und *in,* verschmelzen mit dem bestimmten Artikel zu einem einzigen Wort.

4. Ortsangaben mit *a, da* und *in* → 27

Devo andare **alla** posta.
Vado **dal** fioraio.

La banca è **in** via Larga/**in** piazza Tasso.
Aber: Qui **nel** quartiere non ci sono banche.

Die Präposition *a* wird bei Sachbezeichnungen (*Post*), die Präposition *da* bei Personenbezeichnungen (*Blumenhändler*) verwendet.
Die Präposition *in* steht – anders als im Deutschen – sehr oft ohne Artikel, so z. B. bei Namen von Straßen und Plätzen.

5. Weitere Ortsangaben mit *a* → 27

vicino al semaforo   **davanti alla** posta
accanto all'edicola   **fino all'**incrocio
di fronte al cinema   **a** destra/**a** sinistra

Die nebenstehenden Ortsangaben stehen in Verbindung mit der Präposition *a*.

6. Die Angabe der Uhrzeit → 28, 30

Sono **le** tre e un quarto.
Vengo **all'**una e mezza.
Il museo è aperto **dalle** dieci **alle** sei.

Um die Uhrzeit anzugeben, stelle man der Zahl den bestimmten Artikel voran.
Die Präposition *a* in Verbindung mit dem Artikel entspricht dem Deutschen *um. Von ... bis* wird mit *da ... a* und Artikel wiedergegeben.

LEZIONE 8 *Che cosa hai fatto ieri?*

Guardate le foto e abbinate.
Sehen Sie sich die Fotos an. Welche der angegebenen Tätigkeiten sind abgebildet?
Tragen Sie die entsprechenden Zahlen ein.

1 fare sport
2 ascoltare la musica
3 andare ai concerti
4 andare in bicicletta
5 guardare la TV
6 fare foto
7 leggere
8 invitare amici a casa
9 andare al cinema
10 andare a vedere una mostra
11 navigare su Internet

E voi, che cosa fate nel
tempo libero? Raccontate.

A Ti piace la musica italiana?

1  **Ascoltate.**

Hören Sie sich das Gespräch zwischen Bettina und ihrer italienischen Freundin an.
Welche italienischen Sänger werden genannt?

- ● Bettina, ti piace la musica italiana?
- ○ Mah, dipende. Non mi piace la canzone melodica però mi piacciono molto i cantautori, Lucio Dalla, per esempio, o Paolo Conte ...
- ● E Eros Ramazzotti, Nek, che sono così famosi in Germania, non ti piacciono?
- ○ Mah ... no, non tanto. Tra i giovani preferisco Jovanotti.
- ● Io, invece, da quando vivo all'estero amo tutta la musica italiana. Mi piace addirittura ascoltare le canzoni del Festival di Sanremo!
- ○ Sanremo? Ma scherzi?
- ● No, ti giuro! Guardo anche il Festival in televisione ...

Quale cantante italiano preferite voi?

2 **Completate.**
Ergänzen Sie die Formen von *piacere*.

Ti / Le	ascoltare la musica? la musica italiana?	Sì, moltissimo. Sì, abbastanza. No, non tanto.
Ti / Le	i cantautori?	No, preferisco ...

3 **Lavorate in coppia.**
Fragen Sie sich gegenseitig nach Ihren Interessen und Vorlieben.

 cinema francese
film d'azione
commedie

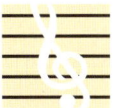 musica leggera
musica classica
canzoni popolari

 biografie
gialli
romanzi

 mostre di pittura
fotografia d'autore
mostre di antiquariato

Ü 1–3
S. 134

B Cosa hai fatto di bello?

1 🎧 **Ascoltate.**
Hören Sie, wie Raffaele und Claudio den Sonntag verbracht haben.

● Allora, Claudio, cosa hai fatto di bello ieri?
○ Mah, niente di speciale. Ho dormito fino a tardi, poi ho incontrato Giulia e abbiamo pranzato insieme da Salvini.
● E come avete mangiato?
○ Benissimo! E poi abbiamo avuto l'idea di andare alla Mostra dell'Antiquariato ...
● Ah, bello!
○ Sì, sì, Giulia ha anche comprato un vaso ... ma che prezzi! E tu, invece?
● Io ho passato il fine settimana in campagna. Una pace che non ti dico ...

2 **Sottolineate.**
Unterstreichen Sie im Dialog die Aussagen, die sich auf die Vergangenheit beziehen.

3 **Completate.**
Vervollständigen Sie die Sätze mit den Formen des *passato prossimo*
und ergänzen Sie die Endungen der Partizipien.

Che cosa hai fatto ieri?		
.... fino a tardi, poi	pranz**are**	→ ho pranz........
.... Giulia e	av**ere**	→ ho av........
.... l'idea di andare alla Mostra.	dorm**ire**	→ ho dorm........
	fare	→ ho fatto

4 **Completate.**
Ergänzen Sie die Formen des *passato prossimo*.

Ieri Claudio .... fino a tardi, poi .... Giulia.

.... insieme e poi .... l'idea di andare alla Mostra

dell'Antiquariato. Lì Giulia .... un vaso di Limoges.

5 **Lavorate in coppia.**
Arbeiten Sie zu zweit und erzählen Sie sich gegenseitig anhand der angegebenen Wendungen, was Sie am letzten Wochenende gemacht haben.

Lo scorso fine settimana ...

> fare una passeggiata
> giocare a carte
> guardare la televisione
> cucinare
> avere ospiti
> lavorare in giardino
> dormire fino a tardi
> giocare a tennis
> pulire la casa

Ü 4–6
S. 135

C È stata proprio una bella giornata.

1 📖 **Leggete.**
Lesen Sie die beiden E-Mails.

Perché Arianna non ha letto
il giallo di Camilleri?

Ciao Arianna!

Grazie ancora dell'invito. È stata proprio una bella domenica. Sono arrivato a casa un po' tardi per via del traffico e sono andato subito a letto. È proprio vero, sciare è faticoso! E tu che cosa hai fatto dopo? Hai letto finalmente il giallo di Camilleri? Ciao e buona settimana!

Stefano

- -

Altro che Camilleri!

È venuta Luciana, una mia ex compagna di scuola, e siamo andate insieme a mangiare una pizza. Figurati, sono tornata a casa alle due ... Comunque, stanchezza a parte, ho passato una bella serata! Alla prossima, ciao

Arianna

---

2 **Scrivete.**
Tragen Sie die passenden Namen ein.

.... è andata da Arianna.   .... è andato subito a letto.

.... è tornata a casa alle due.   .... è andata in pizzeria con Luciana.

3 **Osservate.**
Achten Sie auf die Endungen der Partizipien beim *passato prossimo* mit *essere*.
Was fällt Ihnen auf? Vergleichen Sie auch mit dem Dialog auf Seite 68.

☺ Sono arrivato tardi.	☺☺ Siamo andati al cinema.
☺ Sono tornata a casa alle due.	☺☺ Siamo andate in pizzeria.

4 **Completate.**
Vervollständigen Sie die
Mitteilungen der Familie
Piccolo mit den
angegebenen Formen.

andata
andati
arrivate
arrivato
telefonato

Sono .... un attimo all'ufficio postale. Torno subito.

Rosanna

X Paolo!
Le tue amiche di Firenze
sono .... stamattina.
Vengono qui oggi pomeriggio.
Ciao   papà

Antonio, ha .... il dottor Sacchi. È .... e aspetta una tua telefonata in albergo.

Rosanna

Siamo .... a giocare a tennis. Torniamo verso le otto. Paolo e Carlo

5 Lavorate in gruppi e riferite.
Arbeiten Sie in kleinen Gruppen. Luca ist gestern nach Venedig gefahren. Sehen Sie sich an, was sich in seiner Brieftasche alles angesammelt hat, und erzählen Sie, wie er wohl den Tag verbracht hat.

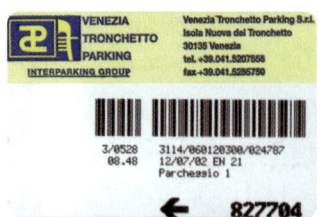

6 Scrivete e indovinate.
Schreiben Sie auf ein Blatt, was Sie am letzten Wochenende gemacht haben. Die Kursleiterin / der Kursleiter sammelt die Blätter ein und liest einige vor. Können Sie sich denken, wer den jeweiligen Text geschrieben hat?

↓
Ü 7–10
S. 136–137

Lettura

1 Lavorate in gruppi.
Welche Informationen könnte eine Kurzbiografie enthalten? Bilden Sie kleine Gruppen. Notieren Sie Ihre Erwartungen und tragen Sie sie dann im Plenum vor.

2 Leggete.
Lesen Sie nun diese Kurzbiografie von Andrea Camilleri.

Andrea Camilleri
L'odore della notte

ANDREA CAMILLERI è nato a Porto Empedocle (Agrigento) nel 1925. Ha cominciato a lavorare come regista teatrale nel 1942. È stato il primo a portare Beckett in Italia e ha rappresentato testi di Ionesco, Strindberg e di altri autori. È stato autore, sceneggiatore e regista di programmi culturali per la radio e la televisione. Ha insegnato al Centro Sperimentale di Cinematografia di Roma. Ha scritto poesie, racconti e romanzi storici. È famoso soprattutto per i suoi romanzi gialli con il personaggio del commissario Montalbano, conosciuto dal pubblico anche per la fortunata serie di film per la TV. È sposato, ha tre figlie e quattro nipoti. Attualmente vive a Roma.

3 Lavorate in gruppi.

Markieren Sie die Stellen, wo darüber berichtet wird,

■ wo Camilleri geboren ist
■ welche Berufe Camilleri ausgeübt hat
■ was er geschrieben hat
■ durch welche Romanfigur er berühmt geworden ist.

4 Cercate le parole.

Welche Wörter im Text ähneln deutschen oder fremdsprachigen Wörtern?

....
....
....
....

D ## Sono nato nel 1935.

1 Ascoltate.

Hören Sie zu und bringen Sie die Ereignisse aus
Antonio Magrellis Leben in die richtige Reihenfolge.

	ho lavorato tantissimo
1	sono nato a Napoli
	ho finito le scuole
	sono andato in pensione
	ho lasciato il posto alle Ferrovie
	ho vissuto sempre qui
	ho chiuso la mia attività
	ho subito trovato lavoro
	non ho avuto il tempo di farmi una famiglia
	ho aperto una piccola ditta

2 Raccontate.

Nennen Sie einige Stationen Ihres Lebens.
Folgende Ausdrücke können Ihnen dabei nützlich sein.

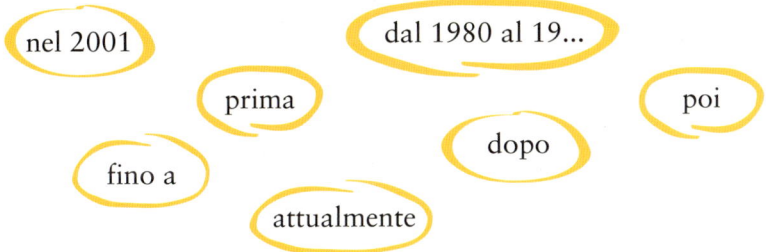

nel 2001   dal 1980 al 19...

prima   poi

dopo

fino a

attualmente

Ü 11–12
S. 137

E Una festa in famiglia

1 **Guardate e completate le frasi.**
Arbeiten Sie zu zweit. Sehen Sie sich den Stammbaum an und vervollständigen Sie anschließend die Sätze mit den angegebenen Verwandtschaftsbezeichnungen.

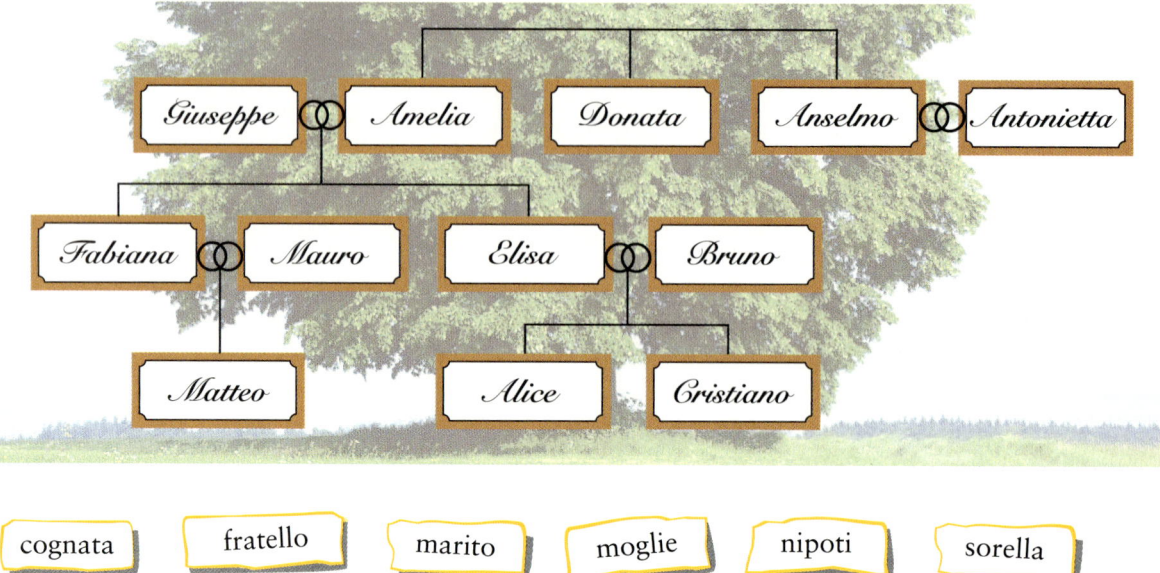

| cognata | fratello | marito | moglie | nipoti | sorella |

Giuseppe è il .... di Amelia.

Donata è la .... di Amelia e Anselmo.

Fabiana è la .... di Mauro.

Alice è la figlia di Elisa e Bruno.

Antonietta è la .... di Amelia.

Anselmo è il .... di Amelia e Donata.

Alice e Cristiano sono i .... di Amelia.

Giuseppe e Amelia sono i genitori di Fabiana.

2 **Leggete.**
Lesen Sie den Brief und kreuzen Sie an, um welches Fest es sich handelt.

☐ battesimo   ☐ matrimonio

☐ nozze d'oro   ☐ compleanno

Cara Teresa,

Novara, 18 maggio 2002

è stata una festa meravigliosa. Sono venuti proprio tutti: le mie figlie con i mariti, tutti i miei nipoti e anche il ragazzo di mia nipote Alice. Pensa, sono venute perfino mia sorella e mia cognata Antonietta da Sassari (mio fratello purtroppo no, perché non sta ancora bene) e naturalmente anche i parenti di Giuseppe e i nostri amici di Torino. Le nostre figlie ci hanno regalato un fine settimana a Venezia e un bellissimo cofanetto d'argento con incisi i nostri nomi, le date e la frase «50 anni di amore». E tu stai meglio adesso? Spero di rivederti presto.
Un abbraccio

Amelia

Saluti anche da Giuseppe

3 Osservate.

Chi è venuto alla tua festa?
Sono venuti tutti: mio fratello, mia sorella, i miei nipoti, le mie figlie e i nostri amici.

Wann steht vor dem Possessivbegleiter der bestimmte Artikel?

4 Lavorate in coppia.
Arbeiten Sie zu zweit. Skizzieren Sie Ihren Stammbaum und beschreiben Sie Ihre Familie.

5 Osservate la lettera.
Sehen Sie sich den Brief auf S. 72 und die E-Mails auf S. 69 noch einmal an.
Wie kann ein Brief an eine Freundin / einen Freund eingeleitet und wie kann er beendet werden?

6 Scrivete.
Schreiben Sie einen Brief und erzählen Sie von einem Anlass, den Sie mit der Familie
oder mit Freunden gefeiert haben. Denken Sie auch an folgende Feste.

 Carnevale    Natale    Pasqua    Capodanno

 Ü 13–18
S. 138–139

Ascolto

1  Ascoltate.
Hören Sie das Gespräch zwischen
Laura und Anna. Über welchen Feiertag
sprechen sie?

2 Ascoltate e sottolineate.
Hören Sie das Gespräch noch einmal
und unterstreichen Sie die Wörter, die Sie
erkannt haben.

Laura:
Mantova ◆ Giotto ◆ parecchie persone
sera ◆ mattina ◆ dieci minuti
inquinamento ◆ Firenze ◆ Padova

Anna:
gita ◆ famiglia ◆ amici ◆ nipoti
cucinare ◆ cena ◆ vitello ◆ agnello
lasagne ◆ dolci ◆ insieme ◆ parlare

3 Ascoltate e mettete una crocetta.
Hören Sie das Gespräch noch einmal und kreuzen Sie die zutreffenden Aussagen an.

☐ Laura ha visto la Cappella degli Scrovegni.

☐ Laura non ha prenotato la visita.

☐ Anna ha passato la Pasqua in famiglia.

☐ Anna non cucina molto bene.

Ricapitoliamo!

Arbeiten Sie zu zweit. Erzählen Sie Ihrer Nachbarin/Ihrem Nachbarn von einer schönen Unternehmung oder einem besonderen Tag, den Sie unlängst mit Freunden oder ihrer Familie erlebt haben. Ihre Nachbarin/ Ihr Nachbar kann Fragen stellen, um Näheres zu erfahren.

Si dice così

Fragen, was einem gefällt	Über Erlebtes berichten

Fragen, was einem gefällt

Ti piace	Sì, moltissimo.
il cinema francese?	Sì, abbastanza.
Le piacciono	No, non tanto.
le commedie?	No, preferisco ...

Über Erlebtes berichten

Ho incontrato Giulia.
Abbiamo pranzato insieme.
Sono tornata a casa alle due.
Siamo andate a mangiare una pizza.

Vorlieben äußern

Mi piace la canzone popolare.
Mi piace guardare il Festival in televisione.
Mi piacciono molto i cantautori.
Non mi piace Nek, preferisco Jovanotti.
Amo (tutta) la musica italiana.

Über die eigene Person berichten

Sono nato a Roma nel 1960.
Ho finito gli studi nel 1982.
Ho subito trovato lavoro.

Sich erkundigen, was jemand getan hat

Che cosa hai fatto di bello ieri?
Hai letto il giallo di Camilleri?

Wie man einen Brief/eine E-Mail beenden kann

Alla prossima!
Ciao e buona settimana
Un abbraccio
Saluti (anche) da Giuseppe

Grammatica

1. Das Verb *piacere* → 21

Mi piace leggere.	*Ich lese gern.*
Ti piace la musica classica?	*Magst du klassische Musik?*
Le piacciono i romanzi gialli?	*Mögen Sie Krimis?*

Um auszudrücken, was man gerne tut oder was einem gefällt, verwendet man die 3. Person Singular bzw. Plural von *piacere* mit dem entsprechenden Pronomen.

2. Das *passato prossimo*: Bildung und Gebrauch → 24, 32

Das *passato prossimo* ist eine Zeitform der Vergangenheit. Sie wird aus einem der beiden Hilfsverben – *essere* oder *avere* – und dem Partizip Perfekt (Mittelwort der Vergangenheit) gebildet.

andare	avere	dormire
↓	↓	↓
andato	avuto	dormito

Neben den regelmäßigen Partizipien auf **-ato**, **-uto** und **-ito** gibt es auch unregelmäßige Formen wie z.B. *essere* → **stato**, *fare* → **fatto**, *leggere* → **letto**, *venire* → **venuto**.

Passato prossimo

mit avere		*mit* essere	
ho		sono	
hai		sei	andato
ha		è	andata
abbiamo	dormito	siamo	
avete		siete	andati
hanno		sono	andate

Bei den meisten Verben wird das dem Deutschen entsprechende Hilfsverb verwendet. Wird das Hilfsverb *essere* gebraucht, gleicht man das Partizip in Geschlecht und Zahl dem Subjekt (Satzgegenstand) an.

3. Die Präposition *di* in Verbindung mit dem bestimmten Artikel → 7

	il	l'	lo	la	i	gli	le
di	del	dell'	dello	della	dei	degli	delle

Ebenso wie *a*, *in* und *da* verschmilzt auch *di* mit dem bestimmten Artikel.

Italienische Ausdrücke mit *di* + Artikel entsprechen im Deutschen oft zusammengesetzten Substantiven: *la Mostra dell'Antiquariato* – *die Antiquitätenmesse.*

4. Possessivbegleiter → 10

Substantiv im Singular		Substantiv im Plural	
il mio	la mia	i miei	le mie
il tuo	la tua	i tuoi	le tue
il suo/il Suo amico	la sua/la Sua amica	i suoi/i Suoi parenti	le sue/le Sue colleghe
il nostro	la nostra	i nostri	le nostre
il vostro	la vostra	i vostri	le vostre
il loro	la loro	i loro	le loro

Einige Possessivbegleiter sind Ihnen bereits aus Lektion 5 bekannt.
Hier lernen Sie alle weiteren Formen kennen.
Beachten Sie den Gebrauch des bestimmten Artikels.
Bei den Verwandtschaftsbezeichnungen gilt es zu unterscheiden:
mia sorella (Singular), aber: *le mie sorelle* (Plural).

LEZIONE 9 *Ripasso*

A Un soggiorno a Lucca

Passate due settimane a Lucca per frequentare un corso d'italiano. I primi giorni siete all'albergo *La Luna*, poi abitate dalla famiglia Baldi. Durante le due settimane svolgete diverse attività.

Die Spielanleitung finden Sie auf S. 207.

In piazza Anfiteatro
Volete sapere quando comincia il concerto di questa sera.

A casa dei Baldi
Raccontate della vostra famiglia.

Alla Torre delle Ore
Che ore sono adesso?

Alla Banca Commerciale
Il bancomat non funziona. Chiedete ad un impiegato come mai e quando potete ritornare.

In piazza Napoleone
Spiegate al vostro compagno dove abitate.

All'edicola Lamedica
Dovete incontrare un compagno di corso in piazza Napoleone. Chiedete al giornalaio dov'è.

Nel taxi
L'albergo La Luna è lontano. Prendete un taxi e dite al tassista dove dovete andare.

Alla stazione
Siete arrivati a Lucca. Domandate ad un passante dov'è l'albergo La Luna.

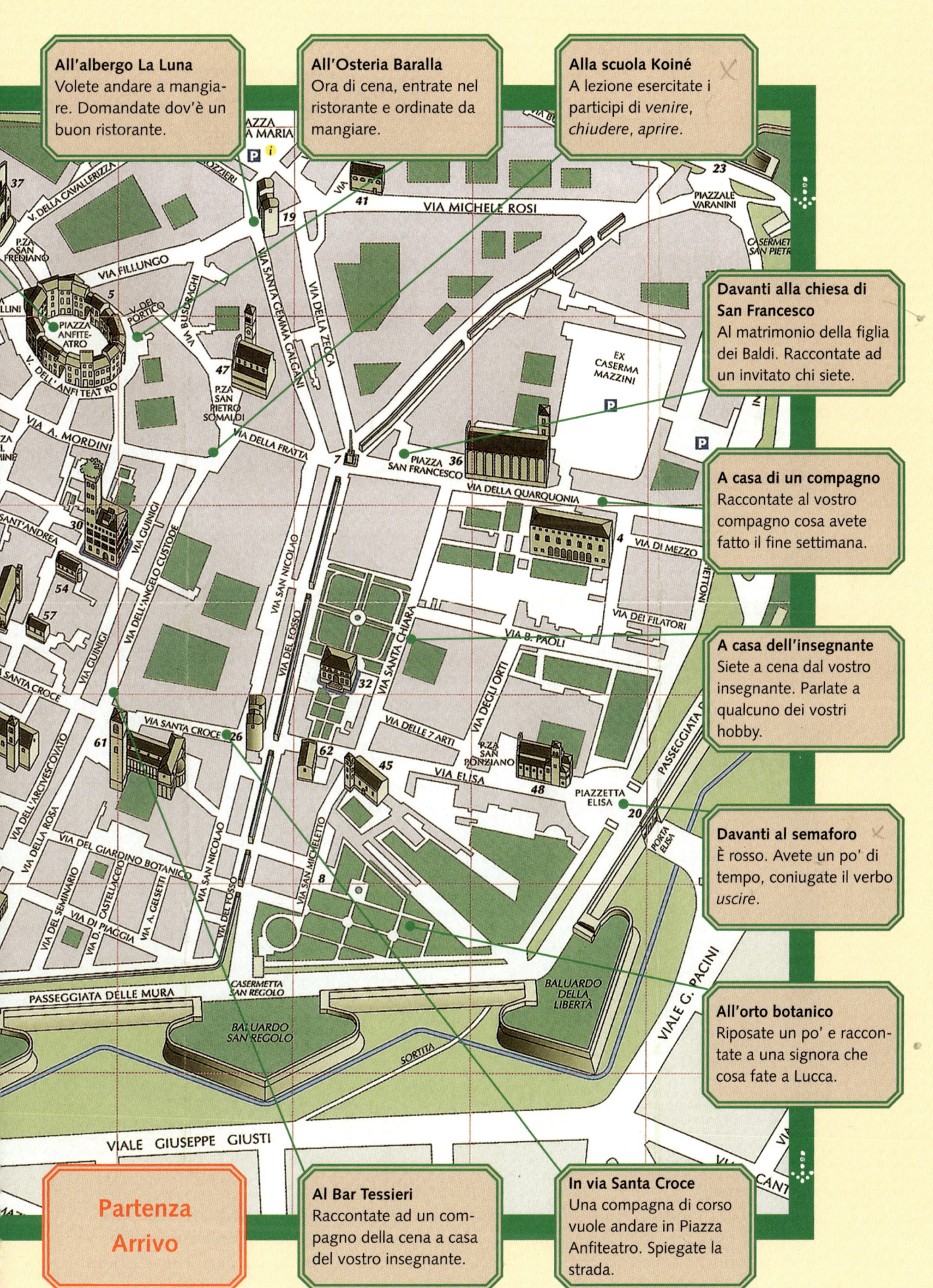

All'albergo La Luna
Volete andare a mangiare. Domandate dov'è un buon ristorante.

All'Osteria Baralla
Ora di cena, entrate nel ristorante e ordinate da mangiare.

Alla scuola Koiné
A lezione esercitate i participi di *venire*, *chiudere*, *aprire*.

Davanti alla chiesa di San Francesco
Al matrimonio della figlia dei Baldi. Raccontate ad un invitato chi siete.

A casa di un compagno
Raccontate al vostro compagno cosa avete fatto il fine settimana.

A casa dell'insegnante
Siete a cena dal vostro insegnante. Parlate a qualcuno dei vostri hobby.

Davanti al semaforo
È rosso. Avete un po' di tempo, coniugate il verbo *uscire*.

All'orto botanico
Riposate un po' e raccontate a una signora che cosa fate a Lucca.

Partenza
Arrivo

Al Bar Tessieri
Raccontate ad un compagno della cena a casa del vostro insegnante.

In via Santa Croce
Una compagna di corso vuole andare in Piazza Anfiteatro. Spiegate la strada.

B Scrivere in italiano? Ma sì!

Beim Sprechen passiert es Ihnen vielleicht
manchmal, dass es einen Moment lang dauert,
bis sich Wörter zu Sätzen fügen und Ihnen das,
was Sie sagen wollen, über die Lippen kommt.
Beim Schreiben ist das ähnlich, nur dass man
sich dabei meistens mehr Zeit nehmen kann.
Versuchen Sie doch einmal, anhand der
folgenden Anleitung einen Text auf Italienisch
zu schreiben. Sie werden sehen: Schritt für
Schritt ist es einfacher als Sie vielleicht meinen.

1 Per cominciare …

Der erste Schritt ist ganz unabhängig von der Sprache, in der Sie Ihren Text verfassen möchten:
Überlegen Sie, welche Art von Text Sie schreiben wollen und was Sie sagen möchten.
Machen Sie sich ruhig schon erste Notizen. Hier zwei Ideen für einen Text auf Italienisch:

- ein Brief, in dem Sie von einem Erlebnis berichten
- ein kleiner autobiographischer Text.

2 Le parole giuste

Sie haben nun schon eine Vorstellung davon, was Sie schreiben möchten? Dann sammeln Sie auf
einem Zettel die nötigen Wörter und Wendungen. Einige Wörter fallen Ihnen sicher auf Anhieb
ein. Aber durchforsten Sie auch das Buch, fragen Sie Ihre Nachbarn und Ihre/n Kursleiter/in oder
schlagen Sie – wenn nötig – einzelne Wörter im Wörterbuch nach.

3 Un modello c'è già.

Sie können sich das Schreiben wesentlich
erleichtern, wenn Sie sich die bisherigen
Lektionen noch einmal ansehen.
An welchen Texten, die Sie schon kennen,
können Sie sich orientieren?

Für Ihre Kurzbiographie suchen Sie nach
weiteren nützlichen Wendungen.

Für einen Brief suchen Sie nach typischen
Wendungen zur Anrede …

Parma, 10 gennaio 20…

… und zum Abschluss.

Sono nato/a nel 19…

4 E ora scrivete!

Mit Hilfe Ihrer Notizen gelingt es Ihnen nun sicher, einen Text auf Italienisch zu schreiben.
Verwenden Sie dabei einfach gebaute Sätze, und übersetzen Sie lieber nicht Wort für Wort
aus dem Deutschen. Versuchen Sie, nicht mehr das Buch oder ein Wörterbuch heranzuziehen,
sondern wenden Sie sich, wenn Sie Hilfe brauchen, an Ihre/n Kursleiter/in.

A Carina la giacca beige!

1 **Leggete e abbinate.**
Lesen Sie die Beschreibungen und ordnen Sie die hervorgehobenen Wörter den Abbildungen zu. Vergleichen Sie anschließend mit Ihrer Nachbarin/Ihrem Nachbarn.

> Che bello il maglione beige!

Per lui (A) **maglione** beige di lana, (B) **camicia** azzurra di cotone, (C) **cravatta** blu, (D) **pantaloni** blu, (E) **scarpe** marrone di pelle.

> Carina la giacca beige!

Per lei (A) **gonna** nera, (B) **giacca** beige e (C) **maglietta** bianca, (D) **foulard** di seta a quadri, (E) **borsa**, (F) **stivali** e (G) **cintura** beige.

Commentate anche voi uno o due capi che vi piacciono.

2 **Osservate.**
Sehen Sie sich folgende Sätze an.

Che bello il maglione	bianco! beige!
Carina la giacca	bianca! beige!
Belli gli stivali	neri! beige!

Was fällt Ihnen bei den Farbadjektiven auf? Suchen Sie im Text weitere Adjektive, die sich wie *beige* verhalten.

3 **Guardate e raccontate.**
Sehen Sie sich die Farbmuster an. Was sind Ihre Lieblingsfarben?

ESEMPIO

Il mio colore preferito è l'azzurro.
Per i vestiti preferisco il bianco e il beige.
Il viola invece non mi piace proprio.

arancione
marrone
beige
viola
rosa
blu

grigio
azzurro
celeste
nero
bianco

rosso
giallo
verde

4 In classe

Beschreiben Sie, was ein/e Kursteilnehmer/in heute trägt, ohne ihren/seinen Namen zu nennen. Die anderen Kursteilnehmer/innen raten, wer gemeint ist.

in tinta unita

a quadri

a righe

a fiori

ESEMPIO Porta un paio di pantaloni neri sportivi e una camicia a quadri.

 di cotone    di seta   comodo   classico

 di lana    di pelle   sportivo   elegante

5 Lavorate in coppia.

Stellen Sie sich vor, eine der vier angegebenen Reisen zu unternehmen. Erstellen Sie dann eine Liste der Kleidungsstücke, die Sie in den Koffer packen würden und lesen Sie diese Ihrer Nachbarin/Ihrem Nachbarn vor. Sie/er rät, für welche Reise Sie sich entschieden haben.

un breve viaggio di lavoro ◆ un fine settimana in campagna o al mare
un paio di giorni a Roma ◆ un matrimonio in un'altra città

completo gonna e giacca   vestito/abito   costume da bagno   scarpe da
completo pantaloni   ginnastica

Ü 1–4
S. 140–141

Ascolto

1 Ascoltate e discutete.

Hören Sie das Gespräch und arbeiten Sie in kleinen Gruppen. Um welche Situation handelt es sich?

2 Ascoltate e mettete una crocetta.

Hören Sie die Unterhaltung erneut und kreuzen Sie die zutreffenden Aussagen an.

1. Le due persone sono a	☒	Roma	☐	Verona
2. Il ragazzo vuole comprare	☒	una giacca	☐	un paio di jeans
3. Vuole un capo	☐	elegante	☒	sportivo
4. Porta Portese è il nome	☐	di un negozio	☒	di un mercato

3 Rispondete.

Hören sie das Gespräch noch einmal und beantworten Sie die folgenden Fragen.

1. Quali altri capi d'abbigliamento nominano le due persone?   *maglione pantaloni di seta*
2. In che giorno della settimana possono fare spese a Porta Portese?   *Domenica*
3. Dov'è il negozio dove le due persone vogliono andare?   *corso*
   Via del Corso

B Che taglia porta?

1  **Ascoltate.**
Hören Sie den Dialog.

- Buongiorno!
- ○ Buongiorno, signora.
- Senta, vorrei vedere i pantaloni grigi che sono in vetrina.
- ○ Sì, certo … ecco.
- Mmh … sono carini. Però questo grigio … veramente non mi piace molto. Ci sono anche in nero?
- ○ Sì. Li vuole provare?
- Sì.
- ○ Che taglia porta?
- La 42.

- ○ Allora, come vanno?
- Non sono un po' stretti?
- ○ No, non sono stretti … Questo è il modello, signora …

- Dice?
- ○ Sì, vanno bene proprio così …
- Mah, non sono molto convinta. Eventualmente li posso cambiare?
- ○ Sì, signora, non c'è problema.
- Beh, allora li prendo. Ah, senta, mi fa vedere anche una maglietta beige?
- ○ Come no? Questa Le piace?
- Sì, la posso provare?
- ○ Certo.

taglia → Kleidung [stücke] → numero ↓
taglie comode = übergröße

2 **Completate.**
Ergänzen Sie die Sätze.

1. La cliente ha visto in vetrina *i pantaloni grigi*
2. La cliente porta *la taglia* 42. *(4 mehr in Italien)*
3. La cliente prova *i pantaloni e una maglietta* *27. 11.*
4. Secondo la cliente i pantaloni sono *un po stretto,*

3 **Prendete appunti.**
Lesen Sie den Dialog und notieren Sie Wendungen, die beim Kleiderkauf nützlich sein können.

Nach einem Kleidungsstück fragen …	… und sich dazu äußern.
C'è … Certo tuoi	sono carini
Vorrei vedere …	mi piace molto
Ci sono anche	è un po stretto
	non sono molto convinta
	li posso cambiare

4 **Fate voi il cliente!**
Nun sind Sie der Kunde. Lassen Sie sich im Laden ein Kleidungsstück Ihrer Wahl zeigen.
Die Kursleiterin/der Kursleiter übernimmt die Rolle der Verkäuferin/des Verkäufers und nimmt Ihre Wünsche entgegen.

ESEMPIO • Vorrei vedere i pantaloni grigi che sono in vetrina.
○ Certo!

un capo → Kleidungsstücke

5 **Lavorate in coppia.**
Sehen Sie sich die Zeichnungen an und ergänzen Sie die
Antworten der Kunden.

lungo   piccolo   grande
stretto   largo   corto

Come va la camicia?
Come vanno i pantaloni?

Come va la maglietta?
Come va la gonna?

....
....

....
....

6 **Completate.**
Vervollständigen Sie.

	dire	volere
io	dico	voglio
tu	dici	vuoi
lui, lei, Lei	dice	vuole
noi	diciamo	vogliamo
voi	dite	volete
loro	dicono	vogliono

Ecco	il completo.	Lo	
	la maglietta.	La	
	i pantaloni.	Li	vuole provare?
	le scarpe.	Le	

7 **Completate.**
Ergänzen Sie folgende Sätze.

1. Questo vestito è proprio bello. ...Lo... posso
   provare anche in blu?

2. Ecco gli stivali. ...Li... vuole provare?

3. I pantaloni sono un po' corti. ...Li... potete
   allungare un pochino?

4. Questa giacca mi sta bene. ...La... prendo.

5. Le scarpe sono un po' grandi. ...Le... posso
   provare in un numero più piccolo?

6. A mio marito questa cravatta non piace.
   ...La... posso cambiare?

8 **Fate conversazione.**
Arbeiten Sie zu zweit. Sie haben in einem
Schaufenster ein Kleidungsstück entdeckt, das
Sie gern näher ansehen würden. Leider ergibt
sich bei der Farbe und/oder der Größe ein
Problem. Die Verkäuferin/der Verkäufer zeigt
Ihnen weitere Kleidungsstücke, bis Sie etwas
gefunden haben, was Ihnen auch sehr gut
gefällt.

Ü 5–10
S. 141–143

C Fare shopping a Bologna

1 **Leggete e sottolineate.**
Lesen Sie den Text und unterstreichen Sie die erwähnten Bezeichnungen von Geschäften.

Adattato: Bell'Italia, n. 190, febbraio 2002 (supplemento)

FARE SHOPPING A BOLOGNA

A Bologna il «paradiso dello shopping» è all'ombra delle Due Torri, dove in pochi metri potete trovare di tutto: dalla moda ai gioielli, dalle delikatessen gastronomiche all'arredamento.
Il punto di riferimento per la moda griffata è la Galleria Cavour con i suoi bellissimi negozi d'abbigliamento e di scarpe. Ma l'area dello shopping più caratteristica è quella dell'antico Mercato di Mezzo, vicino a piazza Maggiore. Qui ci sono le bancarelle di frutta e verdura, il mercato del pesce e le botteghe storiche come l'*Antica Salsamenteria dei Fratelli Tamburini*, la salumeria aperta nel 1880, con gli squisiti salumi emiliani, dal pro- sciutto alla mortadella. Lì accanto c'è *Paolo Atti & Figli*, il panificio-pasticceria che da 122 anni è sinonimo di buon pane, pasta fresca e dolci di gran qualità, e infine l'enoteca *Gilberto*, dal 1920 punto di riferimento per gli acquisti di vino e liquori di pregio.

L'antico Mercato di Mezzo

2 **Completate.**
Ergänzen Sie die Produkte, die Sie in den verschiedenen Geschäften kaufen können.
Denken Sie dabei auch an Wörter, die Sie schon kennen.

nel negozio di frutta e verdura	in salumeria	all'enoteca
arance pomodori	....	....

al panificio/in panetteria	in pescheria	in macelleria
....	....	agnello ....

3 **Lavorate in gruppi.**
Unterhalten Sie sich in kleinen Gruppen über Ihre Einkaufsgewohnheiten. Was kaufen Sie im Supermarkt, was auf dem Markt, was im Fachgeschäft?

↓
Ü 11
S. 143

D A chi tocca?

1 **Ascoltate.**
Hören Sie den Dialog.
Welche Produkte werden genannt?

- ● A chi tocca?
- ○ Tocca a me.
- ● Mi dica, signora!
- ○ Vorrei un chilo di pomodori …
- ● Maturi o da insalata?
- ○ Da insalata, per piacere.
- ● Un chilo, vero?
- ○ Sì, e poi vorrei dell'uva …
- ● Quanta?
- ○ Mezzo chilo.
- ● Ecco. Altro?
- ○ Sì, mi dia anche dei peperoni …
- ● Quanti?
- ○ Mah, sei. Ah, ha già i funghi porcini!
- ● Sì, sono arrivati stamattina.

- ○ Quanto costano?
- ● 3,60 euro all'etto, sono i primi …
- ○ Allora mi dia anche tre etti di porcini …
- ● Ecco i porcini. Altro?
- ○ Basta così, grazie … Ah, no, mi scusi, vorrei anche un mazzetto di basilico.

2 **Completate.**
Lesen Sie den Dialog. Wie reagiert die Kundin auf die Fragen des Verkäufers? Vervollständigen Sie.

A chi tocca?	....
Mi dica!	....
Altro?	....
	....

3 **Completate.**
Ergänzen Sie die Mengenangaben.

	del basilico.
Vorrei	dell'uva.
Mi dia	dei pomodori.
	delle mele.

	.... d'uva.
Vorrei	.... di pomodori.
Mi dia	due chili di mele.
	.... di funghi.

Vergleichen Sie nun die Sätze im linken und rechten Kästchen. Worin unterscheiden sie sich?

4 **Lavorate in gruppi.**
Einen *minestrone* macht jeder ein bisschen anders und nach seinem persönlichen Geschmack. Auf welche Zutaten einigen Sie sich in Ihrer Gruppe? Machen Sie eine Liste mit möglichst genauer Mengenangabe und lesen Sie anschließend Ihr Rezept vor. Falls Sie nicht alle benötigten Wörter wissen, fragen Sie Ihre Kursleiterin / Ihren Kursleiter.

ESEMPIO Per il nostro minestrone dobbiamo comprare ….

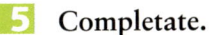

5 **Completate.**
Was wird heute empfohlen?
Vervollständigen Sie die
Sätze der Verkäufer.

Signora bella, stamattina
ho *delle* seppie eccezionali.
Le vuole? O preferisce *del*
pesce spada?

Oggi ho *dei* porcini
e *dell'* uva di prima qualità.
E anche *del* radicchio di
Treviso freschissimo!

Stamattina è arrivato
del pecorino buonissimo.
Lo vuole provare?

6 🎧 **Ascoltate e mettete una crocetta.**
Hören Sie den Dialog im Lebensmittelgeschäft und kreuzen Sie an, was die Kundin kauft.

☐ una lattina di coca-cola

☒ un vasetto di pesto

☒ un pacco di spaghetti

☐ un pacco di biscotti

☐ un litro d'olio d'oliva

☒ una scatola di pomodori pelati

Was wollte die Kundin außerdem noch kaufen?

7 **Lavorate in gruppi.**
Arbeiten Sie in Gruppen. Sie wollen einen italienischen Abend organisieren.
Jeder wird etwas zu essen mitbringen. Notieren Sie die Dinge, die eingekauft
werden sollen, und die jeweilige Menge. Überlegen Sie, in welche Geschäfte
Sie gehen wollen, und einigen Sie sich untereinander, wer was kauft.

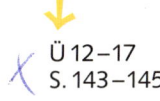

↓
Ü 12–17
S. 143–145

↻ Ricapitoliamo!

Heute ist Ihr Glückstag! Sie haben 1000 Euro zur Verfügung und können das Geld in fünf Geschäften Ihrer Wahl ausgeben. Sprechen Sie mit Ihrer Nachbarin / Ihrem Nachbarn darüber, in welche Geschäfte Sie gehen und was Sie kaufen wollen. Aber aufgepasst: das Angebot hat nur heute Gültigkeit!

1 centesimo 2 centesimi 5 centesimi

10 centesimi 20 centesimi 50 centesimi

1 euro 2 euro

Le monete italiane

1 centesimo: Castel del Monte, castello di Federico II, 1240, Puglia
2 centesimi: Mole Antonelliana di Alessandro Antonelli, 1863, Torino
5 centesimi: Colosseo, iniziato sotto l'imperatore Vespasiano nel 75 d. C., Roma
10 centesimi: Venere, dal quadro "La nascita di Venere" di Sandro Botticelli, 1484–86, Firenze
20 centesimi: «Forme uniche nella continuità dello spazio», scultura di Umberto Boccioni, 1913, Galleria d'Arte Moderna, Milano
50 centesimi: statua dell'imperatore romano Marco Aurelio, Piazza del Campidoglio, Roma
1 Euro: «L'uomo vitruviano», disegno di Leonardo da Vinci, 1490, Gallerie dell'Accademia, Venezia
2 Euro: ritratto del poeta Dante Alighieri dall'affresco «Parnaso» di Raffaello, Città del Vaticano

Si dice così

In einem Geschäft etwas verlangen

> Vorrei vedere la giacca che è in vetrina.
> Mi fa vedere anche una maglietta beige?
> Vorrei un chilo di pomodori.
> Mi dià tre etti di porcini.

Sich in einem Geschäft über eine Ware informieren

> Questi pantaloni ci sono anche in nero?
> Li posso cambiare?
> Quanto costano?

Fragen, ob noch etwas gewünscht wird

> Altro? | Sì, mi dia anche …
> Basta così, grazie.

Etwas bezweifeln

> Non sono un po' stretti?
> Mah, non sono molto convinta.
> Dice?

Jemanden überzeugen / überreden / beruhigen

> Vanno bene proprio così.
> Questo è il modello, signora.
> Non c'è problema.

Etwas bewundern

> Che bello il maglione beige!
> Carina la gonna nera!

Grammatica

1. Gebrauch der Präpositionen *di, a* und *da* → 29

maglione **di** lana
camicia **a** quadri
pomodori **da** insalata

Die Materialbeschaffenheit einer Sache wird mit der Präposition *di* wiedergegeben. Zur Angabe eines Merkmals (wie etwa des Musters) wird meist *a* verwendet. Um den Verwendungszweck anzugeben, gebraucht man die Präposition *da*.

2. Die Verben *volere* und *dire* → 22, 31, 32

	volere	dire
io	voglio	dico
tu	vuoi	dici
lui, lei, Lei	vuole	dice
noi	vogliamo	diciamo
voi	volete	dite
loro	vogliono	dicono

Die Verben *volere* und *dire* haben unregelmäßige Präsensformen. Das Partizip Perfekt von *dire* ist ebenfalls unregelmäßig: *detto*.

Beachten Sie: Will man einen Wunsch äußern, sagt man: **vorrei** – *ich möchte.*

3. Mengenangaben mit *di* → 9

un chilo di zucchini	**una scatola di** pelati
due etti di funghi	**una bottiglia di** vino
un litro d'olio	**un pacco di** spaghetti

Nach Begriffen, die die Menge, das Maß oder das Gewicht einer Sache angeben, wird das Substantiv mit *di* angeschlossen.

4. Der Teilungsartikel → 8

	del formaggio.
Vorrei	**della** mortadella.
	dei pomodori.
	delle mele.

Um eine Teilmenge sowie eine nicht näher bestimmte Anzahl oder Menge einer Sache zu bezeichnen, verwendet man im Italienischen den Teilungsartikel.
Er wird aus der Präposition *di* und dem bestimmten Artikel gebildet (vgl. Lektion 8, Seite 75, Punkt 3). Im Deutschen wird in diesem Fall kein Artikel gebraucht.

5. Farbbezeichnungen → 13

un vestito giallo	dei pantaloni bianchi
una giacca grigia	delle scarpe nere

Aber: una gonna blu, un completo rosa

Farbadjektive richten sich – wie andere Adjektive – in Geschlecht und Zahl nach dem Substantiv, dem sie zugeordnet sind. Unveränderlich sind hingegen: *beige, blu, rosa, viola* und meist auch: *arancione* und *marrone*.

6. Direkte Objektpronomen → 16

Il **completo** grigio è molto bello. **Lo** provo.
La **giacca** è troppo cara. Non **la** prendo.
I **pantaloni** sono stretti. **Li** posso cambiare?
Carine queste **scarpe**. **Le** posso provare?

Die Objektpronomen *lo, la, li* und *le* vertreten ein vorausgegangenes Substantiv und stimmen daher mit diesem in Geschlecht und Zahl überein. Im Unterschied zum Deutschen stehen die Objektpronomen vor dem konjugierten Verb:
La prendo. – *Ich nehme sie.*

LEZIONE 11 *Cosa fate in vacanza?*

Guardate le foto.
Sehen Sie sich die Urlaubsfotos
an und lesen Sie die Begriffe.
Fällt Ihnen noch etwas ein?

Pitigliano

◆ il mare   Amalfi
◆ il bel tempo
◆ le città d'arte
◆ la vegetazione mediterranea
◆ la buona cucina
◆ i siti archeologici
◆ la mentalità della gente

◆ ....

◆ ....

Pompei

E a voi, che cosa piace dell'Italia?

Milano

A In vacanza mi rilasso ...

1 Guardate la carta e raccontate.

Sehen Sie sich die Karte am Anfang des Buches an.
Wo waren Sie schon in Italien? Wohin würden Sie gerne fahren?

in Umbria / nel Veneto   a Capri

sulle Alpi

al / sul Lago di Garda

> **ESEMPIO** Sono stato / stata …
> Vorrei andare …

2 Leggete e rispondete.

Lesen Sie, wie die beiden Personen ihre Urlaubspläne beschreiben.
Für welche Art von Urlaub haben sie sich jeweils entschieden?

**Giovanna Cardini,
56 anni, traduttrice** *Übersetzerin*

▌ Quest'anno vado come sempre nella mia casa in Puglia. Mentre gli altri si divertono a fare mille attività diverse io in vacanza non faccio niente di speciale. Mi sveglio tardi la mattina e resto ancora un po' a letto a leggere, poi mi alzo, faccio colazione e vado in pineta. Passeggio, mi rilasso e mi godo la natura. Mio marito non viene mai con me perché dice che si annoia. Io invece amo stare da sola ....
esemplare

**Andrea Romanelli,
32 anni, libero professionista**

▌ Io in vacanza non mi riposo mai, amo le vacanze spericolate e così anche quest'anno parto per un'estate movimentata. Vado prima nel Trentino, sulle Dolomiti, a fare un corso di paracadutismo e poi in Sardegna in barca a vela …

vacanza sportiva	vacanza rilassante
vacanza di studio	vacanza culturale

E voi, che tipo di vacanza preferite?

3 Completate.

Tragen Sie die fehlende Verbform ein und vervollständigen Sie die Sätze.

divertirsi	
io	mi diverto
tu	ti diverti
lui/lei/Lei	si diverte
noi	ci divertiamo
voi	vi divertite
loro	*si divertono*

Cosa fai in vacanza?	
Non faccio *niente* di speciale.	Amo le vacanze attive,
Mi alzo tardi, leggo,	faccio molto sport,
mi godo la natura.	*non* mi riposo *mai*

Was fällt Ihnen beim Gebrauch der Verneinung auf ?

4 Raccontate.

Erzählen Sie sich gegenseitig, wie ein gelungener Urlaubstag für Sie aussieht.

> **ESEMPIO** In vacanza la mia giornata ideale si svolge così: mi alzo tardi, …

HA

*stattfinden
entwickeln*

Ü 1–6
S. 146–147

5 Completate.
Ergänzen Sie die jeweils passende Form folgender Verben.

godersi ◆ alzarsi ◆ divertirsi ◆ riposarsi

Angelica Parini, 43 anni, segretaria, mamma di tre figli.

D'estate io .... le vacanze con la famiglia. Quest'anno siamo

andati in campeggio sulla Costa Amalfitana. Generalmente noi in

vacanza .... tardi, facciamo colazione e andiamo alla

spiaggia. Mentre i bambini .... con i loro amici io

.... sotto l'ombrellone. Mio marito invece legge o fa il windsurf.

6 Completate il questionario.
Füllen Sie den Fragebogen aus. Wie gestalten Sie für gewöhnlich Ihren Urlaub?

Che tipo di vacanze fate?	mai	a volte	sempre
vacanze di solo mare	☐	☐	☐
vacanze in montagna	☐	☐	☐
viaggi organizzati	☐	☐	☐
viaggi in paesi lontani	☐	☐	☐
altro	☐	☐	☐

Come viaggiate?	mai	a volte	sempre
in aereo	☐	☐	☐
in macchina	☐	☐	☐
in nave	☐	☐	☐
in camper	☐	☐	☐
altro	☐	☐	☐

Dove vi fermate?	mai	a volte	sempre
in albergo	☐	☐	☐
in campeggio	☐	☐	☐
nei villaggi turistici	☐	☐	☐
nei centri di salute e benessere	☐	☐	☐
altro	☐	☐	☐

A quali attività vi dedicate?	mai	a volte	sempre
fare escursioni a piedi	☐	☐	☐
girare per negozi	☐	☐	☐
prendere il sole	☐	☐	☐
visitare i musei	☐	☐	☐
altro	☐	☐	☐

7 Raccontate.
Erzählen Sie anhand des Fragebogens, was Sie im Urlaub machen und was nicht.

ESEMPIO   Non faccio mai viaggi organizzati.
Vado sempre in campeggio.

8 Fate conversazione.
Arbeiten Sie in kleinen Gruppen. Erzählen Sie sich,
wo und wie Sie den nächsten Urlaub verbringen wollen.

B Vorrei un'informazione.

1 Completate.
Ordnen Sie die Monate den Jahreszeiten zu.

settembre   giugno

agosto   aprile   febbraio   gennaio   maggio   ottobre

Primavera	Estate	Autunno	Inverno
marzo	....	....	dicembre
....	luglio	....	....
....	....	novembre	....

2 Ascoltate.
Hören Sie den Dialog in einem Reisebüro in Neapel.

● Buongiorno.
○ Buongiorno. Senta, vorrei un'informazione.
● Sì, mi dica.
○ Ho sentito che la settimana prossima a Ischia c'è una festa ...
● Sì, la Festa di Sant'Anna ...
○ E quando è?
● Il ventisei luglio.
○ Che cosa c'è da vedere?
● Dunque, la festa si svolge sul mare. C'è una sfilata di barche decorate che vanno al Castello Aragonese e c'è un premio per la barca più bella. E tutto finisce con i fuochi d'artificio sul mare.
○ Ah, bello! E che collegamenti ci sono?
● Dunque, può prendere il traghetto o l'aliscafo. Il traghetto impiega circa un'ora e mezza, l'aliscafo quaranta minuti. Ecco gli orari.
...

○ Ah, però la sera tardi non ci sono traghetti, forse conviene rimanere lì a dormire. Può prenotare una camera in una pensione non troppo cara?
● Beh, possiamo provare, oggi è il venti luglio, forse troviamo ancora qualcosa ...

Con quali mezzi di trasporto il turista può raggiungere Ischia?
Come si svolge la festa di Sant'Anna?

3 Osservate.
Wie wird im Italienischen das Datum angegeben?
Was fällt Ihnen im Vergleich zum Deutschen auf?

Quando è la festa?	Che giorno è oggi?
Il ventisei luglio.	Il primo luglio.
	L'undici luglio.
	Il venti luglio.

4 **Indicate la data.**
Kennen Sie das Datum folgender Feste und Feiertage?

Epifania

Festa dei Lavoratori

Ferragosto

San Valentino

Festa della Donna

San Silvestro

5 **Ascoltate e completate.**
Hören Sie zu und notieren Sie, wann
folgende Veranstaltungen stattfinden.

Sant'Anna (Jelsi)

Regata Storica (Venezia)

La processione dei serpari (Cocullo)

Calendimaggio (Assisi)

Festa dei Ceri (Gubbio)

Palio di Siena

6 **Prendete appunti.**
Lesen Sie den Dialog auf S. 93 noch
einmal und notieren Sie Sätze, mit denen
Sie Informationen erfragen können.

> **chiedere informazioni**
>
> Che cosa c'è da vedere?

7 **Chiedete informazioni.**
Suchen Sie sich eines der oben abgebildeten Feste aus und formulieren Sie einige Fragen zu
Programm, Ort, Verkehrsanbindungen usw. Ihre Kursleiterin/Ihr Kursleiter gibt Auskunft.

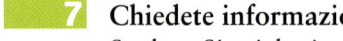 **8** **Lavorate in coppia.**
Erzählen Sie von einem Fest oder besonderen Ereignis, an dem Sie hier
oder während eines Urlaubs teilgenommen haben.

Ü 7–9
S. 148–149

C **Una vacanza diversa**

1 Leggete.
Lesen Sie die Anzeige.

TRENTINO

Sì, vorrei conoscere le possibilità offerte dall'agriturismo nel Trentino. Vi prego di inviarmi gratuitamente un opuscolo informativo su come trascorrere una vacanza in un tipico maso trentino.

Nome ....

Indirizzo ....

....

✂

Per maggiori informazioni inviate questo coupon a:
Azienda per la Promozione Turistica del Trentino
Via Romagnosi, 11 – 38100 Trento
oppure telefonate semplicemente allo 0461 839000
Informazioni anche in internet: www.trentino.to,
e-mail: info@trentino.to

Cosa fate in vacanza?

2 Scrivete.
Über welche italienische Stadt oder Region möchten Sie sich gern informieren? Formulieren Sie ein kurzes Schreiben an das italienische Fremdenverkehrsamt der Region, die Sie besuchen möchten und bitten Sie um Prospektmaterial.

Spettabile APT di ...,
...

Egregi signori,
...

3 Completate.
Ergänzen Sie die fehlenden Adverbien.

gratuito	....
semplice	....
naturale	naturalmente

Vi prego di inviarmi **gratuitamente** un opuscolo informativo. L'opuscolo è **gratuito.**

Vergleichen Sie die beiden Sätze. Was fällt Ihnen auf?

4 Leggete e completate.
Lesen Sie die Postkarte und ergänzen Sie den Text mit folgenden Adverbien.

affettuosamente ◆ completamente ◆ esattamente ◆ finalmente
naturalmente ◆ particolarmente

Caro Mario, cara Rossella,
quest'anno ~~finalmente~~ Paola è venuta con me in montagna, invece di passare tutta l'estate in spiaggia.
~~naturalmente~~ fare escursioni a piedi con Paola non è ~~particolarmente~~ rilassante perché lei si lamenta in continuazione: il sentiero è troppo ripido, le pause sono troppo brevi e così via. Ma al mare io faccio ~~esattamente~~ lo stesso, quindi ... la posso capire!
Vi saluto ~~affettuosamente~~
Luca
Ragazzi, Luca è ~~completamente~~ pazzo, camminiamo 10 ore al giorno e non ci fermiamo mai.
Voglio tornare a casa! Baci Paola

Rossella e Mario Peroni

via Libertà 155

90139 Palermo

Ü 10–11
S. 149

D C'è un sole stupendo.

[handwritten: istambio / Wunderbar]

1  **Ascoltate.**
Hören Sie den Dialog an.

- ● Pronto?
- ○ Ciao, papà. Sono io.
- ● Ehi, ciao, Alessandro.
  Dove siete?
- ○ Adesso siamo a Positano.
- ● Ah, bello! E quando siete
  arrivati?
- ○ Siamo arrivati ... due giorni fa.
- ● E il tempo com'è?
- ○ Fantastico! C'è un sole
  stupendo, fa proprio caldo ...
- ● Beati voi. Qui invece fa brutto tempo, piove già da due giorni ...
  e senti, ma quando tornate?
- ○ Mah, penso fra una settimana. Vogliamo fare ancora qualche gita
  alle isole ... e poi vogliamo andare a Pompei e sul Vesuvio.
- ● Bravi, bravi ... allora aspetta che adesso ti passo la mamma ...

Com'è il tempo a Positano?

[handwritten: Tuoni e saette! / Donner u. Blitz!]

2 **Leggete e completate.**
Lesen Sie folgende Sätze zur Beschreibung des Wetters und ergänzen Sie die fehlenden Wendungen.

☀	C'è il sole.	🌧	*Piove/la pioggia*	🌡	Fa freddo.
🌬	C'è vento.	🌨	Nevica. */la neve*	🌡	*Fa caldo*
▦	C'è nebbia.	☁	È nuvoloso.		

[handwritten: la nebbia] *[handwritten: È variabile]* *[handwritten: la grandine /Hagel]*

Fa bel tempo da voi adesso?
Che tempo preferite e perché?

[handwritten: il ghiaccio – Eis]

[handwritten: C'è il temporale – Platzregen]

3 **Raccontate.**
Arbeiten Sie in Gruppen und fragen Sie sich gegenseitig,
was Sie im Urlaub bei schlechtem Wetter tun.

[handwritten: il tuono – Donner / il fulmine = il lampo – Blitz   senza ghiaccio – ohne Eis]

[handwritten: C'è l'arcobaleno]

> **ESEMPIO** Cosa fai al mare/in montagna quando piove/nevica?

[handwritten: In einigen Stunden ... fra qualche ore]

4 **Completate.**
Vervollständigen Sie die Sätze.

[handwritten: seit – da]

Siamo arrivati due giorni ....*fa*....

Piove ...*da*... due giorni.

Torniamo ...*fra*... una settimana.
[handwritten: (tra)]

Wie werden diese Zeitangaben
im Deutschen wiedergegeben?

Agosto

1 ....
2 ....
3 ....
4 ....
5 ....
6 ....
7 ....
8 ....
9 ....
10 ....

5 **Lavorate in coppia.**
Sie sind im Urlaub in Sorrent. In Ihrem Kalender vermerken Sie, seit wann Sie hier sind, was Sie schon unternommen haben, was Sie noch unternehmen werden und wann Sie abreisen. Hier einige Vorschläge:

arrivo ◆ gita a Capri ◆ visita agli Scavi di Pompei escursione a Paestum ◆ gita sul Vesuvio ◆ partenza

Am 6. August unterhalten Sie sich mit einem anderen Tourist über Ihren Urlaub.

ESEMPIO Da quanto tempo è qui?
È già stato a Pompei?
Che cosa vuole visitare ancora?

6 **Scrivete.**
Denken Sie an die Stadt oder Gegend, in der Sie Ihren letzten Urlaub verbracht haben. Stellen Sie sich vor, wieder dort zu sein, und schreiben Sie einer Kursteilnehmerin/einem Kursteilnehmer eine Postkarte.

↓
Ü 12–16
S. 150–151

Ascolto

1 **Ascoltate e prendete appunti.**
Hören Sie den Schlager «Sapore di sale» von Gino Paoli aus den 60er Jahren und notieren Sie einzelne Wörter, die Sie verstehen. Vergleichen Sie anschließend mit Ihrer Nachbarin/Ihrem Nachbarn.

2 **Ascoltate e mettete una crocetta.**
Hören Sie das Lied nochmals und kreuzen Sie die zutreffenden Aussagen an.

La canzone parla di una vacanza

☐ al mare ☐ d'estate ☐ di due amici
☐ in montagna ☐ d'inverno ☐ di una coppia innamorata

3 **Ascoltate e completate.**
Hören Sie jetzt nur den Refrain des Liedes und ergänzen Sie die fehlenden Wörter.

Denken Sie jetzt an Ihren letzten Urlaub und ergänzen Sie den Refrain mit „Ihren" Wörtern.

*S*apore di ...sale...,
sapore di ...mare
un po'
un gusto ...amaro
di cose ...lontane / perdute
weit weg   verloren

*S*apore di ...Andare
sapore di ....,
un gusto ....
di cose ....

Ricapitoliamo!

Arbeiten Sie zu dritt. Sie möchten zusammen einen Urlaub in Italien verbringen. Legen Sie gemeinsam Zeitpunkt, Dauer und Ziel der Reise fest und überlegen Sie auch, wie Sie anreisen wollen. Sprechen Sie darüber, wofür Sie sich interessieren und was Sie ungern machen. Erstellen Sie einen Reiseplan für Ihre Gruppe, in dem Sie die Vorhaben für die einzelnen Tage angeben, und berichten Sie anschließend im Plenum.

Viaggio a ....

dal .... al ....

_____ *PROGRAMMA* _____

Partenza ....

Punto d'incontro ....

Itinerario ....

....

....

....

....

Escursioni ....

....

Attività sportive ....

Ritorno ....

Si dice così

Berichten, was man gern tut		Sich informieren

Mi diverto a Amo	fare escursioni.
Mi godo Amo	la natura.

Sich informieren

Vorrei un'informazione.
Quando è la festa?
Che cosa c'è da vedere?
Che collegamenti ci sono?
Può prenotare una camera?
Vorrei conoscere le possibilità offerte
   dall'agriturismo nel Trentino.
Vi prego di inviarmi un opuscolo.

... und was man ungern tut

Mi annoio a Non mi piace	stare in spiaggia.

Über das Wetter sprechen

Über den Tagesablauf im Urlaub sprechen

Mi sveglio tardi.
Mi alzo ...
Mi rilasso.
Non faccio niente di speciale.
Passeggio.

Com'è il tempo? Che tempo fa?	Nevica. Piove. Fa brutto tempo. Fa freddo. È nuvoloso. C'è nebbia. C'è vento. C'è un sole stupendo. Fa proprio caldo.

Grammatica

1. Weitere Ortsangaben → 27

Quest'anno andiamo	**in** Italia. **in** Umbria. **in** Sicilia.
Vorrei andare	**nel** Veneto. **nelle** Marche.
Siete già stati	**a** Venezia? **a** Capri? **al** lago di Como?
Passiamo le vacanze	**sulle** Dolomiti. **sul** lago di Garda.

Bei geografischen Namen werden folgende Präpositionen verwendet:
- *in* steht, in der Regel ohne Artikel, bei Ländern und Regionen sowie bei großen Inseln. Bei männlichen oder im Plural stehenden Namen von Ländern und Regionen steht meist die mit dem Artikel verschmolzene Form.
- *a* steht, ohne Artikel, bei Städten und kleinen Inseln. Bei Seen wird die mit dem Artikel verschmolzene Form verwendet.
- *su* steht in der mit dem Artikel verschmolzenen Form bei Gebirgen. Sie kann aber auch bei Seen verwendet werden.

2. Reflexive Verben: Formen im Präsens → 23

divertirsi	
io	mi diverto
tu	ti diverti
lui/lei/Lei	si diverte
noi	ci divertiamo
voi	vi divertite
loro	si divertono

Reflexive (rückbezügliche) Verben werden wie im Deutschen in Verbindung mit einem Reflexivpronomen benutzt.
Das Pronomen und die Endung des Verbs müssen einander entsprechen.
Das Reflexivpronomen steht unmittelbar vor dem konjugierten Verb.

3. Die mehrteilige Verneinung → 26

Oggi **non** faccio **niente** di speciale.
Mio marito **non** viene **mai** con me.

Bei der mehrteiligen Verneinung steht *non* vor dem Verb, *niente* oder *mai* steht dahinter.

4. Zeitliche Beziehungen → 28

Piove **da** due giorni.
Torniamo **fra** una settimana.
Siamo arrivati due giorni **fa**.

Die Präpositionen *da* und *fra* stehen vor der Zeitangabe, *fa* steht dahinter.

5. Das Adverb → 14

Das Adverb (Umstandswort) ist eine nähere Bestimmung zu einem Verb, Adjektiv oder anderen Adverb.

Fa **proprio** caldo.
In vacanza ci alziamo **tardi**.
Io faccio **esattamente** lo stesso.
Cammino troppo **velocemente**.

Es gibt ursprüngliche Adverbien – wie z. B. *proprio* oder *tardi* – und abgeleitete Adverbien. Diese werden aus der weiblichen Form des Adjektivs und der Endung -**mente** gebildet.
Bei Adjektiven auf -**le** oder -**re** entfällt das e vor -**mente**: *generalmente, particolarmente*.

LEZIONE **12** *Ripasso*

A Parlare, parlare ...

Italiener sind meist sehr erfreut, wenn jemand ihre Sprache spricht, und sie geben sich alle Mühe, das Gespräch in Gang zu halten. Haben Sie daher keine Angst vor Fehlern. Wer wagt, gewinnt!

1 Piano, per favore!
Wenn Sie eine Antwort oder Erklärung auf Italienisch nicht verstehen, unterbrechen Sie ruhig Ihren Gesprächspartner und fragen Sie nach. Was können Sie sagen? Notieren Sie.

....

....

....

2 Ditelo con altre parole.
Sie wissen schon, was Sie sagen wollen, es fehlt Ihnen nur ein Wort?
Umschreiben Sie es!

un posto dove *comprare il pane*...........

una cosa per ....

un tipo di ....

3 In poche parole
Sie verstehen inzwischen recht komplexe italienische Formulierungen. Natürlich ist es aber noch schwierig, selbst längere Sätze zu bilden. Formulieren Sie daher so einfach wie möglich, was Sie auf Deutsch differenzierter ausdrücken würden.

„Unser Urlaub war einfach wunderbar! Wir haben zwar nichts Großartiges gemacht, aber wir haben uns öfter ein Abendessen im Restaurant gegönnt, viel Zeit am Meer verbracht und ich habe es endlich geschafft, mein Buch zu Ende zu lesen."

....

....

....

....

4 Improvvisate!
Arbeiten Sie in kleinen Gruppen. Jede Gruppe notiert auf einem Blatt eine kurze Regieanweisung für eine der folgenden Alltagsszenen. Die Blätter werden zwischen den Gruppen getauscht.
Nach kurzer Vorbereitungszeit werden die Szenen spielerisch dargestellt.

Con un'amica / un amico in giro a fare spese

In ufficio al ritorno dalle ferie

Al mercato

B   Vacanze in Italia

1   Buon viaggio e buon divertimento!

Die Spielanleitung finden Sie auf S. 207.

10 A **Matera** fate una visita ai «Sassi» e chiedete informazioni sulle feste e sulle sagre della zona.

11 Serata di giochi al villaggio turistico di **Tropea**. Quante regioni ha l'Italia?

12 A **Palermo** fate una visita alla Vucciria, il tradizionale mercato del pesce, e comprate qualcosa per la cena.

13 Vi informate sugli orari di apertura degli **Scavi di Pompei**.

14 Siete a **Cagliari** e vi informate sui collegamenti per Roma.

15 Al mercato di Campo de' Fiori a **Roma** comprate un po' di frutta.

1 Finalmente in Italia! Vi fermate a **Trento**, ma non avete ancora una camera. Andate all'ufficio informazioni.

2 Siete a **Trieste.** Che tempo fa?

3 Da **Verona** telefonate a casa e raccontate cosa volete fare nei prossimi giorni.

4 **Milano**, la capitale della moda! Fate un po' di shopping.

5 Siete nella regione della buona cucina. Quali prodotti tipici potete comprare a **Modena** e a **Parma**?

6 Che gite potete fare nei dintorni di **Ancona**? Se non avete idee guardate il Ripasso 3.

7 Siete sugli Appennini, nel **Parco Nazionale d'Abruzzo**. Come passate la giornata?

8 Stasera al campeggio di **Termoli** volete fare una grigliata mista. In che negozi andate e cosa comprate?

9 Siete sul **Gargano**. Che tempo fa?

16 Passate un giorno sul **Lago Trasimeno**. A quali attività vi dedicate?

17 Vacanze in campagna vicino a **Siena**. Che cosa fate di bello?

18 In un bar con vista sul mare a **Portofino**. Cosa ordinate?

19 Ad **Alba** in Piemonte chiedete informazioni sulla «Sagra del tartufo bianco».

20 Ad **Aosta** incontrate un amico. Raccontate cosa vi è piaciuto del viaggio.

C Auguri ... e buon proseguimento!

Sie haben es geschafft! Den ersten Band von *Allegro* haben Sie durchgearbeitet und sich dabei die Grundlagen der italienischen Sprache angeeignet. Aber auch außerhalb des Unterrichts können Sie sich auf ganz unterschiedliche und vergnügliche Weise mit der Sprache beschäftigen. Hier sind einige Vorschläge. Haben Sie vielleicht noch weitere Ideen?

1 Ascoltare

- Hören Sie die CD oder Kassette zu *Allegro* an – im Auto, beim Bügeln ...
- Hören Sie italienische Musik – vom Schlager bis zur Oper.
- Schalten Sie italienische Radio- oder Fernsehsendungen der hiesigen Sender ein.
- Hören Sie zu, wenn sich Italiener miteinander unterhalten – in der Fußgängerzone, in der Pizzeria ...

- ....

- ....

2 Parlare

- Wechseln Sie mit den anderen Kursteilnehmern oder mit Bekannten, die auch Italienisch lernen, ab und zu einige Sätze auf Italienisch.
- Singen Sie italienische Lieder mit, wenn Sie zu Hause Musik hören.
- Lesen Sie die Texte im Buch laut und üben Sie dabei die Aussprache.
- Gründen Sie einen Stammtisch mit Italienern und für Italien-Liebhaber.

- ....

- ....

3 Leggere

- Wiederholen Sie mit Hilfe von Vokabelkärtchen den Wortschatz im Bus oder in der U-Bahn.
- Kaufen oder leihen Sie sich eine italienische Zeitung oder Zeitschrift. Sie können einfach nur darin blättern oder die Überschriften der Artikel lesen.
- Surfen Sie im Internet auf italienischen Seiten.

- ....

- ....

4 Scrivere

Probieren Sie, auf Italienisch

- anderen Kursteilnehmern oder italienischen Bekannten einen Postkartengruß oder eine E-Mail zu schreiben.
- Termine zu notieren.
- Einkaufszettel zu erstellen.
- ein kleines „Tagebuch" zu beginnen, in dem Sie ab und zu in ein paar Sätzen festhalten, was Sie getan und womit Sie sich beschäftigt haben.

Caro diario,

- ....

- ....

Acquisti

▶ Gli italiani di solito fanno la **spesa settimanale** al supermercato o all'ipermercato, ma per le cose di tutti i giorni vanno anche nel negozio di alimentari o nella bottega vicino a casa dove trovano un po' di tutto, dal panino al detersivo (*Waschmittel*). Naturalmente non mancano i **negozi specializzati**, i loro nomi possono variare da regione a regione: la salumeria, per esempio, si chiama anche salsamenteria o pizzicheria, il panificio può essere anche una panetteria e il fruttivendolo si può chiamare anche ortolano.

▶ In quasi tutti i paesi una volta alla settimana c'è il **mercato**. Qui è possibile comprare frutta, verdura, formaggio, pesce e specialità regionali, ma non solo ... ci sono anche bancarelle con articoli per la casa, scarpe, abbigliamento e altro. **Fare la spesa** significa comprare prodotti alimentari, **fare spese**, invece, fare acquisti in negozi di abbigliamento, di scarpe etc. E cosa fanno gli italiani per risparmiare? Fanno attenzione ai cartelli con le scritte **saldi** (*Schlussverkauf*), **offerte speciali** (*Sonderangebote*) o **sconti** (*Rabatt*).

Gli italiani in vacanza

▶ In Italia, tutti lo sanno, ci sono posti adatti ad ogni tipo di vacanza: montagne, spiagge, parchi naturali, città d'arte ... basta scegliere. Per questo motivo molti italiani preferiscono ancora trascorrere le vacanze in Italia. Le **vacanze scolastiche** (*Schulferien*) cominciano già alla metà di giugno ma di solito gli italiani partono solo verso la fine di luglio, quando chiudono anche le fabbriche delle grandi città.

▶ Vacanze al mare con la famiglia, in campeggio o in albergo, vacanze in campagna o in montagna per chi ama fare escursioni nella natura, queste sono le mete tradizionali. Negli ultimi anni però anche gli italiani hanno scoperto altri modi di fare vacanza: molti vanno **all'estero** (*ins Ausland*), altri cercano la pace e il contatto con la natura in un **agriturismo** o vanno a riprendersi dallo stress cittadino in un **centro di salute e benessere**.

▶ Il momento clou dell'estate è **Ferragosto**, il 15 agosto: le città sono vuote, le strade sono quasi deserte, i negozi **chiusi per ferie**. Anche chi non è potuto partire per le vacanze va per qualche giorno **fuori città** in compagnia di amici o parenti. Nei giorni successivi ricomincia per molti il lavoro, le persone tornano a casa e le città tornano a vivere.

Feste e sagre

▶ In Italia le occasioni per festeggiare sono numerose. Durante l'anno ci sono molte **feste a sfondo storico** (*mit historischen Hintergrund*) o feste religiose, come **la festa del patrono** (*Schutzpatron*). In queste occasioni si svolgono processioni per le vie del paese o della città. Un periodo dell'anno ricco di processioni e **manifestazioni** (*Veranstaltungen*) religiose in tutta Italia è quello della **Settimana Santa** (*Karwoche*).

▶ Chi è amante della buona cucina, invece, può visitare una **sagra gastronomica** (*kulinarisches Fest*), e gustare tante specialità preparate con prodotti tipici della regione.

1 Come va?

1 Ordnen Sie zu.

1. Buonasera, signora Missoni! *c*
2. Ciao, Marco! *d*
3. Buongiorno, signora, come sta? *b*
4. Arrivederci, signor Rivelli! *a*
5. Ciao, Stefano, come stai? *e*

a) Arrivederci!
b) Non c'è male, grazie.
c) Buonasera!
d) Ciao, Anna! Come va?
e) Bene. E tu?

2 Tragen Sie Antworten in die leeren Sprechblasen ein.

Buongiorno, signora! Come va?

1 *Va bene grazie*

Come sta, signora?

2 *Sto male*

3 ....

Ciao, Laura! Come stai?

Ah ... signor Martini! Come va?

4 *Molto bene*

3 Tragen Sie die Formen von *essere* in die Lücken ein.

1. ● Tu ....*sei*........ Davide, vero?

   ○ Sì, ...*sono*........ io.

   ● Ciao. Io ....*sono*........ Laura.

2. ● Ciao, io ....*sono*........ Fabrizio e questo ....*è*........ Giancarlo. Tu ....*sei*........ Antonella, vero?

   ○ No, io ....*sono*........ Simonetta, lei ....*è*........ Antonella!

3. ● Buongiorno, ...*è*........ Lei la signora Balducci?

   ○ Sì, ...*sono*........ io.

   ● Piacere. Io ....*sono*........ Giovanni Conte.

4 Vervollständigen Sie den Dialog mit folgenden Elementen.

● ....*Buongiorno*........, signor Ghiselli.

○ Buongiorno, signora Molteni, ...*come*........ sta?

● Bene, ...*grazie*........, e ....*Lei*........?

○ Non c'è ....*male*........, grazie.

● Signor Ghiselli, ...*Le presento*........ la signora Bertani.

○ Piacere.

△ Piacere.

| come |
| grazie | Le presento |
| Buongiorno | Lei |
| male |

5 Paola ist mit Carlo unterwegs, als sie ihre Freundin Marina trifft. Schreiben Sie den Dialog aus Übung 4 um und beachten Sie dabei, dass die Freundinnen sich duzen.

Ciao Marina
Ciao Paola, come va?
Bene, grazie, e tu?
Non c'è male, grazie
Marina, questo è Carlo
Piacere
Piacere

6 Bilden Sie Sätze aus folgenden Elementen.

1. Rossi ◆ Ingegnere ◆ signora ◆ Le presento ◆ la

   Ingegnere Signora, Le presento la signora Rossi

2. Serena ◆ Paolo ◆ questa è

   Paolo questa è Serena?

3. Paolo Vittorini ◆ Antonella Santi ◆ Io sono ◆ e ◆ questa è

.... *Io sono Paolo Vittorini e questa è Antonella Santi* ....

4. Le presento ◆ avvocato Bartoli ◆ Dottoressa Mangoni ◆ l'

Dottoressa Mangoni, Le presento l'avvocato Bartoli. ....

5. Marzano ◆ l' ◆ Sono ◆ architetto

Sono l'architetto Marzano ....

7 Schreiben Sie anhand der Visitenkarten zwei kurze Dialoge.

DOTT.SSA
ROSALBA MORÈ

VIA EMPEDOCLE, 118 – 95128 CATANIA
TEL. (095) 437715

STUDIO LEGALE **TONNUCCI**
AVV. GIANLUCA CUSANO

VIA PRINCIPESSA CLOTILDE, 7 – ROMA
TEL. (06) 3622708 FAX (06) 3622750

Alessandra Pasqualini
Via Andrea Palladio, 34, Venezia
Tel. (041) 56 34 23

Informatica e tecnologia srl
Ing. Antonio De Mauro

Lecce – Via Fornari, 8 – Tel. (08 32) 31 79 33

● Buongiorno, sono ....

....

○ Piacere. ....

....

● È Lei ....?

○ ....

● ....

8 Was sagen Sie, wenn Sie ...

1. ... einen Freund begrüßen?

....

2. ... sich nach dem Befinden Ihres Ansprechpartners erkundigen?

....

3. ... jemanden vorstellen?

....

4. ... sich vorstellen?

....

5. ... sich verabschieden?

....

9 Bilden Sie Fragen und Antworten mit den angegebenen Wörtern.

Erminia ◆ Verona
Erminia è di Verona?

no ◆ Padova ◆ Verona
No, Erminia è di Padova, ma abita a Verona.

1. Lei ◆ Roma

....?

   no ◆ Latina ◆ Roma

....

2. tu ◆ Milano

....?

   sì ◆ Milano ◆ Torino

....

3. sig. Caputi ◆ Palermo

....?

   no ◆ Napoli ◆ Palermo

....

10 Sagen Sie es auf Italienisch!

1. Woher sind Sie? ....
2. Wo wohnst Du? ....
3. Guten Tag! ....
4. Hallo, wie geht's? ....
5. Sehr erfreut. ....
6. Angenehm! ....

11 Ergänzen Sie die richtige Adjektivendung.

● Ciao, io sono Antje. Sono olandes....., di Rotterdam.

   E questo è Henrik. Anche lui è olandes......

○ Io sono Maria José. Sono spagnol....., di Malaga. Questa invece è Natalie.

   Lei è frances....., di Bordeaux. Anche Nadine è frances....., vero?

● No, lei è tedesc....., Pierre è frances...... È di Nizza. E Richard è tedesc..... o austriac.....?

○ Richard? Richard è ingles.....!

12 Vervollständigen Sie die Sätze.

1. Pierre è ...., di Parigi.
2. Katrin è ...., di Vienna.
3. Alice è ...., di Londra.
4. Bernard è ...., di Amsterdam.
5. Cristina è ...., di Madrid.
6. Petra è ...., di Berna.

13 Ersetzen Sie die Zahlen durch Buchstaben (gleiche Zahl = gleicher Buchstabe). Als Lösung erhalten Sie einen Eintrag im Chatroom *Amici.net*.

C [1] A [2]   A   [3] U [3] [3] !   S [2] N [2]   [4] L [4] N A ,

[1] [3] A L [1] A N A   D [1]   N A P [2] L [1]   [4]

C [4] R C [2]   A M [1] C [1] .   C H A [3] [3] [1] A M [2] ?

14 *Di*, *a* oder *in*? Setzen Sie die richtige Präposition ein.

1. ● Martina è ..... Linz?
   ○ Sì, ma abita ..... Lione.

2. ● ..... dove sei?
   ○ Sono italiana, ... Torino.

3. ● Kufstein è ..... Germania?
   ○ No, è ..... Austria.

4. ● Giorgio adesso abita ..... Svizzera?
   ○ Sì, ... Basilea.

5. ● Abita ..... Basilea anche Piero?
   ○ No, lui abita ..... Zurigo.

6. ● Lei ..... dov'è?
   ○ Sono ..... Chieti.

15 *Essere* oder *stare*? Setzen Sie die richtige Verbform ein.

● Buongiorno, signor Ruperti.

○ Ciao, Marta. Come ....?

● Bene, grazie. E Lei, come ....?

○ Non c'è male, grazie. Marta, questa .... Jeanette.

△ Piacere.

● Ciao, Jeanette. Ma tu .... francese?

△ No, il nome .... francese, ma io .... italiana.

16 Francesco und Angela treffen Marco. Vervollständigen Sie den Dialog.

Francesco begrüßt seinen Freund Marco und fragt ihn, wie es ihm geht.	● Ciao, Francesco! ○ ....
	● Bene, grazie.
Francesco stellt ihm Angela vor.	○ ....
	● Piacere.
	△ Ciao, Marco.
Er erzählt, dass Angela Schweizerin aus Basel ist und jetzt in Berlin wohnt.	○ ....
	● Ciao.
Etwas später verabschieden sich Francesco und Angela.	○ ....

17 Vervollständigen Sie folgende Sätze mit dem jeweils passenden Verb.

1. ● La signora Bruni è di Rieti?

   ○ Sì, ma .... a Roma.

2. ● Ingegner Rimoldi, Le .... il dottor Speroni.

   ○ Piacere.

3. ● Ciao, Miriam. Come ....?

   ○ Bene. E tu?

4. ● Buongiorno, ... l'avvocato Rosselli. Lei .... la signora Crispi?

   ○ No, ... Maria Russo.

5. ● Giorgio, tu .... a Ferrara?

   ○ No, abito a Ravenna.

> abitare
> essere
> stare
> presentare

18 Wie werden folgende Wörter ausgesprochen? Tragen Sie sie in die Tabelle ein.

musica ◆ Pinot grigio ◆ gondola ◆ parmigiano ◆ medicina ◆ discoteca ◆ zucchini
cioccolata ◆ elegante ◆ Lamborghini ◆ cinema ◆ giraffa ◆ Valpolicella
spaghetti ◆ Germania ◆ architettura ◆ anche ◆ gusto ◆ piacere ◆ Giulia
gelato ◆ Lancia ◆ discussione ◆ guardaroba

Caserta	Vicenza	Lugano	Genova

19 Welche Buchstaben fehlen hier? Vervollständigen Sie die Wörter.

come   buon␣rno   austria␣
ar␣tetto   ␣sì ␣sì   avvo␣to
fran␣se   ␣llega   ␣ttà
in␣gnere   arriveder␣   ami␣zia
tedes␣   ␣gnome   pre␣

2 *Dove vai?*

1 Setzen Sie jeweils die passende Form von *essere* ein.

1. ● Ciao, io .... Sandro. Tu .... Paola, vero?

   ○ Sì, e questa .... Rosalba.

   ● Piacere.

2. ● E voi .... di Modena?

   ○ No, ... di Parma. Luca e Roberto .... di Modena.

sono   siamo   è   sei   siete   sono

2 Welche Teile gehören zusammen? Verbinden Sie jeweils zwei Elemente und notieren Sie die Sätze.

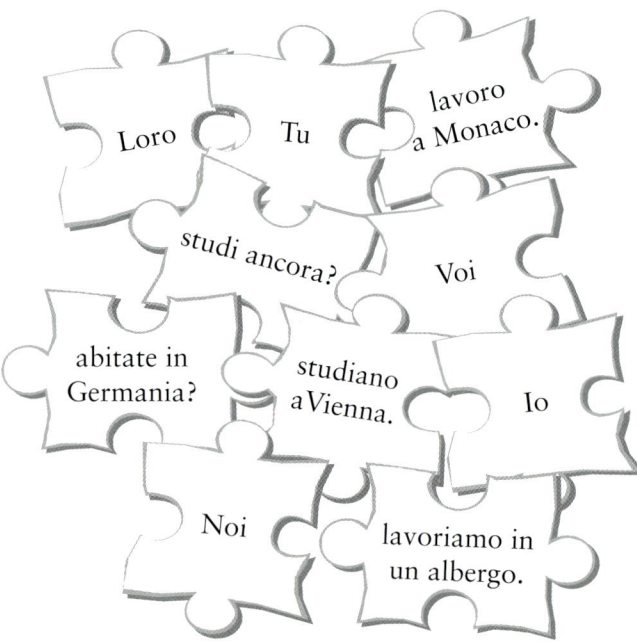

Loro   Tu   lavoro a Monaco.

studi ancora?   Voi

abitate in Germania?   studiano a Vienna.   Io

Noi   lavoriamo in un albergo.

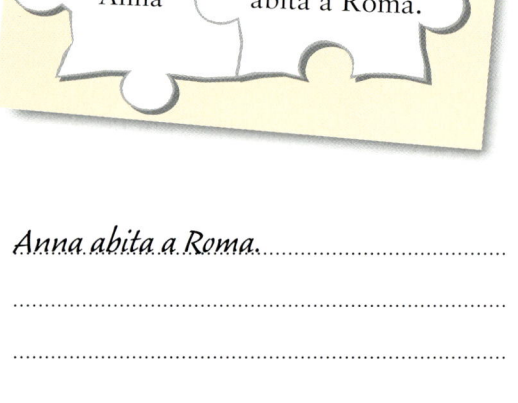

Anna abita a Roma.

Anna abita a Roma. ....

....

....

....

....

....

3 Vervollständigen Sie die Sätze mit den Formen von *andare*.

1. Quest'estate (noi) .... a Senigallia.

2. Anna e Sandro .... in Olanda.

3. Mario .... in città.

4. (Io) .... in Italia a passare le vacanze.

5. Come mai (tu) .... a Vienna?

6. Il signor Ferrara .... a Roma.

7. (Voi) .... in Francia quest'estate?

4 Vervollständigen Sie die Fragen.

1. ● Ciao Luigi, ...?

   ○ Bene, grazie. E tu?

2. ● .... a Napoli?

   ○ Siamo qui per visitare la città.

3. ● .... Mario e Luisa?

   ○ Abitano a Viterbo.

4. ● Giorgio .... a Milano?

   ○ No, lavora a Varese.

5. ● Voi ....?

   ○ No, studiamo ancora.

6. ● Marta, ... sei?

   ○ Sono di Venezia.

7. ● Jan .... tedesco?

   ○ No, è olandese.

8. ● Tu come mai .... qui a Pescara?

   ○ Sono qui per lavoro.

5 Ergänzen Sie jeweils die richtige Präposition.

Il signore e la signora Kreisler sono .... treno e vanno .... Milano.

Sono .... Francoforte, ma abitano .... Italia.

Anche Rita e Manuela sono .... treno. Manuela va .... Bologna .... trovare un amico.

Rita invece va .... Senigallia per lavoro. Quest'estate lavora .... un albergo.

6 Da stimmt doch etwas nicht! Korrigieren Sie die Sätze, indem Sie an der richtigen Stelle *non* ergänzen.

La signora Magoni è svizzera.

La signora Magoni non è svizzera.

1. Il signore e la signora Kreisler abitano a Pavia.

   ....

2. Il signore e la signora Kreisler tornano a Francoforte.

   ....

3. Rita lavora in un ristorante.

   ....

4. Rita e Manuela studiano a Bologna.

   ....

7 Eine Italienerin und ein Österreicher kommen im Zug von Bologna nach Innsbruck ins Gespräch. Vervollständigen Sie die Fragen der Frau mit folgenden Wörtern.

| vero | già | adesso |

● Scusi, siamo .... a Rovereto?

○ No, Rovereto è la prossima.

● Ma Lei non è italiano, ...?

○ No, sono austriaco, di Innsbruck.

● Ah, e .... torna a Innsbruck?

○ No, io studio a Bolzano.

8 Tragen Sie die italienischen Wörter ein.

1 ▸ ☐☐☐☐☐☐
2 ▸ ☐☐☐☐☐☐☐
3 ▸ ☐☐☐☐☐☐
4 ▸ ☐☐☐☐☐☐
5 ▸ ☐☐☐☐☐
6 ▸ ☐☐☐☐☐☐☐
7 ▸ ☐☐☐☐☐
8 ▸ ☐☐☐☐☐
9 ▸ ☐☐☐☐
10 ▸ ☐☐☐☐☐

1 ▸ Die wärmste Jahreszeit.

2 ▸ Vor der Zugfahrt zu lösen.

3 ▸ Sportart, die man zu zweit und im Freien ausüben kann.

4 ▸ Ausgangs- und Endpunkt einer Bahnfahrt.

5 ▸ Dort kann man übernachten.

6 ▸ Für viele die schönsten Wochen des Jahres.

7 ▸ Gegenteil von Freizeit.

8 ▸ Dort spricht man Italienisch.

9 ▸ Viel größer als ein Dorf.

10 ▸ Mehr als ein guter Bekannter.

Lösungswort: Eine Stadt am Meer

☐☐☐☐☐☐☐☐☐☐

9 Ordnen Sie die folgenden Wörter den Artikeln zu.

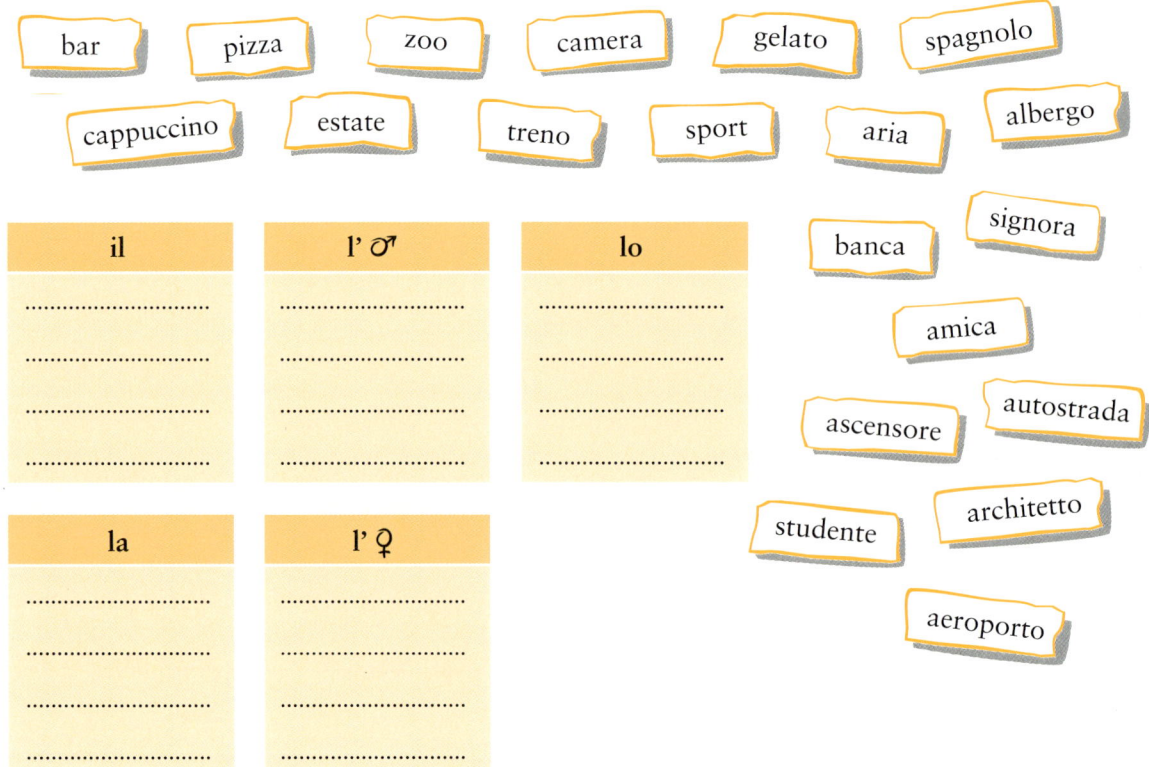

bar   pizza   zoo   camera   gelato   spagnolo

cappuccino   estate   treno   sport   aria   albergo

signora

banca

amica

ascensore   autostrada

studente   architetto

aeroporto

il	l' ♂	lo
....	....	....
....	....	....
....	....	....
....	....	....

la	l' ♀
....	....
....	....
....	....
....	....

10 Frau Bianchi will im Hotel *Paradiso* ein Zimmer reservieren.
Wonach erkundigt sie sich? Was antwortet der Portier?
Sehen Sie sich das Bild genau an und notieren Sie die Sätze.

Signora Bianchi	Portiere
C'è il parcheggio?	....
....	....
....	....
....	....
....	....

11 Bringen Sie die Sätze des Dialogs in
die richtige Reihenfolge.

- Sì. Senta, c'è anche la piscina, vero?
- Schumann.
- Buongiorno, vorrei prenotare una camera
  singola per questo fine settimana.
- ○ Sciu ... come, scusi?
- ○ Hotel Villa Sten, buongiorno.
- ○ Schumann, va bene.
- ○ Sì, va bene, e a che nome?
- ○ Arrivederci.
- Ah, benissimo! Allora grazie e arrivederci.
- ○ Sì, signora, la piscina e anche la
  spiaggia privata.
- Schumann. Esse – ci – acca – u – emme –
  a – enne – enne.

○ Hotel Villa Sten, buongiorno.

● ....

   ....

○ ....

● ....

○ ....

● ....

○ ....

● ....

○ ....

   ....

● ....

○ Arrivederci.

12 Bilden Sie Sätze mit den folgenden Elementen.

1. vero ◆ è ◆ Il signor Arcari ◆ di Treviso ◆ ?

   ....

2. c'è ◆ non ◆ All'Hotel Sole ◆ il parcheggio

   ....

3. è di ◆ a Perugia ◆ Martina ◆ studia ◆ Todi ◆ ma

   ....

4. andate ◆ Luca ◆ a trovare ◆ Non ◆ ?

   ....

5. Per Frosinone ◆ treno ◆ devo cambiare

   ....

6. Alessandro ◆ per lavoro ◆ in Francia ◆ va

   ....

13 Vervollständigen Sie den Text mit den passenden Formen der folgenden Verben.

Mi chiamo Martina, ... di Torino ma .... a Pavia.
Venerdì .... a Genova a trovare un'amica francese,
Natalie. Natalie .... di Parigi, ... all'università,
ma quest'estate .... in un albergo a Rapallo. Natalie
.... molto bene l'italiano. (Noi) .... il fine
settimana insieme e .... la città. Domenica io ....
a Pavia e lei .... a Rapallo.

andare (2) ◆ lavorare
visitare ◆ essere (2)
tornare ◆ studiare
parlare ◆ abitare
passare

14 Vervollständigen Sie die Sätze mit folgenden Elementen.

1. ● Biglietti, prego!

   ○ ...., per Venezia devo cambiare?

2. ● Lei non è di Roma, ...?

   ○ No, non sono di qui.

3. ● Hotel Paradiso, buongiorno!

   ○ Buongiorno, ... una camera singola.

4. ● ...., c'è anche la piscina?

   ○ Sì, signora.

5. ● Ecco la chiave.

   ○ .... Arrivederci.

A proposito

Grazie   Scusi

vero   vorrei

15 Notieren Sie erst die Buchstaben und bilden Sie daraus das entsprechende Wort.

1. esse – o – erre – e – a – esse – ci – e – enne *s o r e a s c e n* .... *ascensore* ....

2. gi – i – o – ci – acca – e – gi – pi – a – erre ....

3. di – i – gi – i – a – erre – enne – o ....

4. bi – e – erre – a – elle – gi – o ....

5. gi – i – a – esse – pi – i – a – gi ....

6. enne – a – ci – i – pi – i – esse ....

16 Herr Bayer aus Köln möchte ein Zimmer in einem Hotel in Italien reservieren.
Der Hotelangestellte hat Namen und Adresse nicht verstanden. Wie buchstabiert Herr Bayer?

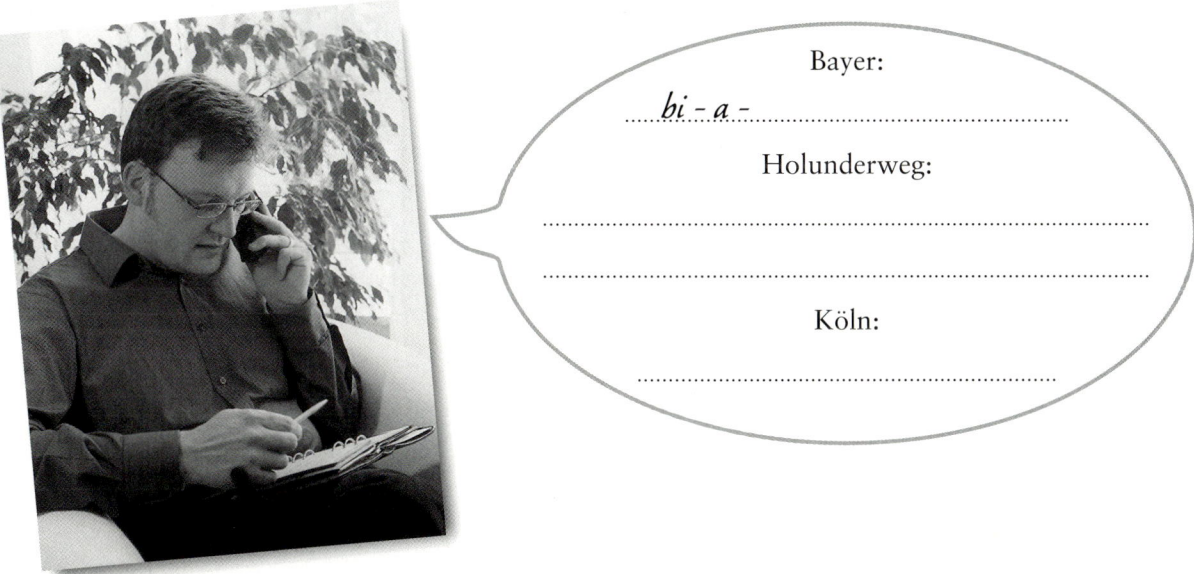

Bayer:

bi – a – ....

Holunderweg:

....

....

Köln:

....

17 Ordnen Sie folgende Wörter ihrer Aussprache entsprechend den deutschen Wörtern zu.

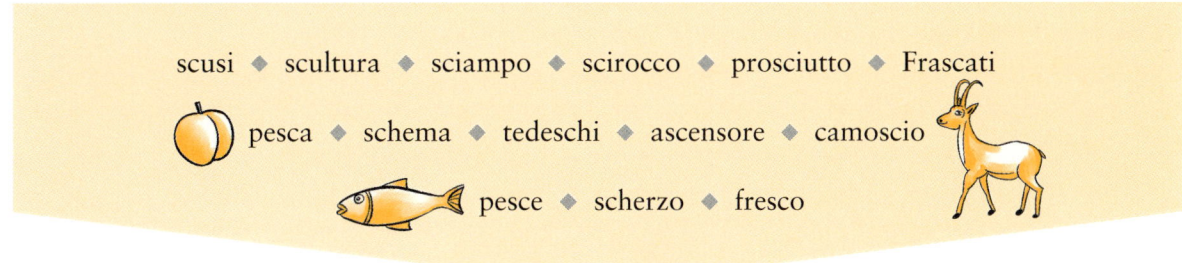

scusi ◆ scultura ◆ sciampo ◆ scirocco ◆ prosciutto ◆ Frascati

pesca ◆ schema ◆ tedeschi ◆ ascensore ◆ camoscio

pesce ◆ scherzo ◆ fresco

Schal	....	Skandal	....
Schere	....	Skelett	....
Schild	....	Skizze	....
Schock	....	Skonto	....
Schuster	....	skurril	....

ESERCIZI **4** *Prendi un caffè?*

1 Sehen Sie sich die Abbildung an und notieren Sie, was die Gäste gerade bestellen.

Il signore prende ....,

la bambina ....,

il bambino ....,

la signora ....

2 Vervollständigen Sie die Dialoge mit den Formen von *prendere*.

1. ● Signor Bagatti, che cosa ....?

   ○ Un caffè, grazie.

   ● E voi che cosa ....?

   △ Teresa .... un cappuccino, io invece un tè.

2. ● Ragazzi, ... qualcosa da bere?

   □ Buona idea, andiamo al bar Maria?

3. ● .... una birra anche tu?

   △ Mmm, no, io .... una coca-cola.

   ● E Marzia e Robertino che cosa ....?

   △ Per loro va bene un'aranciata.

3 Unterstreichen Sie die passende Form von *avere*.

1. Marco e Luisa hanno / avete una camera doppia.
2. L'ingegner De Roberti ha / ho un lavoro interessante.
3. Giovanna, hai / hanno per caso 50 centesimi?
4. Noi non hai / abbiamo ancora il biglietto per il treno.
5. Signor Marinelli, ha / hai Lei lo scontrino?
6. Io abbiamo / ho un amico a Vienna.

4 Bringen Sie die Wörter in die richtige Reihenfolge. Die Sätze ergeben einen Dialog.

aperitivo ◆ un ◆ Ragazzi ◆ prendiamo ◆ ?   ● ....

bar ◆ Va bene ◆ andiamo ◆ Rossini ◆ al   ○ ....

Al bar

Io ◆ un ◆ Campari ◆ prendo ◆ voi ◆ e ◆ ?   ● ....

Campari ◆ Prendo ◆ anch'io ◆ un   ○ ....

prendo ◆ un ◆ Io ◆ invece ◆ Aperol   △ ....

due ◆ un ◆ Aperol ◆ Allora ◆ e ◆ Campari   ● ....

euro ◆ Sono ◆ 6 ◆ e ◆ 80   ■ ....

5 Ordnen Sie folgende Wörter den Artikeln zu.

aperitivo   aranciata   birra

acqua   scontrino   idea

coca-cola   spumante   spagnolo

cornetto   caffè   pasta

un	uno
....	....
....	....
....	....

una	un'
....	....
....	....
....	....

6 Ergänzen Sie jeweils das fehlende Zahlwort oder die fehlende Zahl.

⬭ otto		⬭ nove		20	
10		16		⬭ sei	
⬭ diciassette		11		⬭ quattordici	
19		⬭ diciotto		13	
⬭ dodici		15		7	

7 Wieviel müssen die Gäste bezahlen?
Ergänzen Sie die Antworten des Kassierers wie im Beispiel.

Bar San Martino
Listino Prezzi

❖ CAFFETTERIA ❖		❖ VINI ❖	
CAFFÈ ESPRESSO	€ 0,90	MARTINI	€ 2,05
CAFFÈ HAG	€ 0,95	VINSANTO	€ 1,05
CAPPUCCINO	€ 1,15	VINO AL BICCHIERE	€ 1,05
LATTE MACCHIATO	€ 1,05	SPUMANTE	€ 2,05
TÈ, CAMOMILLA	€ 1,15	PORTO	€ 1,80
CIOCCOLATA	€ 1,55		
		❖ BIBITE ❖	
❖ APERITIVI ❖		BIRRA GRANDE	€ 3,05
CAMPARI	€ 2,05	BIRRA PICCOLA	€ 1,80
SAN BITTER	€ 2,05		
CRODINO	€ 2,05	COCA-COLA, FANTA	€ 2,05
		ACQUA	€ 1,80
❖ LIQUORI ❖		SUCCO DI FRUTTA	€ 1,80
LIQUORI	€ 2,05	SPREMUTA	€ 2,05
GRAPPA	€ 2,05		
WHISKY	€ 3,05	PASTE	€ 0,90
COGNAC	€ 3,05	PANINI	€ 1,55

● Una spremuta e un San Bitter. Quant'è?
○ *Quattro euro e dieci.* ....

● Allora, un cappuccino e un latte macchiato.
○ ....

● Un Campari, un Crodino ... e un porto. Quant'è?
○ ....

● Allora, una spremuta e un panino. Quant'è?
○ ....

● Una cioccolata e un tè verde.
○ ....

● Un caffè e una pasta. Quant'è?
○ ....

8 Was können Sie noch sagen,
um einen Cappuccino zu bestellen?

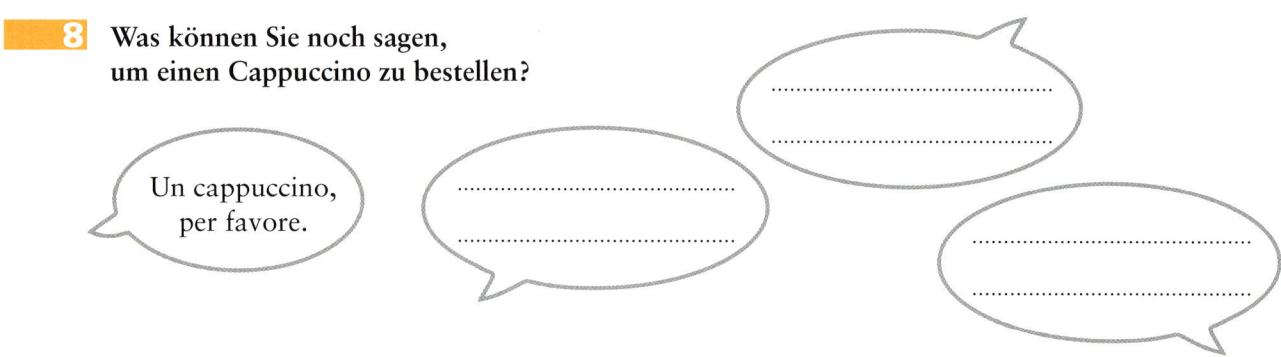

Un cappuccino,
per favore.

9 Schreiben Sie die Pluralform folgender Substantive in die passende Spalte.

bar ◆ cappuccino ◆ gelato ◆ aranciata ◆ caffè ◆ panino ◆ bicchiere
pizzetta ◆ tè ◆ cioccolata ◆ hotel ◆ tramezzino ◆ birra
tiramisù ◆ pasta

im Plural unverändert	Pluralform auf -i	Pluralform auf -e
....	....	....
....	....	....
....	....	....
....	....	....
....	....	....

10 Was wird bestellt? Notieren Sie die Getränke mit dem unbestimmten Artikel und dem passenden Adjektiv.

verde · amara · macchiato · ~~calda~~ · grande · analcolico

una cioccolata calda ....

....

....

....

....

....

11 Tragen Sie die Zahlwörter in die Zeilen ein.

Welche Zahl entspricht dem Lösungswort?

....

75 ➤ ☐☐☐☐☐☐☐☐☐☐☐☐
99 ➤ ☐☐☐☐☐☐☐☐☐
41 ➤ ☐☐☐☐☐☐☐☐
25 ➤ ☐☐☐☐☐☐☐☐
33 ➤ ☐☐☐☐☐☐☐☐
88 ➤ ☐☐☐☐☐☐☐☐
67 ➤ ☐☐☐☐☐☐☐☐☐☐☐☐

12 Ergänzen Sie die fehlenden Singular- und Pluralformen.

il ragazzo	i ragazzi	l'aranciata	....	....	le trattorie
il bar	....	la città	....	l'aperitivo	....
l'antipasto	....	....	i cornetti	....	le amiche
....	gli scontrini	il ristorante	....	....	le paste

13 Frau Bertoni geht mit einer Freundin in die Trattoria *Da Michele.*
Übernehmen Sie die Rolle von Frau Bertoni und vervollständigen Sie den Dialog.

● Buongiorno, Signora Bertoni!

○ Buongiorno, Roberto.

> *Sie hätten gerne einen Tisch für zwei Personen.*

....

....

> *Sie sind einverstanden.*
> *Sie nehmen Platz und fragen den Kellner, was es heute Gutes gibt.*

● Questo qui va bene?

○ ....

....

● Beh, oggi abbiamo di primo gnocchetti al pesto e lasagne al forno e di secondo agnello in umido o calamari alla griglia.

> *Sie fragen, ob es auch Crostini gibt.*

○ ....

● Sì, certo!

> *Sie fragen Ihre Freundin, was sie nimmt.*

○ ....

△ Mah, io prendo le lasagne e di secondo l'agnello in umido.

● Va bene. E per Lei, signora Bertoni?

> *Sie nehmen Crostini und danach Calamari. Dazu bestellen Sie eine Flasche Mineralwasser.*

○ ....

....

....

● Va bene.

14 Vervollständigen Sie den Text mit dem bestimmten oder unbestimmten Artikel.

.... signore e .... signora Marinelli prendono .... aperitivo al bar con .... amico, il signor Samanti. Alla cassa il signor Samanti ordina .... Martini, ... Campari e .... aranciata. Poi paga[1], prende .... scontrino e va al banco con .... signori Marinelli. Dopo vanno tutti al ristorante Nabucco. La signora Marinelli prende .... orecchiette al pesto e .... insalata. Il signor Marinelli prende .... cannelloni con .... spinaci e .... calamari alla siciliana. Il signor Samanti invece prende .... spaghetti al pomodoro e .... pesce fritto. Da bere prendono .... bottiglia di Chardonnay e .... bottiglia di acqua minerale naturale.

---
[1] pagare: bezahlen

15 Ergänzen Sie die Sätze mit dem jeweils passenden Ausdruck.

per favore   va bene   Dunque   mi dispiace   grazie   Ecco

1. ● Cosa avete di primo?

   ○ ...., abbiamo risotto alla pescatora e lasagne alle verdure.

2. ● .... l'aranciata e il cappuccino.

   ○ Grazie.

3. ● Andiamo al ristorante La dolce vita?

   ○ Sì, ...

4. ● Ludovica, prendi un caffè?

   ○ No, ...

5. ● Avete le trenette al pesto?

   ○ No, ...

6. ● Un prosecco, ...

   ○ Sì, signora.

16 Formulieren Sie Fragen zu folgenden Antworten.

1. ● ....

   ○ Prendo un caffè macchiato.

2. ● ....

   ○ Le tagliatelle sono proprio buone.

3. ● ....

   ○ Il ristorante Fellini è in Via Oliviera.

4. ● ....

   ○ Sì. Andiamo al bar San Marco?

5. ● ....

   ○ Il pesce è molto buono.

6. ● ....

   ○ Due euro e sessanta.

17 Heute Abend gehen Sie aus einem besonderen Anlass essen. Sie bestellen ein Menü – von der Vorspeise bis zum Dessert.

Sie nehmen eine kleine Fischsuppe als Vorspeise, als ersten Gang Spaghetti mit Meeresfrüchten und als zweiten Gang gegrilltes Lamm mit Spinat und gemischtem Salat. Dazu Wasser und Weißwein. Dann eine Portion Obst, ein Stück Nusskuchen, einen Magenbitter und einen Espresso.
Der Kellner hat sich alles notiert:
Was steht auf seinem Zettel?

5 *Tu che cosa fai?*

1 Tragen Sie die fehlenden Berufsbezeichnungen und Artikel in die Tabelle ein.

> ingegnere ◆ casalinga ◆ infermiere ◆ commessa ◆ operaio ◆ impiegata
>
> avvocato ◆ architetto ◆ programmatrice ◆ cameriera ◆ medico

♂	♀	♂♀
.... impiegato	....	....
.... casalingo	....	....
....	.... infermiera	....
....	.... operaia	....
.... programmatore	....	
.... commesso	....	
.... cameriere	....	

2 Wer übt welchen Beruf aus?
Vervollständigen Sie die Sätze unter den Abbildungen.

cameriere commessa

programmatrice medico tassista operaio avvocato infermiera

Mi chiamo Armando. Mi chiamo Rosa e Mi chiamo Mario e Mi chiamo Grazia e

Faccio .... sono .... sono .... sono ....

Ciao, sono Aldo e Mi chiamo Renato e Sono Claudia e sono Mi chiamo Luisa e

faccio .... faccio .... faccio ....

3 Vervollständigen Sie die Sätze mit den passenden Formen von *fare*.

1. ● Tu che lavoro ....?

   ○ Io studio ancora, ma ogni tanto

      .... la baby-sitter.

2. ● Signora Dupont, cosa .... qui

      in Italia?

   ○ Sono qui in vacanza.

3. ● Ragazzi, voi che cosa ....

      questa sera?

   ○ Stasera stiamo a casa.

   ● E Gianni e Maurizio, che cosa ....?

   ○ Loro vanno al cinema.

4. ● Dove andate in vacanza?

   ○ Quest'anno .... un viaggio in

      Francia.

5. ● Ma Roberto dove lavora?

   ○ Lavora a Caserta, ... il tassista.

4 Tragen Sie die Arbeitsplätze in das Kreuzworträtsel ein.

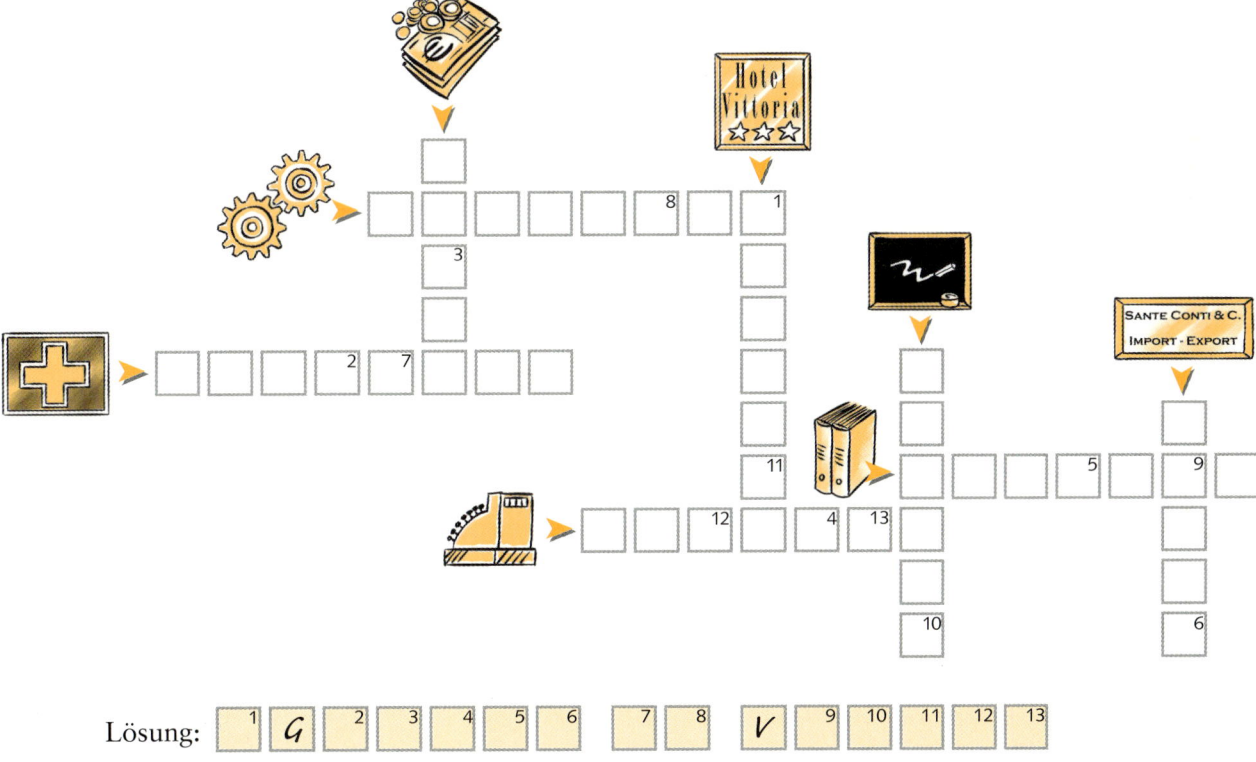

Lösung: [1 G] [2] [3] [4] [5] [6] [7] [8] [V] [9] [10] [11] [12] [13]

5 Guido und Paolo, zwei ehemalige Schulkameraden, treffen sich in einem Café.
Ergänzen Sie den Gesprächspart von Guido.

*Guido begrüßt Paolo. Ihm geht es gut,
und er fragt, wie es Paolo geht.*

● Ehi, ciao Guido! Come va?

○ ....

....

*Guido lebt (hier) in Lucca und arbeitet
in einer Computerfirma.*

● Bene, bene. Ma tu che cosa fai adesso?

○ ....

....

Guido bejaht und sagt, das sei eine inte-
ressante Arbeit. Er ist richtig zufrieden.
Er fragt, ob Paolo auch noch (= ancora)
in Lucca lebt.

● Sei programmatore?

○ ....

....

....

● No, io ora abito a Viareggio, ma lavoro
qui a Lucca.

Guido fragt, was Paolo macht.

○ ....

....

Guido vermutet, das sei ja eine Arbeit,
die viel Einsatz verlangt.

● Sono medico, lavoro in ospedale.

○ ....

....

● Sì, è anche stressante, ma mi piace proprio.

6 Elena spricht über ihren Arbeitsalltag. Ergänzen Sie im Text die passenden Adjektive.
Achten Sie besonders auf die Endungen.

| faticoso | buona | impegnativo | nuova | giovane |

| poco flessibili | stressante | molto simpatica |

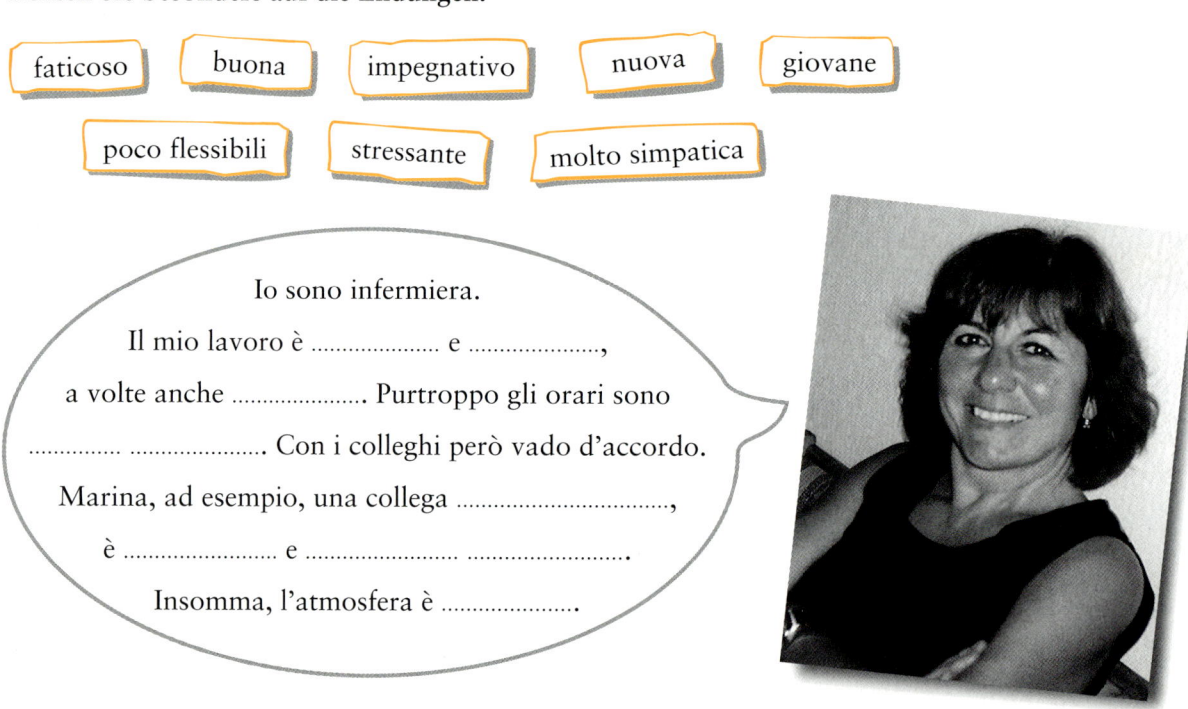

Io sono infermiera.
Il mio lavoro è .... e ....,
a volte anche .... Purtroppo gli orari sono
.... Con i colleghi però vado d'accordo.
Marina, ad esempio, una collega ....,
è .... e ....
Insomma, l'atmosfera è ....

7 Ergänzen Sie die passende Adjektivendung.

Giovanna ha un nuov..... lavoro ed è molto content...... Fa la commessa in un negozio di scarpe.

Il lavoro è impegnativ..... però è anche vari...... L'unico problema sono gli orari poco flessibil.....

perché il negozio è chius..... solo la domenica e il lunedì mattina.

I colleghi di Giovanna sono giovan...... Con Gloria, una collega molto simpatic....., Giovanna va

spesso a mangiare qualcosa a mezzogiorno. Generalmente prendono una pizzetta cald..... o un

toast e bevono coca-cola o acqua mineral......

8 Vervollständigen Sie die Sätze mit den Zeitangaben und nummerieren Sie sie in der richtigen Reihenfolge.

la mattina

mezzogiorno

Il pomeriggio

La sera

la notte

☐ Laura .... fa colazione e va all'università. Dopo le lezioni,

☐ .... lavora in una libreria.

☐ beve troppo caffè e .... dorme[1] male.

☐ .... torna a casa, mangia qualcosa e dopo studia. A volte

☐ verso ...., va a mangiare con gli amici alla mensa.

[1] dormire: schlafen

9 Bilden Sie aus folgenden Elementen die Formen der Verben *finire* und *pulire*. Sie dürfen jedes Element beliebig oft verwenden.

pul-   *-e*   *-ite*   *-iamo*   *-o*   *-ono*   *-i*   *-isc-*   *fin-*

pulire	finire
....	....
....	....
....	....
....	....
....	....
....	....

10 Verbinden Sie jeweils zwei Satzteile zu einem Satz, und von 1 bis 7 ergibt sich ein Text.

1. Questa settimana Vittoria
2. Per fortuna lei
3. La mattina Daniele, suo
4. Dopo la scuola i figli
5. Mettono anche un po'
6. Quando Daniele torna
7. Cucinare è il suo

a) fanno la spesa.
b) a casa prepara la cena.
c) forte, pulire la cucina dopo non tanto!
d) sta male.
e) marito, prepara la colazione.
f) non vive sola.
g) in ordine l'appartamento.

11 Vervollständigen Sie die Sätze mit den passenden Formen folgender Verben.

Gianna .... casalinga e .... sempre tanto da fare.
La mattina .... la casa, poi .... e .... a
fare la spesa. Il pomeriggio di tanto in tanto .... in un
museo. Quando .... a casa .... da mangiare. Il
marito di Gianna .... architetto e .... di lavorare
tardi. La sera quando lui .... a casa .... insieme.

essere ◆ avere

pulire ◆ stirare ◆ andare

lavorare

tornare ◆ preparare

essere ◆ finire

arrivare ◆ mangiare

12 Bilden Sie Sätze mit den folgenden Elementen.

1. Rino ◆ pensionato ◆ 75 anni ◆ ed è ◆ ha

   ....

2. Irene ◆ a Salerno ◆ commessa ◆ con il ◆ è ◆ e vive ◆ marito

   ....

3. Michele ◆ i colleghi ◆ non ◆ d'accordo ◆ va ◆ con

   ....

4. Sandro ◆ un colloquio ◆ Lunedì ◆ ha ◆ alla Fiat

   ....

5. Bianchi ◆ ingegnere ◆ La ◆ è ◆ signora

   ....

6. Claudio ◆ di sera ◆ cuoco ◆ e lavora ◆ è

   ....

13 Ergänzen Sie die Possessiva und gegebenenfalls den bestimmten Artikel.

1. Dov'è .... libro d'italiano?

2. .... marito è insegnante.

3. .... amica è ingegnere.

mio ◆ mia

4. Come sta .... marito?

5. Com'è .... nuovo lavoro?

6. .... nuova collega è molto simpatica.

tuo ◆ tua

7. .... giornata è proprio faticosa.

8. Il sabato .... moglie non lavora.

9. .... lavoro è davvero interessante.

suo ◆ sua

14 Tragen Sie die fehlenden Wochentage ein.

18	19	20	21	22	23	24
....	martedì	....	....	....	....	....
	dentista					
			banca			
					festa Giulia	

15 Vervollständigen Sie die Formen von *potere* und *dovere*.

po......o	d...vo
p...oi	dev...
pu...	de......
pos......amo	do......iamo
po...ete	d......ete
pos......no	d......ono

16 Ergänzen Sie jeweils die passende Form von *potere* oder *dovere*.

1. ● Luigi, ... fare tu la spesa oggi pomeriggio?

   ○ Mi dispiace, ma non .... Oggi pomeriggio .... andare dal medico.

   ● Va bene.

2. ○ Gianna, tu sabato .... lavorare?

   ● No, questo fine settimana, per fortuna, non .... lavorare.

   ○ Ma allora .... andare al mare.

   ● Sì, buona idea!

3. ● Andiamo al cinema stasera?

   ○ Mi dispiace, ma stasera .... studiare. Non .... andare domani?

   ● Va bene. Andiamo domani.

4. ● Venerdì andiamo a Verona con Mario e Vittoria, vero?

   ○ Ma no, partiamo sabato. Venerdì Mario non .... perché .... lavorare.

   ● Ah, già. È vero.

5. ● Ma voi andate alla festa di Manuela stasera?

   ○ Sì, però prima .... finire questo lavoro.

6. ● Quando arrivano Luca e Marina?

   ○ Più tardi. Prima .... andare a prendere i bambini a scuola.

17 Ergänzen Sie den Dialog mit folgenden Elementen.

● Senti, Giorgio, venerdì dobbiamo pulire la casa. Sabato arriva tua madre.

○ .... venerdì devo andare dal medico.

● ...., però possiamo mettere un po' in ordine dopo.

○ ...., dopo vorrei andare a trovare Maurizio.

● .... vai a trovare Maurizio proprio venerdì?

○ .... sabato lui va a Roma per una settimana. Ma possiamo pulire la casa sabato mattina. .... mia madre arriva solo il pomeriggio.

● E va bene. Facciamo così.

Come mai   Dai

No, guarda

Mi dispiace, ma   Perché

Per fortuna

7 C'è una banca qui vicino?

1 Bilden Sie die fehlenden Formen.

	il	lo	la	l'	i	gli	le
a	al	....	....	all'	....	....	alle
da	....	dallo	....	....	dai	....	....
in	....	....	nella	....	....	negli	....

2 Ergänzen Sie die angegebenen Präpositionen in Verbindung mit dem bestimmten Artikel.

a	.... fermata	.... zoo	.... supermercato	.... edicola
da	.... architetto	.... medico	.... madre	.... amici
in	.... giardino	.... trattoria	.... centro	.... istituto

3 Ergänzen Sie jeweils die Präposition *a* oder *da* in Verbindung mit dem bestimmten Artikel.

No, mi dispiace, oggi non ho tempo. Ho mille cose da fare: devo andare .... dentista, ... mercato, ... fioraio, ... ufficio postale, ... centro TIM e .... parrucchiere. E stasera vado .... corso di francese.

4 Vervollständigen Sie den Text mit der Präposition *in* in Verbindung mit dem bestimmten Artikel.

Arriva l'estate! C'è gente[1] .... gelaterie, ... negozi, ... uffici turistici, ... banche, ... ristoranti, ... trattorie, ... bar, ... alberghi, ... piscine – persino[2] .... ascensori!

---
[1] gente: Leute [2] persino: sogar

C'è una banca qui vicino?

5 Was haben die Personen vor? Vervollständigen Sie die Sätze anhand der angegebenen Wörter. Die Zeichnungen geben Ihnen weitere Hinweise.

posta   scuola

palestra   ristorante   albergo   medico   parco   stazione   banca

1. La mattina Marisa deve andare a prendere un pacchetto ....

Per il pranzo incontra la sua amica Elena e insieme vanno ....

La sera per fare un po' di sport Marisa va ....

2. Questa mattina Aldo non sta bene e va .... Dopo va a

prendere il bambino .... e insieme vanno ....

3. Stasera Vittorio deve partire per Zurigo per lavoro. Il pomeriggio va a

cambiare i soldi[1] .... e alle sette prende un taxi per andare

.... A Zurigo va direttamente ....

perché è stanco.

_____
[1] cambiare i soldi: Geld wechseln

6 Ergänzen Sie *c'è* oder *ci sono*.

1. ● Scusi, ... un supermercato in questo quartiere?

   ○ No, qui non .... supermercati.

2. ● È bello fare spese in centro perché .... tanti negozi.

   ○ Sì, ma non .... parcheggi per la macchina.

3. ● Non .... un ufficio postale qui vicino?

   ○ Sì certo, in piazza del Mercato .... la posta centrale.

4. ● Purtroppo qui nella zona non .... ristoranti italiani.

   ○ Beh, allora andiamo nella Hauptstraße, lì .... il Goldoni.

7 Ergänzen Sie *è* oder *c'è*.

1. Accanto all'albergo .... un bar molto elegante.

2. In piazza Tasso .... un ristorante spagnolo.

3. Guarda, ... Rita alla fermata dell'autobus!

4. La Banca Commerciale .... in via Verdi.

5. La fermata dell'autobus .... di fronte alla stazione.

6. Vicino a casa mia .... un campo da tennis.

7. .... una drogheria in via Benedetta.

8. La gelateria .... di fronte alla chiesa San Francesco.

8 Was ist wo? Vervollständigen Sie die Sätze.

1. La fermata è .... supermercato.

2. Il supermercato è .... banca.

3. L'edicola è .... ristorante.

4. Il ristorante è .... scuola.

5. La banca è .... farmacia.

9 Sagen Sie's auf Italienisch!

1. Mein Handy funktioniert nicht.

   ....

2. Gibt es hier in der Nähe einen Zeitungskiosk?

   ....

3. Nein, in diesem Viertel gibt es leider keine Apotheke.

   ....

4. Entschuldigung, wo ist der Bahnhof?

   ....

5. Es tut mir Leid, ich muss jetzt wirklich gehen.

   ....

10 Wie spät ist es?

Sono le due e mezzo. ....

....

....

....

....

....

....

....

11 Geben Sie die Öffnungszeiten an.

1. ● Quando è aperto il supermercato Poli?

   ○ ....

   ....

   ....

2. ● Quando è aperta la farmacia Moroni?

   ○ ....

   ....

   ....

3. ● Quando è aperto l'ufficio postale di Cremona centro?

   ○ ....

   ....

   ....

POLI LEVICO C.so Centrale 40

Orari Lunedì – Sabato

| Mattino | 8.15 – 12.30 |
| Pomeriggio | 15.00 – 19.00 |

Chiuso il mercoledì pomeriggio.

+ FARMACIA MORONI
Corso Brodolini 81
Vigevano

Orari di apertura
dal martedì al sabato
ore 8.30 – 12.30 e 15.30 – 19.30

Ufficio CREMONA CENTRO

Via Verdi 1

Lunedì – Venerdì	8:10 – 19:00
Sabato	8:10 – 13:00
Domenica	Chiuso

12 Ergänzen Sie die Fragen.

1. ● *Scusi,* .... *il supermercato?*

   ○ Alle otto e mezzo.

2. ● ....

   ○ Sono le dieci meno un quarto.

3. ● .... *i negozi del centro commerciale?*

   ○ Chiudono alle otto di sera.

4. ● ....

   ○ Roberto arriva domani verso le sette.

13 Kreuzen Sie jeweils den passenden Ausdruck an.

Allora, Lei deve girare	☐ a destra,	poi continuare	☐ l'incrocio.
	☐ fino al semaforo,		☐ fino all'incrocio.
	☐ la piazza,		☐ in via Larga.

Dopo gira	☐ il ponte,	attraversa	☐ la piazza	e arriva	☐ la via Calvi.
	☐ sinistra,		☐ a sinistra		☐ fino via Calvi.
	☐ a sinistra,		☐ il semaforo		☐ in via Calvi.

14 Eine Angestellte der Touristeninformation in der Via Camillo Cavour in Florenz erklärt einem italienischen Touristen den Weg zu der Kirche *Santa Maria Novella*. Vervollständigen Sie die Wegbeschreibung.

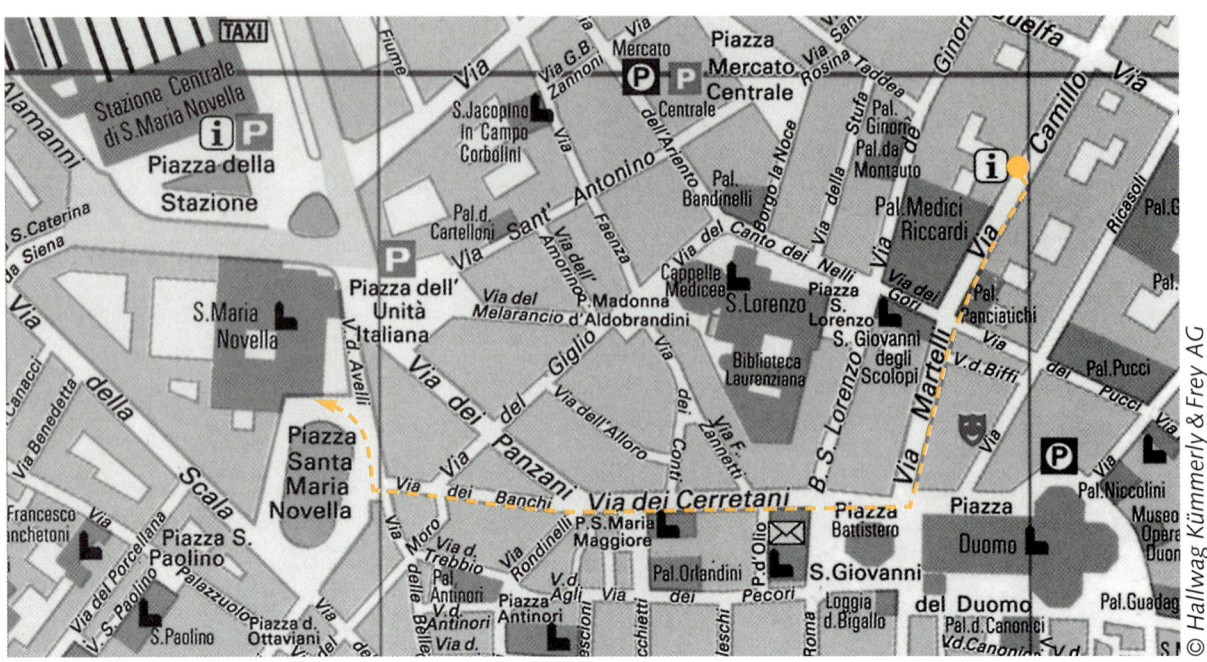

Ecco la piantina, noi siamo qui. Allora, Lei quando esce .... a destra,

va sempre .... fino a piazza San Giovanni. Vede subito il Battistero e il

Duomo. Lì gira .... in via dei Cerretani. Poi prende via dei Bianchi e

.... dritto fino a piazza Santa Maria Novella. Lì .... a

destra, ... la piazza e vede la chiesa.

15 Tragen Sie die Formen der verschiedenen Verben ein.

1. tu – sapere
2. tu – uscire
3. lei – uscire
4. noi – aprire
5. voi – sapere
6. loro – aprire
7. noi – sapere
8. noi – uscire
9. voi – uscire
10. loro – sapere
11. Lei – aprire
12. io – aprire
13. lui – sapere
14. tu – aprire
15. io – uscire
16. io – sapere
17. voi – aprire
18. loro – uscire

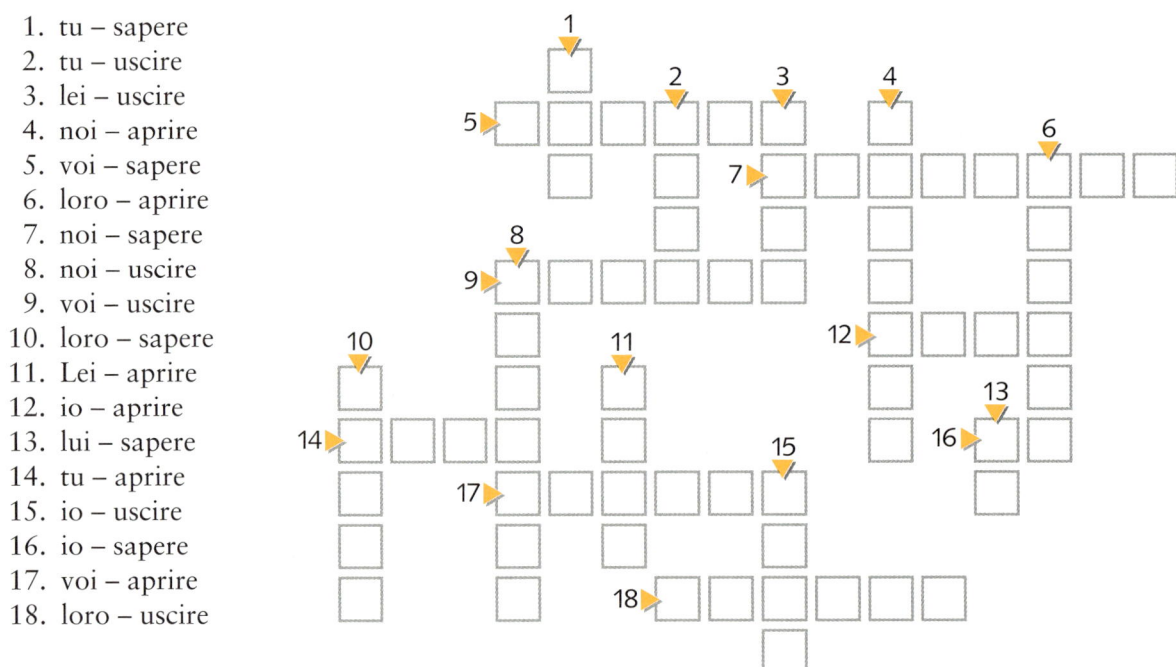

16 Vervollständigen Sie die Sätze mit den Formen von *venire*.

1. *Al telefono*

- ● Carla, ... anche tu sabato sera al Barone Rosso?
- ○ Sì, ... anch'io.
- ● Bene! .... anche Vittoria e Gabriele?
- ○ Certo! Però Gabriele .... un po' più tardi perché sabato deve lavorare.

2. *Al bar*

- ● Allora, a stasera! Ci vediamo da Guido.
- ○ Ah! .... anche voi! Che bello!
- ● Sì, però .... solo dopo cena.

17 Vervollständigen Sie den Dialog mit folgenden Ausdrücken.

- ● Ciao, Ramona. Dove vai ....?
- ○ .... al bancomat. E tu?
  Cosa fai ....?
- ● Devo passare dal fioraio, ho un invito a pranzo …
- ○ Ma adesso è quasi l'una, il fioraio è chiuso.
- ● Accidenti! È già l'una! E adesso ....?
- ○ Perché non vai al centro commerciale? Lì i negozi fanno l'orario continuato.
- ● .... Buona idea.
- ○ Beh, ma adesso devo proprio scappare. Ciao.
- ● Ciao.

da queste parti

Ah già, è vero!

Faccio un salto

come faccio

così di corsa

18 Sie sind im Urlaub in Lucca. Fragen Sie …

… den Hotelportier,

– ob sich in der Nähe ein Bankautomat befindet.

....

– ob die Geschäfte über Mittag geöffnet haben.

....

… an der Kinokasse

– um wieviel Uhr der Film *(il film)* beginnt.

....

– ob Sie drei Eintrittskarten *(biglietti)* für Dienstagabend vorbestellen können.

....

8 Che cosa hai fatto ieri?

1 Formulieren Sie anhand der Zeichnungen Fragen wie im Beispiel.

Ti piace guardare la TV? ....

1. ....

2. ....

3. ....

4. ....

2 Ergänzen Sie jeweils ein Pronomen und eine Form von *piacere*.

1. ● .... cucinare, Roberto?

   ○ Mah, preferisco andare al ristorante!

2. ● Marina, ... le canzoni degli anni cinquanta?

   ○ Sì, ... moltissimo.

3. ● Signora Bortone, ... i musical?

   ○ No, veramente non .... molto.

4. ● Vuole venire anche Lei a vedere la mostra di Giacometti?

   ○ Sì, vengo volentieri. .... tanto la scultura.

| mi | ti |
| Le |

3 Verneinen Sie folgende Fragen. Sie können Ihre Antworten mit den angegebenen Wörtern variieren.

● Le piace andare a teatro?

○ *No, non mi piace tanto.*

1. ● Signora, non Le piacciono i gialli?

   ○ *No,* ....

2. ● Ingegnere, Le piace fare sport?

   ○ ....

3. ● Paolo, ti piacciono le orecchiette con i broccoli?

   ○ ....

| molto | proprio |
| tanto |
| veramente |

4 Luisa gestaltet ihren Sonntagnachmittag sehr gemütlich.
Ergänzen Sie jeweils die Präposition *di* in Verbindung mit dem bestimmten Artikel.

Oggi è domenica, Luisa è da sola e non sa cosa fare. Eppure[1] ci sono molte manifestazioni

interessanti in città: c'è la Mostra .... Antiquariato in piazza .... Basiliche,

in via .... Nazioni Unite c'è la Festa .... Prosecco e .... Spumante,

in piazza .... Duomo la Fiera .... Libro. Ci sono la Mostra ....

Etruschi al Museo Archeologico, il festival di Musica Latinoamericana in piazza ....

Obelisco e il Teatro .... Marionette in piazza .... Repubblica.

Ma cosa fa Luisa? Resta a casa, guarda la TV e parla al telefono con le amiche.

—————
[1]eppure: jedoch

5 Bilden Sie jeweils das Partizip folgender Verben.

pulire ▶ ☐☐☐☐☐

mangiare ▶ ☐☐☐☐☐☐☐

giocare ▶ ☐☐☐☐☐☐

ascoltare ▶ ☐☐☐☐☐☐☐

finire ▶ ☐☐☐☐☐

avere ▶ ☐☐☐

dormire ▶ ☐☐☐☐☐☐

arrivare ▶ ☐☐☐☐☐☐☐

andare ▶ ☐☐☐☐☐

tornare ▶ ☐☐☐☐☐☐

Lösung:

Ieri, davanti al cinema, Leonardo

ha .... un collega.

6 Bilden Sie kleine Dialoge wie im Beispiel.

voi ◆ ieri sera
guardare la TV

● *Che cosa avete fatto ieri sera?* ....
○ *Abbiamo guardato la TV.* ....

tu ◆ sabato mattina
pulire la casa

● ....
○ ....

Enrica ◆ ieri pomeriggio
lavorare in giardino

● ....
○ ....

Enzo e Gina ◆ lo scorso fine settimana

● ....
....

avere ospiti

○ ....

Ergänzen Sie die Sätze mit folgenden Elementen. Sie dürfen jedes Element beliebig oft verwenden.

Barbara è .... andata a fare la spesa.

.... venuti con noi a sciare.

.... arrivate stamattina.

.... stato in piscina con gli amici.

.... tornata dal lavoro alle sei.

.... andato al cinema ieri sera.

.... arrivati alle dieci di sera.

.... uscita con Paolo sabato scorso.

.... state al mare per una settimana.

Barbara	Alessandro
Silvia e Lucia	
Andrea e Giovanni	
Anna e Fabio	
è	sono

---

8 Kennzeichnen Sie die Verben, die das *passato prossimo* mit *essere* bilden.

fare ◆ finire ◆ (essere) ◆ incontrare ◆ uscire ◆ girare ◆ pranzare ◆ arrivare ◆

amare ◆ tornare ◆ lavorare ◆ venire ◆ leggere ◆ andare ◆ ascoltare

---

9 Unterstreichen Sie jeweils die passende Verbform.

1. Il fine settimana scorso abbiamo / siamo andati a trovare amici a Torino.

2. Ieri sera mio fratello ha / è tornato dalle vacanze.

3. Sabato ho / sono incontrato la mia collega Luisa al supermercato.

4. Avete / Siete già andate a vedere il nuovo film di Silvio Soldini?

5. Domenica abbiamo / siamo fatto una gita a Venezia.

---

10 Im Rahmen polizeilicher Ermittlungen gibt ein verdächtiges Pärchen zu Protokoll, wie es den Abend des Verbrechens verbracht hat. Vervollständigen Sie die Zeugenaussagen im *passato prossimo* und notieren Sie die beiden Sätze, die sich widersprechen.

Lucia Gabrielli:

«Ieri pomeriggio _____ _____ (essere) da mia sorella e _____ _____ (tornare) a casa verso le otto. Pochi minuti dopo _____ _____ (telefonare) Roberto. Roberto _____ _____ (venire) a casa mia verso le nove e _____ _____ (uscire) insieme. _____ _____ (andare) al ristorante L'Alibi e _____ _____ (essere) lì dalle nove e mezzo alle undici circa.»

Roberto Giani:

«Ieri _____ _____ (lavorare) fino alle sette e mezzo. Verso le otto _____ _____ (parlare) al telefono con la signora Gabrielli, la mia ragazza. Subito dopo _____ _____ (andare) da lei. _____ _____ (arrivare) a casa sua alle otto e venti circa. E verso le nove _____ _____ (uscire) per andare a mangiare al ristorante L'Alibi.»

Lucia: « ....»

Roberto: « ....»

11 Wie lauten die Infinitive zu folgenden Partizipien?

.... – fatto   .... – stato   .... – vissuto

.... – chiuso   .... – aperto   .... – venuto

12 Das ist Carla mit ihrem Mann und ihren Kindern. Schreiben Sie anhand der Jahreszahlen und Stichpunkte einen kleinen Text im *passato prossimo* über Carlas Leben.

Carla è nata ....

....

....

....

....

....

....

....

....

....

....

....

....

....

....

....

....

1917: nasce a Lucca
1928: finisce le scuole
1935–1941: lavora come sarta[1]
1938: conosce suo marito
1943: nasce suo figlio
1950: nasce sua figlia
          vive sempre a Lucca con la famiglia
1998: va a vivere dalla famiglia di suo figlio

---
[1] sarta: Schneiderin

13 **Ein Rätsel.**

Due padri e due figli sono seduti insieme a tavola
ma da mangiare hanno solo tre panini e un po' di formaggio.
Come hanno fatto se alla fine del pranzo
hanno mangiato un panino per uno[1]?

[1]per uno: pro Person

14 **Beschreiben Sie anhand des Stammbaums verschiedene Verwandtschaftsverhältnisse.**

```
  ┌──────────────────┐
Federica    Anna ○○ Franco
             ┌────────┴────────┐
Francesca ○○ Carlo    Cristina ○○ Stefano
      ┌──────┴──────┐              │
   Giacomo    Nicoletta        Caterina
```

Carlo è   *il fratello di Cristina.* ....   Francesca è ....

          il padre di Nicoletta. ....

          ....

Anna è ....   Giacomo è ....

          ....

          ....

15 **Schreiben Sie jeweils den bestimmten Artikel und das Possessivpronomen vor die Substantive.**

io	tu	lei / lui
.... amico	.... compleanno	.... fratelli
.... sorelle	.... lettera	.... nome
.... amici	.... libri	.... amiche
.... famiglia	.... figlie	.... bicicletta

noi	voi	loro
.... vacanze	.... nipoti	.... figli
.... quartiere	.... camere	.... casa
.... parenti	.... lavoro	.... colleghe
.... festa	.... ditta	.... giardino

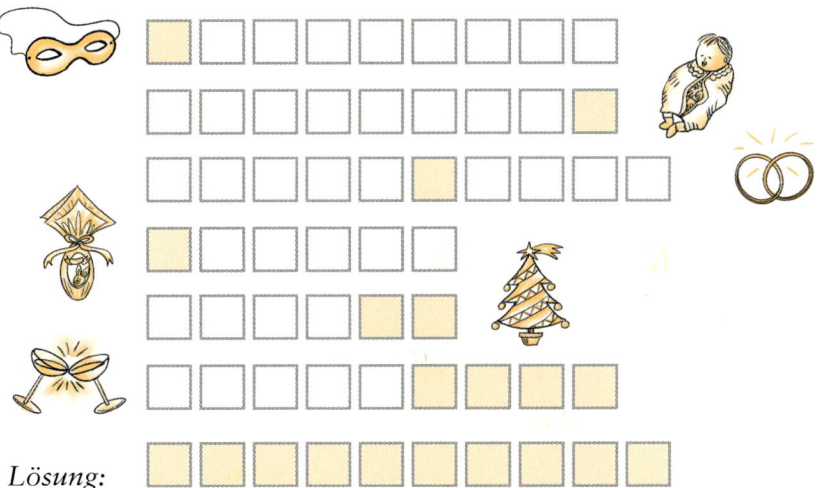

16 Antonio hat seinen Geburtstag mit Freunden und Verwandten gefeiert.
Ergänzen Sie die Possessiva und wenn nötig den bestimmten Artikel.

«Sono venute circa venticinque persone: La mia ragazza,

.... madre, ... sorelle, ... nipoti,

.... fratello e .... cognata. E poi ....

amico Paolo, ... colleghe Adriana e Beatrice e altri

amici. È venuta anche la famiglia della .... ragazza:

.... padre, ... due fratelli con ....

mogli e .... figli. Ah, è stata proprio una bella festa!»

17 Bringen Sie die Sätze des Briefes in die richtige Reihenfolge.

fatto una passeggiata sul lungolago[1] e siamo
venuti tutti i nostri parenti e abbiamo
per il regalo. La festa
tornati a casa molto tardi. E tu
caro abbraccio. Eleonora
mangiato in un ristorante a Como.
Dopo pranzo abbiamo
è stata bellissima. Sono
Tanti saluti e un
adesso come stai?

---

[1] lungolago: Uferpromenade

Cara Rossella,

mille grazie ....

....

....

....

....

....

....

....

....

18 Tragen Sie die verschiedenen Feste ein.

Lösung:

1 Was tragen die Schaufensterpuppen? Beschriften Sie die Kleidungsstücke.

cravatta a righe
camicia
giacca
cintura
i pantaloni
scarpe

foulard
maglietta
completo gonna e giacca
borsa
stivali

2 Gina und Luciana haben im Schlussverkauf eine Menge Kleidungsstücke erstanden. Ergänzen Sie die Adjektivendungen.

Gina ha comprato una gonna grigi...., una camicetta bianc.... elegant...., un paio di scarpe beig.... e una bella borsa dello stesso colore[1]. Per suo marito ha trovato una cintura marron.... e un maglione classic... bl.... Luciana invece ha comprato un paio di pantaloni sportiv..... ros...., una giacca celest...., scarpe marron.... comod.... e una maglietta arancion.... per sua nipote.

---
[1] dello stesso colore: in der selben Farbe

3 Beim Schaufensterbummel. *Di, da* oder *a*? Ergänzen Sie jeweils eine Präposition.

● Quante cose carine! Guarda la gonna ..a...... quadri, ti piace?

○ Sì, e anche il maglione rosa ...di..... cotone è carino.

● E il foulard ...di..... seta ...a........ fiori? Bello, no?

○ Mah, no, non mi piace molto. Però i pantaloni ...di..... pelle sono proprio belli.

● Ma tu guarda, ci sono già i costumi ...da..... bagno!

○ Non è un po' presto? Andiamo ancora in giro con il maglione ...di..... lana!

4 Was hat Angelo alles zu seinem runden
Geburtstag bekommen?

una camicia a righe
un libro giallo, un
orologio una bottiglia di
profumo, un portafoglio di
pelle, due CD

5 Vervollständigen Sie den Dialog mit folgenden Elementen.

Lo posso provare in blu? ◆ Mmh ... è carino. Però questo rosso ... non so. ◆ La 44.

◆ Senta, vorrei vedere il vestito rosso che è in vetrina. ◆

Va benissimo. Lo prendo, perché è proprio carino. ◆ No, grazie, va bene così.

● Buongiorno.

○ Buongiorno signora!

● Senta, vorrei vedere il vestito rosso, che è in vetrina.

○ Sì. Ecco.

● Mmh ... è carino. Però questo rosso... non so.

○ C'è anche in blu e in bianco, se preferisce.

● Lo posso provare in blu?

○ Certo. Che taglia porta?

● La 44

○ Allora, come va?

● Va benissimo. Lo prendo, perché è proprio carino.

○ Bene. Vuole vedere qualcos'altro?

● No, grazie, va bene così.

6 Beim Kleiderkauf. Was sagen Sie, wenn Sie ...

... eine Hose aus dem Schaufenster sehen möchten?

Vorrei vedere i pantaloni nella vetrina.

... sie anprobieren möchten?

Li posso provare?

... die Hose lieber in schwarz hätten?

Ci sono anche in nero?

7 Vervollständigen Sie den Dialog mit den Formen von *volere*.

● Pronto, Paola, sono Luca.

○ Ah, ciao, Luca!

● Senti, allora che facciamo stasera?

○ Eh, non so bene. Marco ...*vuole*... andare anche stasera al Festival del Cinema, io invece vorrei vedere un po' di gente[1], non ...*voglio*... passare un'altra serata[2] al cinema ... E tu e Lidia, invece, che cosa ...*vogliono*... fare?

● Dunque, prima ho parlato con Raffaele e Sabina e anche loro ...*vogliono*... andare al cinema. Poi però ho sentito Saverio che stasera fa una festa in terrazza e mi ha detto che se (noi) ...*vogliamo*..., possiamo andare da lui.

○ Questa sì che è una buona idea! ...*Vuoi*... provare tu a parlare con Marco?

_____
[1] gente: Leute [2] serata: Abend

8 Bilden Sie aus folgenden Silben die Formen von *dire*. Sie können jede Silbe beliebig oft benutzen.

-co   di-   -te
-ci   -ce   -co-
-cia-   -mo
-no

dire

....
....
....
....
....
....

9 Ergänzen Sie jeweils das passende Objektpronomen.

1. ● Ti è simpatico il ragazzo di Margherita?

   ○ Non tanto, ... trovo un po' arrogante.

2. ● Sono pronte le foto delle vacanze?

   ○ Sì, ... vuoi vedere?

3. ● È questa la maglietta che hai comprato per Elisa?

   ○ Sì, però .... devo cambiare perché è un po' stretta.

4. ● Inviti anche Pia e Gino al battesimo di Anna?

   ○ Certo che .... invito.

5. ● Hai letto l'ultimo romanzo di Tabucchi?

   ○ Ancora no. Ma .... voglio leggere quest'estate.

6. ● Ti piacciono questi bicchieri colorati?

   ○ Sì, ... trovo molto originali.

lo

la

li

le

10 Vervollständigen Sie das Gespräch mit den jeweils passenden Objektpronomen und Adjektiven.

● Vorrei vedere un completo per un matrimonio.

○ .... preferisce con i pantaloni o con la gonna?

● Con i pantaloni.

○ Allora ... c'è questo completo qui che è molto ...... *elegante*.

● Con questi pantaloni così larghi?!

○ .... preferisce più ....? Allora guardi se Le piace questo con la giacca corta.

● No, la giacca non mi piace. .... vorrei un po' più ...... *lungo* ....

○ Guardi[1] allora quest'altro completo. Come .. *lo* .. trova?

● Non è male ... Ma non è un po' troppo ...... *sportivo* ......?

○ Ma no, signora, è un completo di seta, è semplice e elegantissimo.

● Va bene, allora .. *lo* .. provo.

lungo · elegante · sportivo · stretto

_____
[1]guardi: Schauen Sie … an

11 Wo kauft man diese Produkte? Tragen Sie anhand der Zeichnungen die Geschäfte ein.

all'enoteca _____

1. ....

2. ....

3. ....

4. ....

5. ....

12 Sie kaufen auf dem Markt ein. Ergänzen Sie den Dialog.

Sie sagen, dass Sie an der Reihe sind.	● A chi tocca? ○ .... Tocca a me ....
Sie möchten Äpfel.	● Mi dica! ○ .... Vorrei di mele ....
Sie möchten zwei Kilo.	● Quante? ○ .... Due chilo ....
Sie verlangen auch noch ein halbes Kilo Trauben.	● Ecco. Altro? ○ .... mezzo chilo dell'uva ....
Sie hätten gerne weiße Trauben.	● Bianca o nera? ○ .... Bianca per piacere ....

Sie bestätigen und sagen, dass Sie außerdem noch 4 gelbe Paprika möchten.

● Mezzo chilo, vero?

○ *Sì, sn da anche quattro dei peperoni gialli.*

Sie sagen, dass das alles ist und bedanken sich.

● Ecco l'uva e i peperoni. Altro?

○ *Basta così, grazie.*

13 Tragen Sie die Lebensmittel in das Kreuzworträtsel ein.

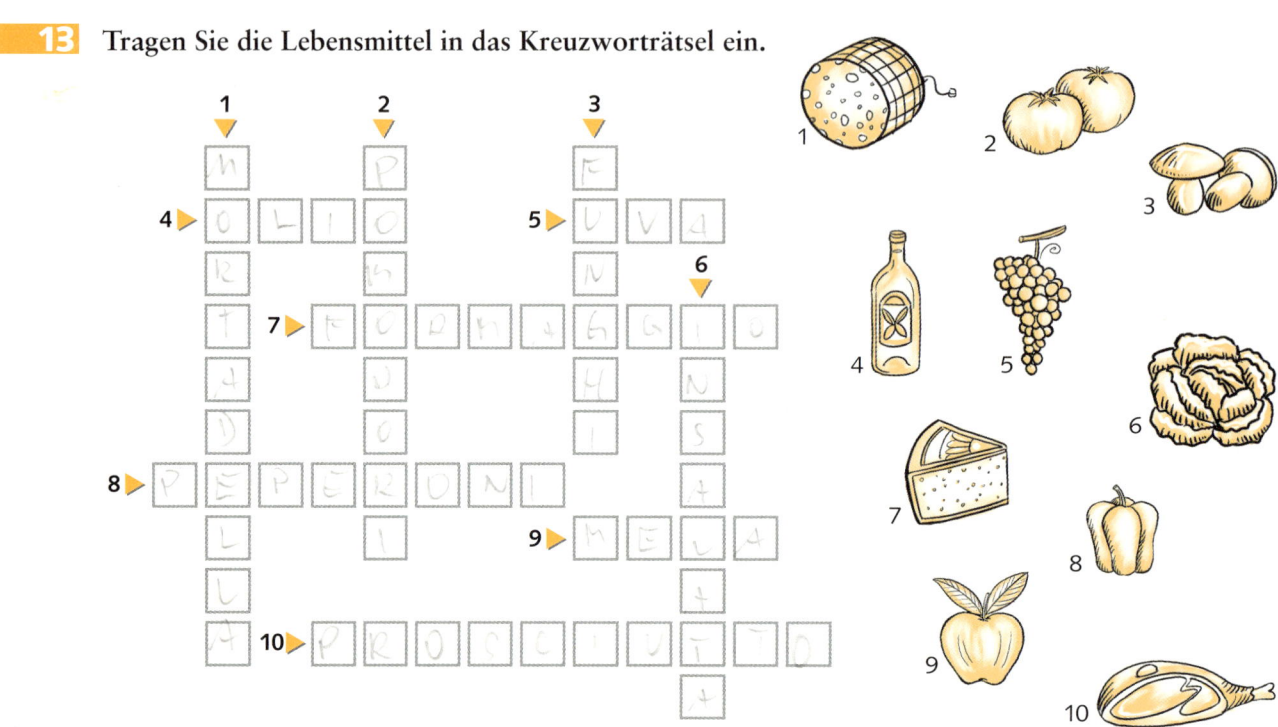

14 Ramona hat unerwartet Besuch bekommen. Was kann sie ihren Gästen zum Trinken anbieten? Was kann Sie spontan fürs Abendessen zubereiten?

Del vino, dell' acqua della birra

Dell'insalata mista, del formaggio dell' minestrone della bruschetta, spaghetti pomodoro

15 Kaum hat Gabriele den Führerschein, diktiert ihm seine Mutter auch schon eine Einkaufsliste für den Supermarkt. Ergänzen Sie die passenden Verpackungen oder Gewichtsangaben.

«Allora senti, Gabriele, compra l'acqua minerale, delle ....[lattine]............ di coca cola e tre

............[bottiglie]............ di Pinot Grigio. Poi due ....[vasetti]............ di marmellata – prendi quella

che preferisci tu – , un ....[pacco]............ di biscotti e due ....[pacchi]............ di spaghetti.

Ah, e poi quattro ....[scatole]............ di pomodori pelati e due ....[chili]............ di patate.

Compra anche tre ....[etti]............ di mortadella, ma guarda se è buona. Hai scritto tutto?»

16 Ergänzen Sie mit der Präposition *di* oder dem Teilungsartikel.

Oggi Maria è andata al supermercato a fare la spesa. Ha comprato tre pacchi ....[di].... pasta,

quattro scatole ....[di].... pomodori pelati, ...[dell'].... acqua minerale, mezzo chilo ....[di].... pane,

....[dei].... biscotti, un chilo ....[di].... pesche, ...[le].... arance e ....[gli].... spinaci, un po' ....[di].... basilico,

un litro ....[di].... olio, ...[dello].... zucchero e un pacchetto ....[di].... caffè.

17 Vervollständigen die Sätze in den Sprechblasen mit den passenden Satzteilen.

la vuole provare ◆ Lo preferisce ◆ li mangio solo io ◆ Li vuole ◆ Le vorrei

◆ Ah, bene. Così lo posso

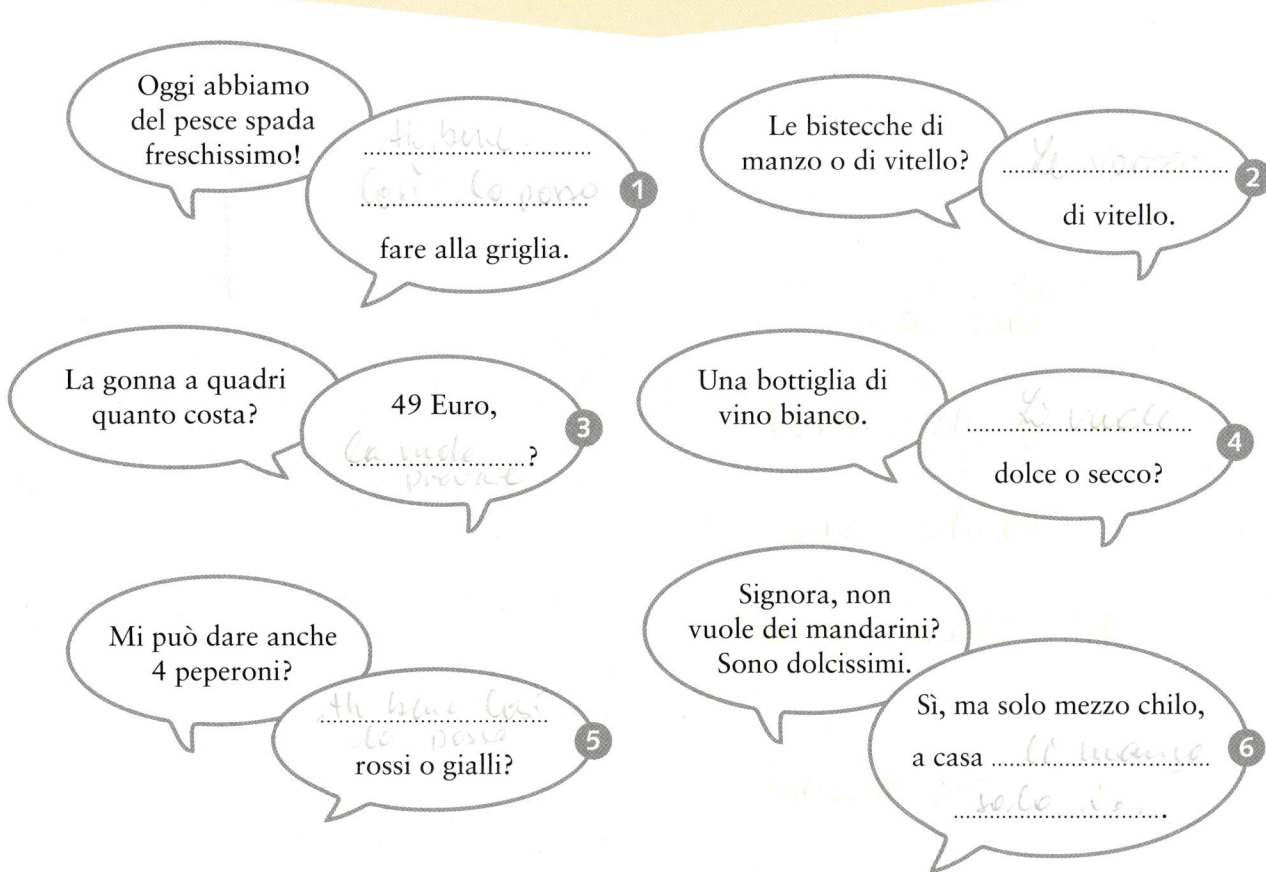

ESERCIZI 11 *Cosa fate in vacanza?*

1 Vervollständigen Sie den Text mit den angegebenen Elementen.

bel tempo ◆ gente ◆ siti archeologici ◆ cucina ◆ vegetazione mediterranea

Siete mai stati in Campania? È una regione poco conosciuta ma molto interessante. Il clima è

fantastico, c'è quasi sempre .... e ci sono molte cose da vedere, i ....

.... di Pompei e Ercolano, la Costa Amalfitana con la sua ....

.... e il mare azzurro, il Vesuvio e Napoli con le sue chiese e i suoi palazzi.

La .... ha una mentalità molto aperta e la .... è eccellente.

2 Ergänzen Sie die richtige Präposition, wenn nötig in Verbindung mit dem bestimmten Artikel.

Quest'anno quasi tutti i miei amici vogliono passare le

vacanze .... Italia. Anna va con la famiglia in campeggio

.... Lago di Garda, Barbara e Peter vanno .... Sicilia

e Maria va .... Veneto per passare due settimane ....

mare. Thomas va .... Marche come ogni anno, Sandra e

il suo ragazzo vanno .... Dolomiti per fare escursioni a

piedi. Luisa invece va .... Capri ed io forse vado con lei:

Capri è un'isola così bella!

3 Ersetzen Sie die hervorgehobenen Satzteile durch die angegebenen Ausdrücke mit ähnlicher Bedeutung.

La settimana prossima **vado in** Sicilia.
La settimana prossima parto per la Sicilia.

1. Alla gente piace fare **tante cose** diverse.

   ....

2. In vacanza **non mi alzo prima delle** 10.

   ....

3. Io in vacanza **sono sempre attivo**.

   ....

parto per la ~~x~~

resto a letto fino alle

mille attività

non mi riposo mai

4 Ergänzen Sie jeweils das passende Reflexivpronomen.

mi	ti	si	ci	vi	si

.... divertono   .... alzi   .... rilasso   .... divertite

.... prepari   .... annoiate   .... riposa   .... godiamo

.... rilassano   .... preparo   .... svegliamo   .... annoia

5 Vervollständigen Sie den Brief mit den angegebenen Verben.

Caro Roberto,

come stai? Finalmente ho un po' di tempo per scriverti. Siamo qui in
campeggio da lunedì. Riccardo e Miriam .... molto,   divertirsi
la mattina .... tardissimo e vanno in spiaggia solo di   svegliarsi
pomeriggio.
Niklas ed io invece .... abbastanza presto, passeggiamo   alzarsi
sul lungomare e .... la natura.   godersi
La mamma resta spesso in pineta e .... all'ombra con   rilassarsi
un buon libro. Questa volta Barbara non è venuta con noi, al mare lei
..........................., è andata con Armando a Parigi.   annoiarsi

6 Gino und Nina sprechen über Ihre Urlaubsgewohnheiten. Was machen sie normalerweise, was machen sie nie? Schreiben Sie anhand der Zeichnungen einen kleinen Text.

«In vacanza noi ....

....

....

....

....

....

....

....

....

....

.... »

Tragen Sie anhand der Zahlen die entsprechenden Monatsnamen ein.

(Kreuzworträtsel mit Monatsnamen, Eintrag: 4 ▶ A P R I L E)

Lösung:

1	2	Q	3	4	5	6	7	8

9	10	11	12	13	14	15	16

---

8 Sie betreten während eines Italienurlaubs die Touristeninformation in Verona und erkundigen sich über die *Sagra di Sant'Antonio* in Padua. Vervollständigen Sie den Dialog.

● Buongiorno.

Sie erwidern den Gruß und sagen, dass Sie eine Information wünschen.

○ ....

● Sì, mi dica.

Sie fragen, ob der Angestellte Ihnen sagen kann, wann die Sagra di Sant'Antonio ist.

○ ....
....

● Il tredici giugno.

Sie freuen sich, dass sie am nächsten Sonntag stattfindet, und fragen nach Verkehrsverbindungen.

○ ....
....

● Beh, da qui può prendere il treno o la corriera[1]. Il treno impiega circa un'ora, la corriera circa 50 minuti. Vuole sapere gli orari?

Sie bejahen, bedanken sich und bitten den Angestellten, Ihnen nur die Zugverbindungen zu geben.

○ ....
....

● Va bene. Quando vuole partire?

Sie sagen, dass Sie am Morgen losfahren möchten.

○ ....

● Ecco, allora la mattina c'è un treno diretto da Verona Porta Nuova che parte alle otto, e dopo c'è un treno quasi ogni ora.

Sie bedanken sich und verabschieden sich.

○ ....

● Prego. Arrivederci.

[1]corriera: Überlandbus

9 Tragen Sie die umschriebenen Wörter ein und Sie erhalten den Namen einer italienischen Stadt.

1. percorso a piedi durante una festa religiosa

2. indica l'ora di partenza e arrivo dell'autobus

3. un mezzo molto veloce sul mare

4. trasporta gente e macchine alle isole

5. una persona che viaggia per divertimento

6. treno, macchina e autobus sono ...

7. spettacoli di luci

Lösung:

10 Bilden Sie zu folgenden Adjektiven das Adverb.

1. raro   *raramente*.....................

2. finale ....

3. veloce ....

4. diretto ....

5. naturale ....

6. regolare ....

7. vero ....

8. attuale ....

11 Adjektiv oder Adverb?

● Sai dove vanno quest'anno Aldo e Marina in vacanza?

○ Mah, hanno detto che vogliono passare delle vacanze

....   tranquillo

● Davvero?! .... fanno dei viaggi all'estero, in paesi   normale

esotici ...

○ Eh sì, loro amano l'avventura, sempre esperienze .... ,   diverso

mai una vacanza ....   normale

● Figurati, Marina ha fatto .... anche un corso di   recente

paracadutismo!

○ E invece questa volta passano a trovare i genitori di lei e poi vanno

.... a Jesolo.   diretto

● Che strano! Secondo me è in arrivo la cicogna[1].

---
[1]cicogna: Storch

12 Beschreiben Sie anhand der Karte das Wetter in den verschiedenen italienischen Städten.

A Bolzano ....

A Trieste ....

A Milano ....

A Bologna ....

A Roma ....

A Bari ....

13 Antworten Sie anhand der Wendungen in Klammern.

Quando siete arrivati in campeggio? (due giorni)

Siamo arrivati due giorni fa....

1. Da quanto tempo sono a Sorrento i Rossi? (dieci giorni)

....

2. Quando tornate a casa? (una settimana)

....

3. Quando finiscono le vostre vacanze? (sei giorni)

....

4. Quando hai cominciato ad imparare l'italiano? (un anno)

....

5. Da quanto tempo non vai a trovare tua madre? (un mese)

....

da

fa

fra

14 Wie lauten die entsprechenden Substantive zu folgenden Verben?

1. cucinare   *la cucina*.....................

2. prenotare   ....

3. arrivare   ....

4. partire   ....

5. viaggiare   ....

6. lavorare   ....

7. studiare   ....

8. informare   ....

15 Annika verbringt ihren Urlaub in Venetien. Heute ist der 18. September. Am Telefon erzählt sie einer Freundin, was sie schon unternommen hat und was sie noch vorhat. Schreiben Sie anhand der Kalendereinträge einen kleinen Text.

Settembre		
15 lunedì	*arrivo in Italia* *pomeriggio a Bolzano*	
16 martedì	*Lago di Garda* *barca a vela*	
17 mercoledì	*Verona* *concerto*	
18 giovedì	*Jesolo* *spiaggia*	
19 venerdì	*Venezia* *gita a Murano e a Burano*	
20 sabato	*Padova* *Cappella degli Scrovegni*	
21 domenica	*ritorno a casa*	

«Tre giorni fa sono arrivata in Italia .

....

....

....

....

....

....

....

....

....

....

....

»

....

16 Schreiben Sie anhand der folgenden Angaben eine Postkarte an Freunde!

Sie sind im Urlaub in der Toskana, in Siena ◆ Siena ist sehr schön ◆ das Wetter ist gut

◆ die Sonne scheint und es ist warm ◆ gestern haben Sie San Gimignano besucht

Siena

Systematische Grammatik

Inhalt

Wortakzent und Satzmelodie

→1 Der Wortakzent

Der Wortakzent liegt in der Regel auf der vorletzten Silbe. Einige Wörter werden auf der drittletzten oder viertletzten Silbe betont. Schließlich gibt es Wörter, die auf der letzten Silbe betont werden. In diesem Fall schreibt man den betonten Endvokal mit einem Akzent.

libro, conosco, interessante	Betonung auf der vorletzten Silbe
medico, abito, vengono, facile	Betonung auf der drittletzten Silbe
telefonano, abitano	Betonung auf der viertletzten Silbe
città, caffè, novità	Betonung auf der letzten Silbe

Achtung: Der Betonungspunkt wird nicht geschrieben, er dient nur als Aussprachehilfe. Einige einsilbige Wörter werden mit Akzent geschrieben, um sie von gleich lautenden Wörtern zu unterscheiden: *sì ja – si sich, là dort – la die* (weiblicher Artikel).

Die Satzmelodie

Der Fragesatz ohne Fragewort hat oft dieselbe Wortstellung wie der Aussagesatz. Die beiden Satzarten unterscheiden sich jedoch durch die Satzmelodie: Bei der Aussage geht die Stimme am Ende nach unten, bei der Frage ohne oder mit Fragewort nach oben.

		Satzmelodie	Satzart
Mauro abita	in Svizzera.	‾‾‾‾‾‾\	Aussage
Mauro abita	in Svizzera?		Frage ohne Fragewort
Abita	in Svizzera Mauro?	‾‾‾‾‾‾/	
Dove abita	Mauro?		Frage mit Fragewort

Das Substantiv

→2 Das Geschlecht der Substantive

Die italienischen Substantive sind entweder männlich (maskulin) oder weiblich (feminin). Sie enden fast alle mit einem Vokal.

maskulin	*feminin*
il libro	la casa
il ristorante	la notte
il tennis	

Substantive auf -o sind in der Regel männlich.
Substantive auf -a sind in der Regel weiblich.
Substantive auf -e sind entweder männlich oder weiblich.
Substantive, die auf Konsonant enden, sind meist männlich.

Es gibt auch:
- weibliche Substantive auf -o: *l'auto, la foto, la radio*;
- weibliche Substantive, die auf Konsonant enden: *la mail*;
- männliche Substantive auf -a: *il cinema, il problema, il turista*.

→ 3 Berufs- und Personenbezeichnungen

Einige Berufs- und Personenbezeichnungen haben unterschiedliche Endungen für die männliche und weibliche Form, andere besitzen nur eine Form für beide Geschlechter.

maskulin	feminin
l'impiegato	l'impiegata
l'infermiere	l'infermiera
lo studente	la studentessa
il dottore	la dottoressa
il programma**tore**	la programma**trice**
il tass**ista**	la tass**ista**
l'insegn**ante**	l'insegn**ante**
il cli**ente**	la cli**ente**
il franc**ese**	la franc**ese**

Die meisten Berufsbezeichnungen auf **-o** und **-e** haben eine weibliche Form auf **-a**.
Einige Bezeichnungen auf **-e** haben eine weibliche Form auf **-essa**.
Bezeichnungen auf **-tore** haben meist eine weibliche Form auf **-trice**.

Berufs- und Personenbezeichnungen auf **-ista**, **-ante**, **-ente** und **-ese** werden in der Regel für beide Geschlechter verwendet.

Beachten Sie:

- Für die Berufe *medico, ingegnere* und *architetto* gibt es nur die männliche Form, die meist auch für Frauen benutzt wird:
  Maria fa il medico. Maria ist Ärztin.
  La signora Brunetti è un buon ingegnere. Frau Brunetti ist eine gute Ingenieurin.
  Mia moglie è architetto. Meine Frau ist Architektin.

- Die Endung -re der Titel *ingegnere, dottore* und *professore* wird vor einem Eigennamen zu -r verkürzt:
  L'ingegner Gambini abita a Firenze.
  Le presento il dottor Franchi.
  Di dov'è il professor Pancheri?

- Die Anrede *signore* wird vor einem Eigennamen ebenfalls zu -r verkürzt. *Signore* wird meist nur zusammen mit dem Namen gebraucht, während die weibliche Anrede *signora* auch allein verwendet werden kann:
  Buongiorno, signor Fabiani.
  Aber: *Mi dica, signora!*

→ 4 Singular und Plural

Singular	Plural	
il libro	i libri	o → i
il ristorante	i ristoranti	e → i
la notte	le notti	
la casa	le case	a → e
il bar	i bar	
la città	le città	

Substantive auf **-o** oder **-e** haben in der Regel die Pluralendung **-i**.

Substantive auf **-a** enden im Plural meist auf **-e**.

Substantive, die auf Konsonant oder einen betonten Vokal enden, bleiben im Plural unverändert.

Einige Substantive kommen nur im Singular oder nur im Plural vor.
Nur im Singular: *la gente* die Leute.
Nur im Plural: *i pantaloni* die Hose, *i soldi* das Geld, *gli spinaci* der Spinat.

Besonderheiten bei der Pluralbildung

Singular	Plural	
il problema	i problemi	a → i
il negozio	i negozi	io → i
lo zio	gli zii	io → ii
il tedesco	i tedeschi	co → chi
l'albergo	gli alberghi	go → ghi
l'amica	le amiche	ca → che
la bottega	le botteghe	ga → ghe
il medico	i medici	co → ci
l'arancia	le arance	cia → ce
la spiaggia	le spiagge	gia → ge
la camicia	le camicie	cia → cie
la farmacia	le farmacie	cia → cie

Männliche Substantive auf **-a** enden im Plural auf **-i**.

Substantive auf **-io** haben nur ein **i** im Plural. Ein betontes **-i-** bleibt jedoch erhalten.

Bei Substantiven auf **-co, -go, -ca** und **-ga** wird im Plural ein **h** eingefügt, um den Laut [k] bzw. [g] zu erhalten. Männliche Substantive auf **-co** enden im Plural auf **-ci**, wenn sie auf der drittletzten Silbe betont werden. Ausnahme: *l'amico – gli amici*.

Substantive auf **-cia/-gia** enden im Plural auf **-ce/-ge**, wenn dieser Endung ein Konsonant vorausgeht. In den anderen Fällen bleibt das **-i-** erhalten. Ein betontes **i** bleibt ebenfalls erhalten.

Einige Substantive haben eine unregelmäßige Pluralform: *la moglie – le mogli, l'uomo – gli uomini*.

Der Artikel

→ 5 Unbestimmter und bestimmter Artikel

	Unbestimmter Artikel	Bestimmter Artikel	
maskulin		Singular	Plural
vor Konsonant	**un** libro	**il** libro	**i** libri
vor Vokal	**un** amico	**l'**amico	**gli** amici
vor s + Konsonant	**uno** studente	**lo** studente	**gli** studenti
vor z, gn, y, ps	**uno** zio	**lo** zio	**gli** zii
feminin			
vor Konsonant	**una** casa	**la** casa	**le** case
vor Vokal	**un'**amica	**l'**amica	**le** amiche

Beispiele für Substantive mit dem Anlaut **gn, y** und **ps**: *gli gnocchi, lo yoga, lo psicologo*.

Beachten Sie:
Maßgebend für die Form des männlichen und weiblichen Artikels ist der Anlaut des unmittelbar folgenden Wortes: *uno svizzero, un giovane svizzero; un'amica, una cara amica*.

→ 6 Gebrauch des bestimmten Artikels

Le presento **la** signora Rossi. **Il** signor Gambini oggi non viene. **Il** dottor Rivelli è di Torino. *Aber:* Buongiorno, signor Rossi.	Im Unterschied zum Deutschen steht der bestimmte Artikel: ■ bei *signore / signora* + Name ■ bei Titel + Name. Die Endung **-re** der Titel oder Berufsbezeichnungen wird dabei zu **-r** verkürzt. Bei der direkten Anrede steht wie im Deutschen kein Artikel.

L'Italia è bella. Conosci **la** Liguria / **la** Sardegna? *Aber:* Andiamo in Toscana.	■ bei Namen von Ländern, Regionen und großen Inseln. Der Artikel entfällt jedoch meist bei der Präposition *in* (siehe S. 164).
Sono **le** dieci. / È **l'**una.	■ bei der Uhrzeit (Angabe von Stunden) (siehe S. 166)
Parli bene **l'**italiano.	■ bei Sprachen
C'è **la** piscina? Non ho **la** macchina.	■ bei „Ausstattungsmerkmalen" oder Gegenständen, die für gewöhnlich einmalig vorhanden sind
Ti piace **la** musica classica?	■ bei Stoff- und Gattungsnamen
Ecco **il** mio collega Carlo.	■ vor dem Possessivbegleiter (siehe S. 157)

→7 Präpositionen in Verbindung mit dem bestimmten Artikel

Die Präpositionen *a, da, di, in* und *su* verschmelzen mit dem bestimmten Artikel zu einem einzigen Wort, z.B.: *a + il = al cinema im/ins Kino, da + il = dal parrucchiere beim/zum Frisör, su + le = sulle foto auf die/auf den Fotos.*

	il	l'	lo	la	i	gli	le
a	al	all'	allo	alla	ai	agli	alle
da	dal	dall'	dallo	dalla	dai	dagli	dalle
di	del	dell'	dello	della	dei	degli	delle
in	nel	nell'	nello	nella	nei	negli	nelle
su	sul	sull'	sullo	sulla	sui	sugli	sulle

■ Ausdrücke mit *di* + Artikel entsprechen im Deutschen oft zusammengesetzten Substantiven:
la chiave della macchina der Autoschlüssel, *la fermata dell'autobus* die Bushaltestelle.
■ Manchmal wird die Präposition *con* mit den Artikeln *il* und *i* verbunden: *col padre, coi bambini*.
Zum Gebrauch der Präpositionen s. S. 164.

→8 Der Teilungsartikel

C'è ancora **del** pane? *Gibt es noch Brot?*	Vorrei **dei** pomodori. *Ich möchte Tomaten.*
Compro **della** mortadella. *Ich kaufe Mortadella.*	Prendo **delle** arance. *Ich nehme Orangen.*

■ Der Teilungsartikel wird verwendet, um eine Teilmenge oder eine unbestimmte Menge bzw.
Anzahl zu bezeichnen. Er wird aus der Präposition *di* und dem bestimmten Artikel gebildet.
Im Deutschen wird hierfür kein Artikel gebraucht.
■ In verneinten Sätzen wird der Teilungsartikel nicht verwendet: *Non ci sono pomodori.*

→9 Mengenangaben mit di

un litro **d'**olio d'oliva *ein Liter Olivenöl*	un pacco **di** biscotti *eine Packung Kekse*
tre etti **di** salame *300 Gramm Salami*	due bottiglie **di** vino *zwei Flaschen Wein*

Bei Begriffen, die die Menge, das Maß oder Gewicht (z.B. *scatola, pacco, lattina, bottiglia, bicchiere, litro, chilo, etto*) bezeichnen, wird das nachfolgende Substantiv mit *di* angeschlossen.
Ebenso bei *un po': un po' di basilico etwas/ein bisschen Basilikum.*

Beachten Sie:
Vor **mezzo/mezza** steht kein Artikel: *Vorrei mezzo chilo d'uva. Ich möchte ein halbes Kilo Trauben.*

	Substantiv im Singular		Substantiv im Plural		
	maskulin	*feminin*	*maskulin*	*feminin*	
	il mio amico	la mia amica	i miei amici	le mie amiche	*mein*
	il tuo	la tua	i tuoi	le tue	*dein*
	il suo / il Suo	la sua / la Sua	i suoi / i Suoi	le sue / le Sue	*sein, ihr / Ihr*
	il nostro	la nostra	i nostri	le nostre	*unser*
	il vostro	la vostra	i vostri	le vostre	*euer / Ihr*
	il loro	la loro	i loro	le loro	*ihr*

- Die Possessivbegleiter richten sich in Geschlecht und Zahl nach ihrem Bezugswort. Nur *loro* bleibt unverändert.
- Vor dem Possessivbegleiter steht der bestimmte Artikel. Er entfällt jedoch bei Verwandtschaftsbezeichnungen im Singular: *mio fratello, nostra zia*, aber: *i miei fratelli, le nostre zie*. Bei *loro* steht grundsätzlich der Artikel: *il loro figlio*.
- Im Unterschied zum Deutschen kann sich *suo/sua* auf einen männlichen oder weiblichen Besitzer beziehen: *il suo lavoro seine/ihre Arbeit, la sua famiglia seine/ihre Familie*. Bei mehreren Besitzern verwendet man *loro*: *la loro casa ihr Haus*.
- Bei der höflichen Anrede verwendet man
  - gegenüber einer Einzelperson die Formen von *Suo*: *Signora, ecco la Sua camera. Ihr Zimmer*;
  - gegenüber mehreren Personen meist die Formen von *vostro*. In formalen Situationen kann aber auch *loro* verwendet werden: *Signori, ecco la vostra/la loro camera. Ihr Zimmer*.

Das Adjektiv

→11 **Singular und Plural**

Im Italienischen gibt es je nach ihren Endungen zwei Klassen von Adjektiven:

Singular	Plural	
svizzero	svizzeri	o → i
svizzera	svizzere	a → e
olandese	olandesi	e → i

Adjektive auf -**o** haben eine weibliche Form auf -**a**. Im Plural wird -o zu -i und -a zu -e.

Adjektive auf -**e** haben für beide Geschlechter nur eine Form. Im Plural wird -e zu -i.

→12 **Übereinstimmung des Adjektivs mit dem Substantiv**

Singular	Plural
un lavoro creativo	dei lavori creativi
una persona creativa	delle persone creative
un lavoro interessante	dei lavori interessanti
una persona interessante	delle persone interessanti
Il negozio è chiuso.	I negozi sono chiusi.
La banca è chiusa.	Le banche sono chiuse.

Adjektive richten sich in Geschlecht und Zahl nach dem Substantiv, auf das sie sich beziehen.

Diese Übereinstimmung gilt auch, wenn das Adjektiv mit dem Verb *essere* verbunden wird.

Adjektive, die sich auf Substantive verschiedenen Geschlechts beziehen, erhalten die männliche Pluralendung -i: *I negozi e le banche sono chiusi*.

Um den sehr hohen Grad einer Eigenschaft zu bezeichnen, hängt man an das um den Endvokal gekürzte Adjektiv die Endung -issimo/-a an: *La pizza è buonissima. Die Pizza ist hervorragend.*

Besonderheiten bei der Pluralbildung

Für die Pluralbildung der Adjektive auf -**co**, -**go**, -**gio** gelten dieselben Regeln wie bei den Substantiven (s. S. 155).

Singular maskulin	Singular feminin	Plural maskulin	Plural feminin	
tedesco	tedesca	tedeschi	tedesche	co/ca → chi/che
lungo	lunga	lunghi	lunghe	go/ga → ghi/ghe
austriaco	austriaca	austriaci	austriache	co/ca → ci/che
grigio	grigia	grigi	grigie	gio/gia → gi/gie

→13 Farbadjektive

Singular	Plural
un vestito rosso	dei pantaloni rossi
una gonna rossa	delle scarpe rosse
un vestito blu	dei pantaloni blu
una gonna blu	delle scarpe blu

Die meisten Farbadjektive richten sich – wie andere Adjektive – in Geschlecht und Zahl nach dem Substantiv, auf das sie sich beziehen. Dazu gehören *azzurro, bianco, celeste, giallo, grigio, nero, rosso* und *verde*, in der Umgangssprache auch *arancione* und *marrone*. Folgende Farbbezeichnungen sind jedoch stets unveränderlich: *beige, blu, rosa* und *viola*.

Stellung des Adjektivs

Das Adjektiv steht – anders als im Deutschen – häufig nach dem Substantiv. Im Allgemeinen gilt:

uno studente **italiano** un vestito **bianco** un tè **freddo** la musica **classica** un lavoro **interessante**	Nach dem Substantiv stehen Adjektive, die ein Unterscheidungsmerkmal bezeichnen, z. B. Nationalität, Farbe oder Form.
una **grande** piscina un **piccolo** albergo *Aber:* un vestito **troppo piccolo** una pizzetta **molto buona** una casa **grande** e **bella**	Vor dem Substantiv stehen gewöhnlich kurze und häufig gebrauchte Adjektive, z. B. *bello, brutto, buono, grande, piccolo, giovane, lungo.* Sie werden jedoch nachgestellt, wenn sie durch eine zusätzliche Angabe (z. B. *molto, poco, troppo*) näher bestimmt werden oder wenn mehrere Adjektive aufeinander folgen.

→14 Das Adverb

Adverbien dienen dazu, ein Verb, ein Adjektiv oder auch ein anderes Adverb näher zu bestimmen. Ihre Form ist unveränderlich.

Mio marito cucina **raramente**.	*Mein Mann kocht selten.*
Siamo **proprio** contenti.	*Wir sind wirklich zufrieden.*
Sto **abbastanza** bene.	*Es geht mir ziemlich gut.*

Es gibt ursprüngliche Adverbien wie *qui hier*, *adesso jetzt*, *tardi spät*, *spesso oft* und von Adjektiven abgeleitete Adverbien auf -mente.

Adjektiv	Adverb
vero / vera	**veramente** *wirklich*
veloce	**velocemente** *schnell*

Die Endung -mente wird bei den Adjektiven auf -o an die weibliche Form und bei den Adjektiven auf -e an die unveränderte Form angehängt.

- Bei Adjektiven auf -le und -re entfällt der Endvokal:
  naturale – naturalmente natürlich, *particolare – particolarmente besonders*.
- Den Adjektiven *buono* und *cattivo* entsprechen die Adverbien *bene* und *male*:
  La pizza è molto buona. *Die Pizza ist sehr gut.* – **All'osteria Da Franco abbiamo mangiato molto bene.** *Bei Franco haben wir sehr gut gegessen.*
  Oggi sono di cattivo umore. *Heute habe ich schlechte Laune.* – **Sto abbastanza male.** *Es geht mir ziemlich schlecht.*

Das Personalpronomen

Personalpronomen sind persönliche Fürwörter, die die Position eines Subjekts oder Objekts einnehmen können, z. B. *ich*, *du*, *er* (Subjektpronomen) oder *mich*, *dich*, *ihn* (direkte Objektpronomen).

→ 15 Die Subjektpronomen

Singular		Plural	
io	*ich*	noi	*wir*
tu	*du*	voi	*ihr / Sie*
lui	*er*	loro	*sie*
lei	*sie*		
Lei	*Sie*		

Bei der höflichen Anrede (Sie-Form) verwendet man
- gegenüber einer Einzelperson die 3. Person Singular:
  È di Milano anche Lei ?
- gegenüber mehreren Personen meist die 2. Person Plural: **Siete di Milano anche voi ?**

Beachten Sie:
Im Unterschied zum Deutschen verwendet man die Subjektpronomen nur zur Hervorhebung oder wenn das Verb fehlt: **Io sono di Milano. E tu ?** *Ich komme aus Mailand. Und du?*
Ansonsten gibt die Endung des Verbs die Person an: **Lavoro a casa.** *Ich arbeite zu Hause.*

→ 16 Die direkten Objektpronomen in der 3. Person Singular und Plural

Singular		Plural	
lo	*ihn / es*	li	*sie (mask.)*
la	*sie*	le	*sie (fem.)*
La	*Sie*		

Die Objektpronomen stehen in der Regel vor dem Verb: **Li posso provare?** *Kann ich sie probieren?*

Beachten Sie:
- Die Verneinung *non* steht vor dem Objektpronomen: **Non li prendo.** *Ich nehme sie nicht.*
- Die Pronomen *lo, la, li* und *le* richten sich in Geschlecht und Zahl nach der Person / Sache, die sie ersetzen:
  Conosci il signor Carlini? – No, non lo conosco. *Ich kenne ihn nicht.*
  Quando vedi Antonella? – La vedo domani. *Ich sehe sie morgen.*
  Prendi tu i biglietti? – Sì, li prendo io. *Ja, ich besorge sie.*
  Chi compra le fettuccine? – Le posso comprare io. *Ich kann sie kaufen / besorgen.*

- Das Pronomen *lo* kann sich auch auf einen Sachverhalt beziehen:
  Chi viene alla festa? – Non lo so. Ich weiß es nicht.

→17 Die Fragewörter

			Man verwendet das jeweilige Fragewort
chi?	*wer?*	Chi è venuto alla tua festa?	■ bei Fragen nach Personen
che cosa?	*was?*	Che cosa prendi?	■ bei Fragen nach Sachen und Sachverhalten
come?	*wie?*	Come sono le fettuccine?	■ bei Fragen nach der Beschaffenheit / Art und Weise
dove?	*wo?* *wohin?*	Dove abiti? Dove andiamo stasera?	■ bei Fragen nach dem Ort und ■ bei Fragen nach der Richtung
di dove?	*woher?*	Di dove sei?	■ bei Fragen nach dem Herkunftsort
quando?	*wann?*	Quando arrivate a Roma?	■ bei Fragen nach dem Zeitpunkt
quale? **quali?**	*welche (r,s)?* *welche?*	Quale cantante ti piace? Quali pantaloni ti piacciono?	■ bei Fragen nach Personen oder Sachen, die aus einer bestimmten Anzahl ausgewählt werden
quanto? **quanta?** **quanti?** **quante?**	*wie viel?* *wie viele?*	Quanto costano? Quanta uva vuole? Quanti peperoni? Quante bottiglie?	■ bei Fragen nach der Menge oder Anzahl (Beachten Sie: *quanto* richtet sich in Geschlecht und Zahl nach dem dazugehörigen Substantiv.)
come mai?	*warum?*	Come mai vai a Firenze?	■ bei Fragen nach dem Grund, der Ursache oder dem Zweck
perché?	*warum?*	Perché non vieni alla festa?	

- Anstelle von *che cosa?* wird in der Umgangssprache *cosa?* und *che?* auch allein verwendet:
  Cosa vuoi? Che vuoi? Was willst du?
- Die Fragewörter *dove?* und *come?* werden meist apostrophiert, wenn das nachfolgende Wort mit e beginnt: *Dov'è Mario? Com'è la pizza?*
- Das Fragewort *quanto?* wird auch verwendet, um nach dem Alter zu fragen:
  Quanti anni hai? Wie alt bist du?

Das Verb

Die Verben werden nach der Endung des Infinitivs in drei Gruppen eingeteilt. Die Infinitivendungen werden, je nach der gewünschten Zeitform, durch unterschiedliche Endungen ersetzt.

-are	-ere	-ire
lavor**are**	ved**ere**	fin**ire**

Das Präsens

→ 18 Regelmäßige Verben

	-are lavorare	-ere prendere	-ire aprire	finire
io	lavoro	prendo	apro	finisco
tu	lavori	prendi	apri	finisci
lui, lei, Lei	lavora	prende	apre	finisce
noi	lavoriamo	prendiamo	apriamo	finiamo
voi	lavorate	prendete	aprite	finite
loro	lavorano	prendono	aprono	finiscono

- Das Verb wird für gewöhnlich ohne das Personalpronomen gebraucht: *Lavoro in banca. Ich arbeite in einer Bank.* Das Personalpronomen wird nur zur Hervorhebung oder zur Gegenüberstellung gebraucht (s. S. 159): *Io prendo un caffè, e tu? Ich nehme einen Kaffee, und du?*
- Bei der höflichen Anrede verwendet man
  - gegenüber einer Einzelperson die 3. Person Singular: *Dove lavora? Wo arbeiten Sie?*
  - gegenüber mehreren Personen meist die 2. Person Plural: *Quando venite? Wann kommen Sie?*
- Bei den Verben auf -ire unterscheidet man zwei Gruppen:
  1. Verben vom Typ *aprire*: *sentire, partire.*
  2. Verben vom Typ *finire* mit der Stammerweiterung -isc-: *capire, preferire, pulire.*
     Beachten Sie: Die Aussprache von -isc- wird vom nachfolgenden Vokal bestimmt: *finisco* [-sko], *finisci* [-ʃi], *finisce* [-ʃe], *finiscono* [-skono].

Verben mit Besonderheiten

	cercare	pagare	mangiare	leggere	conoscere
io	cerco	pago	mangio	leggo	conosco
tu	cerchi	paghi	mangi	leggi	conosci
lui, lei, Lei	cerca	paga	mangia	legge	conosce
noi	cerchiamo	paghiamo	mangiamo	leggiamo	conosciamo
voi	cercate	pagate	mangiate	leggete	conoscete
loro	cercano	pagano	mangiano	leggono	conoscono

- Bei Verben auf -care und -gare bleibt die Aussprache von c [k] bzw. g [g] immer erhalten. Zur Kennzeichnung der Aussprache wird daher ein h eingefügt.
- Verben auf -iare haben in der 2. Person Singular und in der 1. Person Plural nur ein i.
- Bei Verben auf -gere und -scere ändert sich die Aussprache von g und sc, je nachdem, ob der nachfolgende Vokal ein o oder ein e bzw. i ist: *leggo* [-go], *leggi* [-dʒi], *legge* [-dʒe]; *conosco* [-sko], *conosci* [-ʃi], *conosce* [-ʃe].

→ 19 Die Verben *avere* und *essere*

	avere	essere
io	ho	sono
tu	hai	sei
lui, lei, Lei	ha	è
noi	abbiamo	siamo
voi	avete	siete
loro	hanno	sono

Die Verben *avere* und *essere* sind unregelmäßig. Das h bei den Formen von *avere* bleibt stumm. Weitere unregelmäßige Verben finden Sie auf Seite 168.

→20 *Esserci: c'è* und *ci sono*

C'è una banca qui vicino?
Gibt es hier in der Nähe eine Bank?
C'è Marco? *Ist Marco da?*
Ci sono solo due alberghi. *Es gibt hier nur zwei Hotels.*

Di fronte alla stazione **c'è** la posta.
Gegenüber dem Bahnhof ist die Post.
Aber: La posta è di fronte alla stazione. *Die Post ist ...*

Das Verb *essere* wird oft in Verbindung mit *ci* verwendet und bedeutet dann *da sein, vorhanden sein. Esserci* hat im Singular die Form *c'è* und im Plural die Form *ci sono*.
Nach einer Ortsbestimmung steht *esserci*, nicht *essere*.

→21 Das Verb *piacere*

Mi piace leggere. *Ich lese gern.*
Le piace la pizza? *Mögen Sie / Essen Sie gern Pizza?*
Ti piacciono queste scarpe? *Gefallen dir diese Schuhe?*

Das Verb *piacere gefallen, mögen, etwas gern tun* wird hauptsächlich in der 3. Person Singular bzw. Plural verwendet.

→22 Modalverben

	potere	dovere	volere
io	posso	devo	voglio
tu	puoi	devi	vuoi
lui, lei, Lei	può	deve	vuole
noi	possiamo	dobbiamo	vogliamo
voi	potete	dovete	volete
loro	possono	devono	vogliono

Die Modalverben *potere, dovere* und *volere* haben unregelmäßige Formen.
Ein nachfolgendes Verb steht im Infinitiv: **Devo lavorare.**

Beachten Sie:
- *Dovere* bedeutet *müssen* und *sollen*:
Oggi dobbiamo lavorare. *Heute müssen wir arbeiten.*
Quando dobbiamo venire? *Wann sollen wir kommen?*
- *Potere* bedeutet *können* und *dürfen*:
Oggi non posso venire. *Heute kann ich nicht kommen*
Posso aprire la finestra? *Darf / Kann ich das Fenster öffnen?*
- Statt *voglio ich will* wird oft *vorrei ich möchte* – mit oder ohne nachfolgenden Infinitiv – gebraucht:
Vorrei andare a Roma. *Ich möchte nach Rom fahren.* **Vorrei un caffè.** *Ich möchte einen Kaffee.*

→23 Reflexive Verben

Reflexive Verben werden wie im Deutschen in Verbindung mit einem Reflexivpronomen gebraucht. Das Pronomen und die Endung des Verbs müssen einander entsprechen.

	riposarsi	*sich ausruhen*
io	**mi** riposo	*ich ruhe mich aus*
tu	**ti** riposi	*dich*
lui, lei, Lei	**si** riposa	*sich*
noi	**ci** riposiamo	*uns*
voi	**vi** riposate	*euch*
loro	**si** riposano	*sich*

Beachten Sie folgende Unterschiede zum Deutschen:
- Das Reflexivpronomen steht unmittelbar vor dem Verb:
Mia sorella si chiama Maria.
- Die Verneinung *non* steht vor der Gruppe Pronomen + Verb:
In discoteca non mi diverto.

→24 Das passato prossimo

Das *passato prossimo* ist eine Zeitform der Vergangenheit. Es wird – wie das deutsche Perfekt – aus den Hilfsverben *avere* oder *essere* und dem Partizip Perfekt des jeweiligen Verbs gebildet. Anders als im Deutschen bilden das Hilfsverb und das Partizip in der Regel eine untrennbare Einheit.

Ieri **ho incontrato** Marco e **siamo andati** insieme al cinema.	*Gestern habe ich Marco getroffen und wir sind zusammen ins Kino gegangen.*

Die Bildung des Partizip Perfekt

Infinitiv:	lavor**are**	av**ere**	fin**ire**
Partizip:	lavor**ato**	av**uto**	fin**ito**

Die regelmäßigen Partizipien der Verben auf **-are**, **-ere** und **-ire** enden auf **-ato**, **-uto** und **-ito**.
*Beachten Sie: **conoscere – conosciuto**.*

Viele Verben, besonders diejenigen auf **-ere**, bilden ein unregelmäßiges Partizip Perfekt (s. S. 168). Dazu gehören z. B.:

Infinitiv:	chiudere	dire	essere	fare	leggere	prendere	scrivere	vedere	venire
Partizip:	chiuso	detto	stato	fatto	letto	preso	scritto	visto	venuto

Die Bildung des *passato prossimo*

	avere + *Partizip*		essere + *Partizip*	
io	ho		sono	andato
tu	hai		sei	andata
lui, lei, Lei	ha	lavorato	è	
noi	abbiamo		siamo	andati
voi	avete		siete	andate
loro	hanno		sono	

- Beim *passato prossimo* mit *avere* bleibt das Partizip unverändert:
  Maria e Paolo hanno lavorato molto.
- Beim *passato prossimo* mit *essere* nimmt das Partizip Geschlecht und Zahl des Subjekts an:
  Il signor Conti è andato al lavoro. **Luisa non è andata al cinema.**
  Maria e Paolo sono andati a Roma. **Le colleghe sono andate a casa.**
- Die Verwendung von *avere* und *essere* entspricht im Allgemeinen der Verwendung von *haben* und *sein* beim deutschen Perfekt: **Sono venuto verso le due.** *Ich bin gegen zwei Uhr gekommen.* **Ho letto un libro.** *Ich habe ein Buch gelesen.*

Die Verneinung

→25 Die einfache Verneinung mit no und non

Sei di Roma? – **No**, sono di Napoli. Perché **no**?	*Nein, ich bin aus Neapel.* *Warum nicht?*	**No** steht in Satzteilen ohne Verb.
Oggi **non** devo lavorare. **Non** ho tempo. **Non** lo so.	*Heute muss ich nicht arbeiten.* *Ich habe keine Zeit.* *Ich weiß es nicht.*	**Non** steht vor dem Verb bzw. vor der Gruppe Pronomen + Verb.

→26 Die mehrteilige Verneinung

Oggi **non** mangio **niente**.	*Heute esse ich nichts.*
Paolo **non** esce **mai** con noi.	*Paolo geht nie mit uns aus.*

Bei der mehrteiligen Verneinung steht *non* vor dem Verb und *niente* oder *mai* dahinter.

- *Non* entfällt, wenn *niente* oder *mai* allein bzw. am Satzanfang stehen:
Che cosa hai fatto? – Niente. *Nichts.*

Präpositionen

→27 Örtliche Beziehungen

a	Sono **a** Roma.	*Ich bin in Rom.*	Stadt
	Vado **alla** posta.	*Ich gehe zur Post.*	Ort
	Sei già stato **a** Malta?	*Bist du schon auf Malta gewesen?*	kleine Insel
in	Sono **in** Italia.	*Ich bin in Italien.*	Land
	Vado **in** Toscana.	*Ich fahre in die Toskana.*	Region
	Vorrei andare **in** Sicilia.	*Ich möchte nach Sizilien fahren.*	große Insel
	La banca è **in** via Verdi.	*Die Bank ist in der Via Verdi.*	Straße/Platz
di	Sono **di** Roma.	*Ich bin aus Rom.*	Heimatort
da	Sono **da** Paolo.	*Ich bin bei Paolo.*	Person
	Vado **dal** dentista.	*Ich gehe zum Zahnarzt.*	
	Vengo **da** Pisa.	*Ich komme aus Pisa.*	Ausgangspunkt
	Vengo **dal** dentista.	*Ich komme vom Zahnarzt.*	(Ort/Person)
per	Un biglietto **per** Firenze.	*Eine Fahrkarte nach Florenz.*	Bestimmungsort/Ziel
	Scusi, **per** il centro?	*Entschuldigen Sie, wie komme ich ins Stadtzentrum?*	
su	Il libro è **sul** tavolo.	*Das Buch ist auf dem Tisch.*	Lage
	Andiamo **sulle** Dolomiti.	*Wir fahren in die Dolomiten.*	Gebirge/See

Beachten Sie:
- Man verwendet – anders als im Deutschen – jeweils die gleiche Präposition, um sowohl den Ort als auch die Richtung anzugeben: *in Italia in/nach Italien, alla stazione am/zum Bahnhof.*
- Die Präposition *a* steht bei Städten und kleinen Inseln ohne Artikel: *a Venezia, a Stromboli.*
- Die Präposition *in* steht bei Namen von Ländern, Regionen oder großen Inseln gewöhnlich ohne Artikel: *in Svizzera, in Calabria, in Sardegna.*
Aber: Bei männlichen und im Plural stehenden Namen von Ländern oder Regionen wird *in* + Artikel verwendet: *negli Stati Uniti in den/in die Vereinigten Staaten, nel Veneto im/ins Veneto, nelle Marche in den/in die Marken.*
- Ebenfalls ohne Artikel steht *in* bei Straßennamen:
in via Bosco in der/in die Via Bosco, in piazza Tasso auf der/auf die Piazza Tasso.
Davon ausgenommen sind deutsche Straßennamen:
nella Sonnenstraße in der/in die Sonnenstraße.
- Bei Seen und Gebirgen können verschiedene Präpositionen, jeweils mit Artikel, verwendet werden: *al/sul lago di Garda, nelle/sulle Alpi.*

Weitere Ortsangaben:

dopo	**dopo** il semaforo	*nach der Ampel*
sotto	**sotto** il ponte	*unter der / die Brücke*
accanto a	**accanto all'**edicola	*neben dem / den Kiosk*
davanti a	**davanti al** cinema	*vor dem / das Kino*
di fronte a	**di fronte alla** stazione	*gegenüber dem Bahnhof*
fino a	**fino all'**incrocio	*bis zur Kreuzung*
intorno a	**intorno alla** casa	*um das Haus herum*
vicino a	**vicino alla** posta	*in der Nähe der Post*

→28 Zeitliche Beziehungen

a	Il treno parte **alle** 10.15.	*Der Zug fährt um 10.15 Uhr ab.*
da	Lavoro qui **da** tre anni.	*Ich arbeite hier seit drei Jahren.*
da ... a	Lavoro **dalle** 9 **alle** 17. Il museo è chiuso **dal** 3 **al** 25 agosto.	*Ich arbeite von 9 bis 17 Uhr.* *Das Museum ist vom 3. bis 25. August geschlossen.*
fa	Siamo arrivati due giorni **fa**.	*Wir sind vor zwei Tagen angekommen.*
fra	Vengo **fra** un'ora.	*Ich komme in einer Stunde.*
in	Paolo va in ferie **in** luglio. È nato **nel** 1985.	*Paolo geht im Juli in Urlaub.* *Er ist 1985 geboren.*
verso	Torniamo **verso** le 8.	*Wir kommen gegen 8 Uhr zurück.*

Beachten Sie folgende Unterschiede zum Deutschen:
- *Fa* wird immer nachgestellt: ***un'ora fa** vor einer Stunde.*
- Monatsnamen stehen gewöhnlich ohne Artikel: ***maggio** der Mai, **in maggio** im Mai.*
- Bei Jahresangaben steht der bestimmte Artikel: ***il** 1985 (das Jahr) 1985, **nel** 1985 (im Jahr) 1985.*

Sonstige Beziehungen

→29 Weitere Funktionen der Präpositionen *a, di* und *da*

a	una camicia **a** quadri	*ein kariertes Hemd*	Merkmal / Ausstattung
di	il cellulare **di** Marco un maglione **di** lana un chilo **di** zucchini Compro **del** pane.	*das Handy von Marco* *ein Wollpullover* *ein Kilo Zucchini* *Ich kaufe Brot.*	Zugehörigkeit / Besitz Material / Stoff Menge / Gewicht (s. S. 156) Teilungsartikel (s. S. 156)
da	scarpe **da** tennis un vestito **da** 150 euro	*Tennisschuhe* *ein Kleid zu 150 Euro*	Zweck / Bestimmung Preis / Wert

Per, con und senza

per	Ecco una lettera **per** Giulia.	*Hier ist ein Brief für Giulia.*
	Sono qui **per** imparare l'italiano.	*Ich bin hier, um Italienisch zu lernen.*
	Sono qui **per** lavoro.	*Ich bin wegen der Arbeit hier.*
con	Vengo **con** mia moglie.	*Ich komme mit meiner Frau.*
senza	Parto **senza** Marco.	*Ich fahre ohne Marco (ab).*

Zahlen und Zeitangaben

Die Grundzahlen

0	zero	19	diciannove	101	centouno
1	uno	20	venti	142	centoquarantadue
2	due	21	ventuno	198	centonovantotto
3	tre	22	vendidue	200	duecento
4	quattro	23	ventitré	300	trecento
5	cinque	24	ventiquattro	900	novecento
6	sei	25	venticinque	1000	mille
7	sette	26	ventisei	2000	duemila
8	otto	27	ventisette	10.000	diecimila
9	nove	28	ventotto	1.000.000	un milione
10	dieci	29	ventinove	2.000.000	due milioni
11	undici	30	trenta	1.000.000.000	un miliardo
12	dodici	40	quaranta		
13	tredici	50	cinquanta		
14	quattordici	60	sessanta		
15	quindici	70	settanta		
16	sedici	80	ottanta		
17	diciassette	90	novanta		
18	diciotto	100	cento		

Das Datum

Il 1997 è stato un anno pieno di sorprese. (il millenovecentonovantasette)	*(Das Jahr) 1997 war ein Jahr voller Überraschungen.*
Sono nato **nel 1970.** (nel millenovecentosettanta)	*Ich bin (im Jahr) 1970 geboren.*
Oggi è **il 5 ottobre.** (il cinque ottobre)	*Heute ist der 5. Oktober.*
Maria è nata **il 2 marzo 1973.** (il due marzo)	*Maria ist am 2. März 1973 geboren.*
Sono arrivato **il 1° maggio.** (il primo maggio)	*Ich bin am 1. Mai angekommen.*
Vado a Torino **dall' 8 al 24 agosto.** (dall'otto al ventiquattro)	*Ich fahre vom 8. bis 24. August nach Turin.*

- Bei Jahresangaben steht der bestimmte Artikel.
- Beim Datum steht der bestimmte Artikel + Grundzahl. Ausnahme: *il 1° (il primo)*.
- In Briefen schreibt man das Datum folgendermaßen:
  Novara, 18 giugno 2002 oder *Novara, 18/6/2002*.

Che ore sono? / Che ora è?

8.00/20.00	Sono **le** otto.
1.00/13.00	È **l'**una.
12.00	È mezzogiorno.
24.00	È mezzanotte.
14.30	Sone le due e **mezzo / mezza**.
17.15	Sono le cinque e **un quarto**.
17.55	Sono le sei **meno** cinque.
18.05	Sono le sei **e** cinque.

Sono le 13.30.
(tredici e trenta)
L'autobus arriva alle 17.15.
(diciassette e quindici)
Il treno parte alle 21.46.
(ventuno e quarantasei)

A che ora?

Il museo chiude **alle** sei.
Vengo **a** mezzogiorno / **a** mezzanotte.

Lavoro **dalle** nove **alle** quattro.

■ Bei Zeitangaben auf die Frage *Che ore sono? / Che ora è? Wie spät ist es?* verwendet man den bestimmten Artikel *le* (für *le ore*) bzw. *l'* (für *l'ora*).

■ Bei *mezzogiorno Mittag* und *mezzanotte Mitternacht* wird kein Artikel verwendet.

■ Beachten Sie, dass *mezzo / mezza halb* ohne Artikel und *un quarto (ein) Viertel* stets mit dem unbestimmten Artikel gebraucht werden.

■ Bei offiziellen Zeitangaben werden wie im Deutschen die Stunden von 0 bis 24 und die Minuten von 1 bis 59 durchgezählt.

■ Bei Zeitangaben auf die Frage *a che ora? um wie viel Uhr?* verwendet man *a* + Artikel: *alle sei um sechs*. Bei *mezzogiorno* und *mezzanotte* wird nur *a* gebraucht.

■ Eine Zeitspanne wird mit *da ... a* + Artikel angegeben. Dies entspricht im Deutschen *von ... bis*.

Systematische Grammatik

Anhang 1: Liste der unregelmäßigen Verben

→31 Verben mit unregelmäßigen Präsensformen

andare	avere	bere	dare	dire
vado	ho	bevo	do	dico
vai	hai	bevi	dai	dici
va	ha	beve	dà	dice
andiamo	abbiamo	beviamo	diamo	diciamo
andate	avete	bevete	date	dite
vanno	hanno	bevono	danno	dicono

dovere	essere	fare	piacere	potere
devo	sono	faccio	piaccio	posso
devi	sei	fai	piaci	puoi
deve	è	fa	piace	può
dobbiamo	siamo	facciamo	piacciamo	possiamo
dovete	siete	fate	piacete	potete
devono	sono	fanno	piacciono	possono

sapere	stare	uscire	venire	volere
so	sto	esco	vengo	voglio
sai	stai	esci	vieni	vuoi
sa	sta	esce	viene	vuole
sappiamo	stiamo	usciamo	veniamo	vogliamo
sapete	state	uscite	venite	volete
sanno	stanno	escono	vengono	vogliono

→32 Verben mit unregelmäßigem Partizip Perfekt

aprire	aperto	essere	stato	rispondere	risposto
bere	bevuto	fare	fatto	scrivere	scritto
chiudere	chiuso	leggere	letto	sorridere	sorriso
convincere	convinto	mettere	messo	vedere	visto
dire	detto	nascere	nato	venire	venuto
discutere	discusso	prendere	preso	vivere	vissuto

Anhang 2: Liste der grammatischen Bezeichnungen

Adjektiv	Eigenschaftswort: *schön, gesund*	aggettivo
Adverb	Umstandswort: *oft, normalerweise*	avverbio
Artikel	Geschlechtswort: *der, eine*	articolo
feminin	weiblich	femminile
Hilfsverb	Hilfszeitwort: Ich *habe* gegessen. Ich *bin* gekommen.	verbo ausiliare
Infinitiv	Nennform des Zeitwortes: *machen, gehen*	infinito
Konsonant	Mitlaut: *b, c, d, f, g ...*	consonante
maskulin	männlich	maschile
Modalverb	Er *muss* arbeiten. Wir *können* nicht kommen.	verbo modale
Objekt	Satzergänzung: Ich suche *den Brief.*	complemento oggetto
Objektpronomen, direktes	Stellvertreter einer Satzergänzung im 4. Fall: Ich suche *ihn.* Ich weiß *es* nicht.	pronome complemento oggetto
Partizip Perfekt	Mittelwort der Vergangenheit: Ich habe *gearbeitet.*	participio passato
Perfekt	Zusammengesetzte Vergangenheit: Ich *bin* ans Meer *gefahren.* Er *hat* lange *geschlafen.*	passato prossimo
Personalpronomen	persönliches Fürwort: *ich, du*	pronome personale
Plural	Mehrzahl: *Kinder*	plurale
Possessivbegleiter	besitzanzeigendes Fürwort: *mein* Haus, *eure* Eltern	aggettivo possessivo
Präposition	Verhältniswort: *in, nach, mit*	preposizione
Präsens	Gegenwart: Ich *fahre* ans Meer.	presente
Reflexivpronomen	rückbezügliches Fürwort: Sie zieht *sich* an.	pronome riflessivo
Singular	Einzahl: *Kind*	singolare
Subjekt	Satzgegenstand: *Hans* ist Arzt.	soggetto
Subjektpronomen	Stellvertreter des Satzgegenstandes: *Er* ist Arzt.	pronome soggetto
Substantiv	Hauptwort: *Haus, Problem*	sostantivo
Verb	Zeitwort, Tätigkeitswort: Er *kommt.* Er *ist gekommen.*	verbo
Verb, reflexives	rückbezügliches Zeitwort: *sich ausruhen*	verbo riflessivo
Vokal	Selbstlaut: *a, e, i, o, u*	vocale

Vokabular nach Lektionen

Hier finden Sie die italienischen Wörter jeder Lektion mit deutscher Übersetzung. Die Wörter sind in der Reihenfolge aufgeführt, in der sie innerhalb des Buches auftauchen.

Die durch **Fettdruck** hervorgehobenen Wörter gehören zum verbindlichen Lernwortschatz.

Für die reinen Lesetexte (*Letture*) und Hörtexte (*Ascolti*) sind nicht alle unbekannten Wörter aufgeführt, sondern bei den *Letture* nur die wichtigsten und bei den *Ascolti* nur die, die in den Übungen abgedruckt sind.

Der Wortakzent liegt im Italienischen meistens auf der vorletzten Silbe. Bei Wörtern, auf die diese Regel nicht zutrifft, ist der betonte Vokal mit einem Punkt gekennzeichnet: essere.

Abkürzungen

avv	*avverbio* – Adverb
etw	etwas
f	*femminile* – feminin
inf	*infinito* – Infinitiv
jdm / jdn / jds	jemandem / jemanden / jemandes
m	*maschile* – maskulin
pl	*plurale* – Plural
qc	*qualcosa*
qu	*qualcuno*
sg	*singolare* – Singular

LEZIONE 1 *Come va?*

Come va?	Wie geht's?
come	wie
Guardate e ascoltate.	Schauen Sie und hören Sie zu.
e	und
Buongiorno, signora!	Guten Tag (, die Dame)!
Buongiorno, signor Cervi.	Guten Tag, Herr Cervi.
buongiorno	guten Morgen; guten Tag
arrivederci	auf Wiedersehen
ciao	hallo; tschüs
Come stai? *inf* stare	Wie geht es dir?

A1

Io sto bene. *inf* stare	Mir geht es gut.
io	ich
bene *avv*	gut
E tu?	Und du/dir?
tu	du
abbastanza bene	ziemlich gut
abbastanza *avv*	ziemlich
Come sta? *inf* stare	Wie geht es Ihnen?
Non c'è male.	Nicht schlecht.
grazie	danke

E Lei?	Und Sie/Ihnen?
Lei	Sie

A2

Completate.	Vervollständigen Sie.
stare	sein; sich befinden, bleiben
lui	er
lei	sie
benissimo *avv*	sehr gut
così così	so lala
insomma	na ja

A3

Lavorate in gruppi.	Arbeiten Sie in Gruppen.
il gruppo	Gruppe

A4

buonasera	guten Abend

B

Piacere!	Angenehm!

B1

(tu) sei *inf* essere	du bist
..., vero?	..., nicht wahr?
vero/-a	wahr, richtig
sì	ja
(io) sono *inf* essere	ich bin
questo/-a	diese/r
(lui / lei) è *inf* essere	er/sie/es ist
un'altra collega	*hier:* eine weitere Kollegin
altro/-a	andere/r
il / la collega	Kollege / Kollegin

B2

essere	sein

B3

In classe.	In der Klasse.
la classe	Klasse; Klassenzimmer

B4

Formate delle frasi.	Bilden Sie Sätze.
la frase	Satz

C

Le presento il signor Rivelli.	Ich stelle Ihnen Herrn Rivelli vor.

C1

presentare *qu* a *qu*	jdm jdn vorstellen
l'ingegnere *m/f*	Ingenieur/in
il signor Rivelli	Herr Rivelli
l'ingegner Gambini	Herr (Ingenieur) Gambini
molto lieto/-a	sehr erfreut
molto *avv*	sehr

C3

l'architetto *m/f* — Architekt/in
l'avvocato *m/f* — Rechtsanwalt/ Rechtsanwältin

la dottoressa Lubrano — Frau Doktor Lubrano
il dottore — Doktor
lo studio legale — Anwaltskanzlei

C4

l'esempio — Beispiel

C5

Prendete appunti. — Machen Sie sich Notizen.
l'appunto *m* — Notiz

C6

Fate conversazione. — Unterhalten Sie sich.
la conversazione — Unterhaltung, Gespräch

D

Dove abiti? — Wo wohnst du?
dove — wo; wohin

D1

ma — aber
Abito qui a Perugia. — Ich wohne hier in Perugia.
  inf abitare
qui — hier
Sono di Terni. — Ich bin aus Terni.
Di dove sei? — Woher stammst du?
di dove — woher
adesso — jetzt, nun
anche — auch
(lui / lei) abita *inf* abitare — er / sie / es wohnt
Davvero? — Wirklich?, Tatsächlich?
però — jedoch, aber
Non è di Firenze. — Er/Sie ist nicht aus Florenz.
non — nicht
no — nein

D2

Leggete. — Lesen Sie.

D3

abitare — wohnen

D4

Stoccarda — Stuttgart
Monaco — München
Francoforte — Frankfurt
Vienna — Wien
Zurigo — Zürich
Lipsia — Leipzig
Dresda — Dresden
Lubecca — Lübeck
Basilea — Basel
Salisburgo — Salzburg
Amburgo — Hamburg

E

Sono olandese. — Ich bin Niederländer/in.
olandese — Niederländer/in; niederländisch

E1

Ciao a tutti! — Hallo allerseits!
tutti/-e — alle
cercare qc/qu — etw/jdn suchen
il ragazzo — Junge
italiano/-a — Italiener/in; italienisch
per — für, zwecks
l'amicizia — Freundschaft
Sono inglese. — Ich bin Engländer/in.
inglese — Engländer/in; englisch
Studio in Italia. — Ich studiere in Italien.
studiare — studieren, lernen
l'Italia — Italien
amici — Freunde
l'amico/-a — Freund/in
Abito in Svizzera. — Ich wohne in der Schweiz.
la Svizzera — Schweiz
al 100% — 100%ig
salve — grüß dich / grüßt euch
Milano — Mailand
tedesco/-a — Deutsche/r; deutsch
Chattiamo? — Chatten wir?
chattare — chatten

E3

Fate delle ipotesi. — Stellen Sie Vermutungen an.
secondo te — deiner Meinung nach
secondo me — meiner Meinung nach
svizzero/-a — Schweizer/in; schweizerisch
francese — Franzose/Französin; französisch
austriaco/-a — Österreicher/in; österreichisch
spagnolo/-a — Spanier/in; spanisch

E4

Fate i dialoghi. — Bilden Sie Dialoge.
l'Olanda — Niederlande
la Francia — Frankreich
Parigi — Paris
la Germania — Deutschland
l'Austria — Österreich

E5

Raccontate. — Erzählen Sie.

E6

il nome — (Vor-) Name
il cognome — Familienname
la nazionalità — Staatsangehörigkeit
la città — Stadt

E7

Scrivete. — Schreiben Sie.

Come si pronuncia? — Wie spricht man das aus?

F1

Ripetete. — Sprechen Sie nach./ Wiederholen Sie.

il centro — Zentrum
il giubileo — Jubiläum
la ciabatta — Ciabatta(brot); Pantoffel
la ghirlanda — Girlande
l'acciuga — Sardelle
la galleria — Galerie
la Calabria — Kalabrien
la laguna — Lagune
il pacchetto — Päckchen, Paket
geniale — genial
adagio *avv* — langsam; behutsam
il Giro d'Italia — *Radrennen in Italien*
il parmigiano — Parmesan(käse)
prego — bitte (schön)
il traghetto — Fähre
il Chianti — Chianti
la cura — Kur
Riccione — *Badeort an der Adria*
Ricapitoliamo! — Fassen wir zusammen!
si dice così — so sagt man

Grammatica
lo studente — Student
lo zoo — Zoo

LEZIONE 2 *Dove vai?*

Dove vai? — Wohin gehst/fährst du?
la carta — *hier:* (Land-) Karte

A

in treno — im Zug
il treno — Zug

A1

Scusi! — Entschuldigen Sie!
Siamo già a Pavia? — Sind wir schon in Pavia?
Pavia — *Stadt in der Lombardei*
già — schon, bereits
Pavia è la prossima. — Pavia ist die nächste (Haltestelle).

prossimo/-a — nächste/r
(voi) siete *inf* essere — ihr seid/Sie sind
Siamo tedeschi, di Francoforte. *inf* essere — Wir sind Deutsche, aus Frankfurt.
Tornate in Germania? — Fahrt ihr/fahren Sie zurück nach Deutschland?

tornare — zurückkehren, zurückfahren

perciò — deshalb
parlare bene l'italiano — gut Italienisch sprechen
parlare — sprechen
così — so

A2

noi — wir
voi — ihr
loro — sie

A3

Mettete una crocetta. — Kreuzen Sie an.

A4

Osservate. — Beobachten/Betrachten Sie.

A5

il controllore — Kontrolleur
Biglietti, prego ... — Die Fahrscheine, bitte ...
il biglietto — Fahrschein
Per Senigallia devo cambiare? — Muss ich nach Senigallia umsteigen?
cambiare — *hier:* umsteigen
con — mit
Vai a Senigallia? *inf* andare — Fährst du nach Senigallia?
Vado a Bologna. *inf* andare — Ich fahre nach Bologna.
andare a trovare qu — jdn besuchen (gehen)
come mai — warum, weshalb
per lavoro — der Arbeit wegen
il lavoro — Arbeit
beh, veramente ... — Tja, eigentlich ...
veramente *avv* — wirklich
ancora — noch
l'estate *f* — Sommer
lavorare — arbeiten
l'albergo — Hotel

A6

andare — gehen, fahren
passare le vacanze — den Urlaub verbringen
per visitare la città — um die Stadt zu besichtigen
visitare — besichtigen
per imparare l'italiano — um Italienisch zu lernen
imparare — lernen

A8

Domandate. — Stellen Sie Fragen.

A9

Lavorate in coppia. — Arbeiten Sie zu zweit.

Lettura 1
la lettura — Lektüre; Lesetext
sul mare — am Meer
si trova — befindet sich
la montagna — Berg; Gebirge
Che cosa offre — Was es bietet
il luogo — Ort
la spiaggia — Strand
il centro storico — Altstadt, historischer Ortskern

ben conservato/-a — gut erhalten
Come arrivarci — Wie man dorthin gelangt
Giungere a Senigallia è facile. — Senigallia zu erreichen, ist einfach.
l'autostrada — Autobahn

la stazione	Bahnhof
il porto	Hafen
l'aeroporto	Flughafen

▨ Lettura 3

Vero o falso?	Richtig oder falsch?
falso/-a	falsch
lungo/-a	lang

▨ Lettura 4

Cercate le parole.	Suchen Sie die Wörter.

▨ B

Vorrei prenotare una camera.	Ich möchte ein Zimmer reservieren.
vorrei	ich möchte
la camera	Zimmer

▨ B1

Abbinate.	Ordnen Sie zu.
il lungomare	Uferpromenade, Straße am Meer
Dante Alighieri	*italienischer Dichter, 1265–1321*
per la vostra vacanza	für Ihren Urlaub
la vacanza	Urlaub; Ferien
con vista sul mare	mit Meerblick
il mare	Meer
i servizi	*hier:* Bad
l'aria condizionata	Klimaanlage
il parcheggio	Parkplatz
il ristorante	Restaurant
la piscina	Schwimmbad
il giardino	Garten
la spiaggia privata	Hotelstrand, privater Strand
privato/-a	privat
il campo da tennis	Tennisplatz
l'ascensore *m*	Aufzug
il servizio in camera	Zimmerservice
per i vostri affari	für Ihre Geschäfte/ Tagungen
la sala congressi	Konferenzraum

▨ B2

il fine settimana	Wochenende
la (camera) singola	Einzelzimmer
o	oder
la (camera) doppia	Doppelzimmer
va bene	in Ordnung
A che nome?	Auf welchen Namen?
quando	wann
arrivare	ankommen
venerdì	(am) Freitag
la sera	Abend; abends
a proposito	apropos, übrigens
C'è il parcheggio?	Gibt es einen Parkplatz?
perfetto/-a	perfekt
solo	nur
la domanda	Frage
in camera	im/auf dem Zimmer

certo	sicher, selbstverständlich
allora	also (dann)
la colazione	Frühstück
la mezza pensione	Halbpension
mezzo/a	halbe/r
il supplemento	Zuschlag
per persona	pro Person
la persona	Person

▨ B3

Inserite la prenotazione.	Tragen Sie die Reservierung ein.
lunedì *m*	Montag
martedì *m*	Dienstag
mercoledì *m*	Mittwoch
giovedì *m*	Donnerstag
venerdì *m*	Freitag
sabato *m*	Samstag
domenica *f*	Sonntag

▨ B5

No, non c'è.	Nein, (das) gibt es nicht.

▨ B8

Fate la prenotazione.	Reservieren Sie.

▨ C

Mi chiamo Flückiger.	Ich heiße Flückiger.

▨ C1

Ho prenotato una camera.	Ich habe ein Zimmer reserviert.
stasera	heute Abend
Come, scusi?	(Wie,) bitte?
u con due puntini	u mit zwei Pünktchen
ecco	hier ist/sind
la chiave	Schlüssel

▨ C2

a con dieresi	ä

▨ C3

Fate il dialogo.	Führen Sie einen Dialog.

▨ C4

In italiano si dice ...	Auf Italienisch sagt man ...

▨ D

Un po' di fonetica.	Ein bisschen Phonetik.

▨ D1

la maschera	Maske
lo sciopero	Streik
la sciarpa	Schal
l'asciugamano	Handtuch
il fiasco	Korbflasche
la scala	Treppe
la scuola	Schule
Ischia	*Insel vor Neapel*

Grammatica

la mail	E-Mail ◀

LEZIONE 3 *Ripasso*

il ripasso	Wiederholung

A

Impariamo i vocạboli!	Lernen wir den Wortschatz!
Archivio mọbile	*etwa:* Lernbegleiter
Schede	(Kartei-) Karten
Parole associate	vernetzte Wörter
E ora provate voi!	Und jetzt probieren Sie es (aus)!

B

Che testo è questo?	Was für ein Text ist das?
Che cosa significa?	Was bedeutet das?
E ora buona lettura!	Und jetzt eine angenehme Lektüre!

C

Il giro delle Marche	Eine Tour durch die Marken
Rispondete in italiano!	Antworten Sie auf Italienisch!

Italia & italiani

Primi contatti	Erste Kontakte
l'alloggio	Unterkunft

LEZIONE 4 *Prendi un caffè?*

Prendi un caffè?	Nimmst du einen Kaffee?
il caffè	Kaffee
la foto	Foto

A

Prendiamo un aperitivo?	Nehmen wir einen Aperitif?
inf prendere	
l'aperitivo	Aperitif

A1

il panino	(belegtes) Brötchen
il gelato	(Speise-) Eis
l'aranciata	(Orangen-) Limonade
il latte macchiato	*aufgeschäumte Milch mit Kaffee*
lo spumante	Sekt
l'acqua minerale	Mineralwasser
il cornetto	Hörnchen, Croissant
la pasta	*hier:* süßes Gebäck
il succo di frutta	Fruchtsaft
il succo	Saft
la frutta	Obst
il tramezzino	Sandwich
lo zụcchero	Zucker

A2

la cassiera	die Kassiererin
al Bar del Corso	in der *Bar del Corso*
il bar	Espresso-Bar
caro/-a	teuer
al banco	an der Theke
il banco	Theke
E va bene.	Na gut.
Alla cassa	An der Kasse
la cassa	Kasse
che cosa	was
bianco/-a	weiß
la spremuta d'arancia	frisch gepresster Orangensaft
per me	für mich
il prosecco	*italienischer Perlwein*
Quant'è?	Wie viel macht das?
l'euro	Euro
Hai per caso ... *inf* avere	Hast du zufällig ...
il centẹsimo	(Euro-) Cent
Va bene anche così.	Das ist schon in Ordnung.
il resto	Rest
lo scontrino	Kassenbon

A3

prẹndere qc	etw nehmen
avere	haben

A5

il cappuccino	Cappuccino
la cioccolata	Schokolade
caldo/-a	warm
il tè al limone	Tee mit Zitrone
il tè verde	grüner Tee
la camomilla	Kamillentee
amaro/-a	bitter, herb
la coca-cola	Coca-Cola
l'analcọlico	alkoholfreies Getränk
l'amaro	Magenbitter

B

I nụmeri	Die Zahlen
il nụmero	Zahl

B1

trenta	dreißig
quaranta	vierzig
cinquanta	fünfzig
sessanta	sechzig
settanta	siebzig
ottanta	achtzig
novanta	neunzig

C

Volete ordinare?	Möchtet ihr / Möchten Sie bestellen?

C2

Senta ... scusi ...	Entschuldigen Sie bitte ...
ordinare qc	etw bestellen
gassato/-a	mit Kohlensäure

naturale	*hier:* ohne Kohlensäure
una minerale	ein Mineralwasser
Io invece prendo ...	Ich dagegen nehme ...
invece	hingegen, jedoch
la pesca	Pfirsich

C3

due bicchieri d'acqua minerale	zwei Glas Mineralwasser
il bicchiere	(Trink-) Glas

Basta così?	Ist das alles?
basta	das/es reicht

D

Com'è il caffè?	Wie ist/schmeckt der Kaffee?

D1

un po'/un poco	ein wenig
freddo/-a	kalt
Accidenti che panino!	Donnerwetter, was für ein Brötchen!
troppo *avv*	zu (sehr)
dolce	süß
la pizzetta	kleine Pizza
proprio *avv*	wirklich
buono/-a	gut

D2

grande	groß

D3

la birra	Bier

Ascolto 1

Prendete nota.	Machen Sie sich Notizen.

Ascolto 3

a colazione	zum Frühstück
di solito	für gewöhnlich
il caffelatte	Milchkaffee
il pane	Brot
la marmellata	Marmelade
il müsli	Müsli

E

Ancora numeri!	Noch mehr Zahlen!

E2

Sottolineate.	Unterstreichen Sie.

E3

il pranzo	Mittagessen
la cena	Abendessen
di un italiano medio	eines durchschnittlichen Italieners
Il menu di un anno a tavola	*etwa:* Das Menü eines Jahres
il menu	Menü; Speisekarte
l'anno	Jahr

a tavola	zu/bei Tisch
il primo piatto	erster Gang
primo/-a	erste/r
pasta al sugo di pomodoro	Nudeln mit Tomatensoße
la pasta	Nudeln, Teigwaren
il pomodoro	Tomate
il secondo	*hier:* zweiter Gang
la carne	Fleisch
il contorno	Beilage
l'insalata	Salat
la torta	Torte, Kuchen
da bere	zu trinken
la bottiglia	Flasche
la lattina	Büchse, (Getränke-) Dose
il litro	Liter
il latte	Milch
la tazzina	Tässchen, Espressotasse
il chilo	Kilo

E4

mangiare qc	etw essen
(lui/lei) beve *inf* bere	er/sie trinkt

F

Cosa avete di buono oggi?	Was haben Sie heute Gutes?
oggi	heute
la trattoria	Trattoria, Gaststätte

F1

Un tavolo per due, per favore.	Einen Tisch für zwei, bitte.
il tavolo	Tisch
per favore	bitte
prego	bitte schön
come antipasto	als Vorspeise
la bruschetta	*geröstete Brotscheibe mit Belag*
al pomodoro	Tomaten-, mit Tomaten
il fungo *pl* -ghi	Pilz
di primo	als ersten Gang
il primo	*hier:* erster Gang
il minestrone	Gemüsesuppe
le orecchiette *pl*	*Nudelsorte*
il pesto	Pesto, *Soße aus Basilikum, Pecorino, Pinienkernen*
i cannelloni *pl*	*gefüllte Nudeln*
gli spinaci *pl*	Spinat
di secondo	als zweiten Gang/Hauptgericht
i calamari *pl*	Tintenfisch(ringe)
alla siciliana	nach sizilianischer Art
il coniglio	Kaninchen
in umido	geschmort
Mah, veramente non so ...	Hm, ich weiß nicht so recht ...
Non so.	Ich weiß nicht.
Avete anche le lasagne?	Habt ihr/Haben Sie auch Lasagne?
Mi dispiace.	Ich bedauere./Es tut mir Leid.

dunque	also
provare	probieren
Niente primo?	Keinen ersten Gang?
niente	nichts
mezzo litro	halber Liter
il vino della casa	Hauswein
i piatti del giorno	Tagesgerichte
il giorno	Tag
il pesce	Fisch

G1

la piazzetta	kleiner Platz
la mozzarella di bufala	Mozzarella aus Büffelmilch
la rucola	Rucola, Rauke
i crostini di fegatini	*Brotscheiben mit Aufstrich aus Hühnerleber*
alla fiorentina	nach florentinischer Art
piccolo/-a	klein
la zuppa di pesce	Fischsuppe
fresco/-a	frisch
le tagliatelle *pl*	Bandnudeln
il sugo di cinghiale	Soße mit Wildschweinfleisch
i ravioli *pl*	*kleine gefüllte Teigtaschen*
i funghi porcini *pl*	Steinpilze
gli gnocchetti *pl*	*kleine Kartoffelklößchen*
le lasagne alle verdure *pl*	Gemüselasagne
la verdura	Gemüse
le farfalle *pl*	*Nudelsorte in Schmetterlingsform*
alla pescatora	nach Fischerart
alla griglia	gegrillt
la bistecca di maiale	Schweinesteak
il maiale	Schwein; Schweinefleisch
l'agnello	Lamm
la trota alla mugnaia	Forelle Müllerin
la trota	Forelle
i fagioli *pl*	Bohnen
l'olio	Öl
i peperoni *pl*	Paprikaschoten
l'aglio	Knoblauch
le patate fritte *pl*	Pommes frites
la patata	Kartoffel
fritto/-a	gebraten
misto/-a	gemischt
la torta di noci	Walnusskuchen
la noce	Walnuss
i biscottini di Prato	*Mandelkekse aus der Toskana*
il biscotto	Keks
il vinsanto	*weißer Dessertwein*
di stagione	der Saison
il coperto	Gedeck
IVA e servizio inclusi	Mehrwertsteuer und Bedienung im Preis inbegriffen

LEZIONE 5 *Tu che cosa fai?*

Tu che cosa fai?	Was machst du?
la pubblicità	Werbung
Da grande farò ...	Wenn ich groß bin, werde ich ...
il domatore	Dompteur
il pilota	Pilot
per te	für dich

A

Faccio il tassista.	Ich bin Taxifahrer.

A1

l'insegnante *m/f*	Lehrer/in
il commesso, la commessa	Verkäufer/in
il/la tassista	Taxifahrer/in
l'operaio specializzato, l'operaia specializzata	Facharbeiter/in
l'infermiere, l'infermiera	Krankenpfleger/-schwester
l'impiegato, l'impiegata	Angestellte/r
il medico *m/f*	Arzt/Ärztin
il casalingo, la casalinga	Hausmann/-frau
il programmatore, la programmatrice	Programmierer/in

A2

l'ospedale *m*	Krankenhaus
l'ufficio	Büro
la fabbrica	Fabrik

A3

l'Università Popolare di Roma	Volkshochschule Rom

A4

Riascoltate.	Hören Sie noch einmal zu.
Studio economia.	Ich studiere Wirtschaftswissenschaften.
l'economia	Ökonomie, Wirtschaft
vivere	leben
Ho 27 anni.	Ich bin 27 Jahre alt.
Sono pensionata.	Ich bin Rentnerin.
pensionato/-a	pensioniert, im Ruhestand
la ditta	Firma

A5

fare	machen, tun
Lei che lavoro fa?	Was sind Sie von Beruf? / Was machen Sie beruflich?
la medicina	Medizin
Sto a casa.	Ich bin/bleibe zu Hause.
stare a casa	zu Hause sein/bleiben

A6

Cercate un collega.	Suchen Sie einen Kollegen.
il negozio di scarpe	Schuhgeschäft
lo studio medico	Arztpraxis
l'agenzia di viaggi	Reisebüro

il viaggio	Reise
la banca	Bank(institut)

B

Com'è il nuovo lavoro?	Wie ist die neue Arbeit?
nuovo/-a	neu

B1

la mattina	(am) Morgen, (am) Vormittag
chiuso/-a	geschlossen
Ah già, è vero!	Ach ja, das stimmt!
Guarda, sono proprio contenta.	Du, ich bin wirklich zufrieden.
contento/-a	zufrieden, froh
mi piace	es gefällt mir
Con le colleghe vado d'accordo.	Mit den Kolleginnen verstehe ich mich gut.
andare d'accordo	sich gut verstehen
giovane	jung
simpatico/-a *pl* -ci/-che	sympathisch
Ho solo un problema.	Ich habe nur ein Problem.
il problema, *pl* i problemi	Problem
gli orari poco flessibili	wenig flexible Arbeits- zeiten
l'orario	*hier:* Arbeitszeit
flessibile	flexibel
tardi	spät
il pomeriggio	(am) Nachmittag, nachmittags
È un lavoro impegnativo.	Es ist eine Arbeit, die einen beansprucht.
impegnativo/-a	stark beanspruchend; anspruchsvoll
a volte	manchmal, hin und wieder
stressante	stressig
almeno	wenigstens, mindestens
vario/-a	abwechslungsreich
la novità	Neuigkeit
purtroppo	leider
domani	morgen
il colloquio (di lavoro)	Vorstellungsgespräch
Speriamo bene!	Hoffentlich geht alles gut!
In bocca al lupo!	*etwa:* Viel Glück!/Hals- und Beinbruch!

B2

a mezzogiorno	um zwölf Uhr (mittags)
il mezzogiorno	Mittag
la notte	(in der) Nacht, nachts

B3

interessante	interessant
faticoso/-a	anstrengend
creativo/-a	kreativ, schöpferisch
noioso/-a	langweilig
comodo/-a	bequem

B6

Il mio lavoro è ...	Meine Arbeit ist ...
l'atmosfera	Stimmung, Atmosphäre

Ascolto 3

Collegate.	Verbinden Sie.
il/la tour-operator	Reiseveranstalter/in
il bambino, la bambina	Junge/Mädchen
il pensionato, la pensionata	Rentner/Rentnerin
la biblioteca	Bücherei

C

Cucino, pulisco, stiro.	Ich koche, ich putze, ich bügle.
cucinare	kochen
stirare	bügeln

C1

ed	und (*vor Wörtern, die mit* 'e' *beginnen*)
ex-imprenditore	ehemaliger Unternehmer
il membro	Mitglied
Movimento uomini casalinghi	Bewegung der Hausmänner
il movimento	Bewegung, (Bürger-) Initiative
l'uomo *pl* gli uomini	Mann
raccontare qc	etw. erzählen
La mia vita gira intorno alla casa.	Mein Leben dreht sich um das Zuhause.
mia moglie	meine Frau
la moglie	Ehefrau
Ho tanto da fare.	Ich habe viel zu tun.
tanto *avv*	soviel; sehr
avere da fare	zu tun haben
Ecco la mia giornata: ...	Das ist mein Tagesablauf: ...
la giornata	Tag, Tagesablauf
preparare	vorbereiten
fare il letto	das Bett machen
mettere in ordine	aufräumen
pulire	sauber machen, putzen
Stirare non è il mio forte.	Bügeln ist nicht meine Stärke.
fare la spesa	einkaufen
Quando lei finisce di lavorare ... *inf* finire	Wenn sie aufhört zu arbeiten ...
pronto/-a	fertig
ormai	inzwischen
il cuoco, la cuoca	Koch, Köchin

C3

ogni giorno	jeden Tag, täglich
spesso	oft, häufig
di tanto in tanto	manchmal, ab und zu
raramente	selten

C4

finire	beenden; enden

C5

piuttosto	eher
tra	zwischen
per fortuna	zum Glück
mio marito	mein Mann

Vokabular nach Lektionen

C6

Fate un'inchiesta.	Machen Sie eine Umfrage.
quale *pl* quali	welche/r
i lavori di casa	Hausarbeit(en)
volentieri	gerne

D

Mi dispiace, ma non posso	Es tut mir leid, aber ich kann nicht

D1

Scusa.	Entschuldige.
Puoi andare tu a prendere Rebecca a scuola?	Kannst du Rebecca von der Schule abholen?
andare a prendere qu	jdn abholen
perché	warum; weil
Ho un appuntamento dal dentista.	Ich habe einen Zahnarzt-termin.
l'appuntamento	Termin, Verabredung
il / la dentista	Zahnarzt, Zahnärztin
Allora devo finire di lavorare prima.	Dann muss ich früher aufhören zu arbeiten.
prima	früher; vorher
Come giovedì?	Wie, am Donnerstag?
Giovedì ci vado io.	Am Donnerstag gehe ich (hin).
come al solito	wie üblich
Non devi lavorare?	Musst du nicht arbeiten?
la settimana prossima	nächste Woche
la settimana	Woche
Ho sempre il turno di mattina.	Ich habe immer Frühschicht.
sempre	immer
il turno	Schicht
mia madre	meine Mutter
Dai, ...	Ach komm, ...
Non cominciamo di nuovo.	Fangen wir nicht (schon) wieder an.
cominciare	anfangen

D3

Confrontate.	Vergleichen Sie.

D4

potere	können; dürfen
dovere	müssen, sollen

D6

Dite perché.	Sagen Sie warum.

D7

il bagno	Badezimmer

LEZIONE 6 *Ripasso*

A

Parole illustrate	bebilderte Wörter
Le cose di tutti i giorni	Alltagsgegenstände

Rime e ritmi	Reime und Rhythmen
Provate un po'!	Probieren Sie es einfach mal (aus)!

B

C'è tono e tono	*etwa:* Der Ton macht die Musik
Gesti, mimica e altri fattori	Gesten, Mimik und andere Faktoren
Ed ora attenzione!	Und nun aufgepasst!

B

Ma quante domande!	So viele Fragen!

Italia & italiani

il/la barista	Barkeeper/in
offro io	die Rechnung übernehme ich
la famiglia	Familie

LEZIONE 7 *C'è una banca qui vicino?*

C'è una banca qui vicino?	Gibt es hier in der Nähe eine Bank?
vicino *avv*	in der Nähe
l'edicola	Zeitungskiosk
il cinema	Kino
la fermata dell'autobus	Bushaltestelle
il supermercato	Supermarkt
l'ufficio postale	Post(amt)
Riconoscete qualcos'altro sulle foto?	Erkennen Sie sonst noch etwas auf den Fotos?

A

Dove vai così di corsa?	Wohin gehst du so eilig?
la corsa	Lauf; Rennen

A1

tra poco	in Kürze; bald
la sorella	Schwester
passare da qu	bei jdm vorbeigehen
il fioraio	Blumenhändler/in
Ma tu che fai da queste parti?	Und was machst du hier in der Gegend?
Faccio un salto a/da/in ...	Ich gehe auf einen Sprung zu ...
il Centro TIM	Telefon-Geschäft
Ho un problema al cellulare.	Ich habe ein Problem mit dem Handy.
il cellulare	Handy
senti	hör mal
Sai per caso se ...?	Weißt du zufällig, ob ...?
inf sapere	
per caso	zufällig
Qui nel quartiere non ci sono banche.	In diesem Stadtteil gibt es keine Banken.
il quartiere	(Stadt-) Viertel, Stadtteil
Aspetta!	Warte mal!
aspettare qc/qu	auf etw/jdn warten

in piazza Tasso	am/auf dem Tasso-Platz
la piazza	Platz
commerciale	Handels-, Kommerz-
Ah già!	Ach ja!
Scusa, ma adesso devo proprio scappare.	Entschuldige, aber ich muss jetzt wirklich los.
scappare	davonlaufen; sofort weggehen
Saluti a Nicoletta!	Grüße an Nicoletta!
il saluto	Gruß

A2

funzionare	funktionieren

A4

la palestra	Fitness-Studio
il parrucchiere	Friseur
il corso	Kurs

A5

c'è / ci sono	es gibt

B1

di fronte a	gegenüber von
davanti a	vor
la stazione	Bahnhof
accanto a	neben
il duomo	Dom

C

Ma che ore sono?	Wie spät ist es (denn) eigentlich?

C1

Che ora è?	Wie spät ist es?
È mezzogiorno.	Es ist Mittag/12 Uhr mittags.
È mezzanotte.	Es ist Mitternacht.
È l'una.	Es ist ein Uhr.
Sono le tre.	Es ist drei Uhr.
Sono le quattro e dieci.	Es ist zehn nach vier.
Sono le cinque e un quarto.	Es ist Viertel nach fünf.
Sono le sette e mezza/ mezzo.	Es ist halb acht.
Sono le otto e quaranta.	Es ist acht Uhr vierzig.
Sono le nove meno venti.	Es ist zwanzig vor neun.
Sono le nove e tre quarti.	Es ist Viertel vor zehn.
Sono le dieci meno un quarto.	Es ist Viertel vor zehn.
meno	weniger

C2

Oddio!	Oh nein!
la farmacia	Apotheke
E come faccio adesso?	Und was mache ich jetzt?
Alle quattro apre di nuovo.	Um vier macht sie wieder auf.
inf aprire	
di nuovo	von neuem, nochmals
la medicina	Medizin; Medikament
urgente	dringend

il giglio	Lilie
lì	da, dort
(fare) l'orario continuato	durchgehende Öffnungszeiten (haben)
Figurati!	Stell dir vor!
aperto/-a	geöffnet; offen
dalle nove alle dieci	von neun bis zehn (Uhr)
le nove di mattina/di sera	neun Uhr morgens/abends
gli altri giorni	*hier:* an den anderen Tagen
il mese	Monat

C3

aprire	öffnen
A che ora ...?	Um wie viel Uhr ...?
chiudere	schließen
il centro commerciale	Einkaufszentrum

C4

E da voi?	Und bei euch/Ihnen?

C5

Discutete.	Diskutieren Sie./Tauschen Sie sich aus.
da lunedì a venerdì	von Montag bis Freitag
Oggi è di turno questa farmacia.	Heute hat diese Apotheke Dienst.
nelle ore di chiusura	außerhalb der Öffnungszeiten
la chiusura	Schluss; Ladenschluss
rivolgersi a	sich an jdn/etw wenden
la ricetta	Rezept
l'abitazione	Wohnung
orario di sportello	Schalterstunden
il semifestivo	*Feiertag, der als halber Arbeitstag zählt*

Lettura 2

Lucca	*Stadt in der Toscana*
l'anfiteatro	Amphitheater
un «vuoto» di armonia	eine harmonische „Leere"
dagli anni Trenta dell'800	seit etwa 1830
questa piazza-gioiello	dieses Schmuckstück von einem Platz
il gioiello	Schmuckstück
incantare qu	jdn bezaubern
il salotto	Salon; Wohnzimmer
un posto incredibile	ein unglaublicher Ort
camminare	gehen; laufen
stretto/-a	eng
l'arco	Bogen
la sorpresa	Überraschung
voltare pagina	eine Seite umblättern
l'edificio	Gebäude
la bottega *pl* -ghe	(Tante Emma-) Laden
ospitare qc/qu	etw/jdn beherbergen
la mostra	Ausstellung
la fiera	*hier:* Jahrmarkt
il rumore	Geräusch; Lärm
brutto/-a	hässlich

La piazza si anima di turisti.	Der Platz belebt sich mit Touristen.
sorridere	lächeln

Lettura 3

il locale	Räumlichkeit; Lokal
la festa	Fest
la manifestazione	Veranstaltung; Kundgebung

D

Allora a più tardi!	Also bis später!
più	mehr

D1

ci vediamo	wir sehen uns
vedere qc/qu	etw/jdn sehen
Tu, Luisa, vieni, no?	Luisa, du kommst doch, oder?
inf venire	
Non so dov'è.	Ich weiß nicht, wo er/sie/ es ist.
Quando esci di qui ...	Wenn du hier hinaus- gehst ...
inf uscire	
girare a sinistra	links abbiegen
a sinistra	(nach) links
subito	sofort
andare avanti	weitergehen
complicato/-a	kompliziert
lo schizzo	Skizze

D2

San Fedele	*Sankt Fidelius*
la chiesa	Kirche
la zona pedonale	Fußgängerzone
la libreria	Buchhandlung

D3

il disegno	Zeichnung
attraversare qc	etw überqueren
l'incrocio	Kreuzung
continuare dritto fino a	geradeaus weitergehen bis
fino a	bis (zu)
a destra	(nach) rechts
il semaforo	Ampel
ecco	*hier:* so weit, so gut
dopo	nach
sulla destra	auf der rechten Seite
sbagliare	verfehlen; sich irren
Tutto chiaro?	Alles klar?
tutto	alles
chiaro/-a	klar; hell

D4

il ponte	Brücke
la strada	Straße

D5

sapere qc	etw wissen
venire	kommen
uscire	hinausgehen

Scusi, per piazza San Fedele?	Entschuldigen Sie, (wie kommt man) zur Piazza S. Fedele?

D6

la musica dal vivo	Live-Musik
il borgo	Dorf; Viertel

LEZIONE 8 *Che cosa hai fatto ieri?*

Che cosa hai fatto ieri?	Was hast du gestern gemacht?
fare sport	Sport treiben
lo sport	Sport
ascoltare la musica	Musik hören
andare ai concerti	Konzerte besuchen
il concerto	Konzert
andare in bicicletta	Fahrrad fahren
la bicicletta	Fahrrad
guardare la TV	fernsehen
ballare	tanzen
fare foto	fotografieren
leggere	lesen
invitare amici a casa	Freunde (nach Hause) einladen
andare a vedere una mostra	eine Ausstellung besuchen
navigare su Internet	im Internet surfen
il tempo libero	Freizeit
il tempo	Zeit
Ti piace la musica italiana?	Magst du italienische Musik?

A1

Ti piace ...?	Gefällt dir ...?
Dipende.	Das kommt darauf an.
la canzone melodica	Schlager
la canzone	Lied
Mi piacciono molto i cantautori.	Ich mag die Liedermacher sehr.
il cantautore/ la cantautrice	Liedermacher/in
Lucio Dalla	*ital. Liedermacher*
per esempio	zum Beispiel
Paolo Conte	*ital. Liedermacher*
Eros Ramazzotti	*ital. Schlagersänger*
Nek	*ital. Schlagersänger*
Laura Pausini	*ital. Schlagersängerin*
famoso/-a	berühmt
Non ti piacciono?	Magst du sie nicht? Gefallen Sie dir nicht?
non tanto	nicht besonders
Tra i giovani preferisco Jovanotti.	Unter den Jüngeren gefällt mir Jovanotti am besten.
preferire	vorziehen, lieber mögen
Lorenzo Jovanotti	*ital. Liedermacher*
da quando	seit
l'estero	Ausland
amare qc/qu	etw/jdn lieben

tutto/-a	*sg* ganz; *pl* alle, sämtliche
addirittura	sogar
il Festival di Sanremo	*ital. Schlagerfestival*
Ma scherzi?	Machst du Witze?
scherzare	scherzen, spaßen
No, ti giuro!	Nein, ich schwör's dir!
giurare qc a qu	jdm etw schwören

A2

Le piace/piacciono ...?	Gefällt/Gefallen Ihnen ...?
moltissimo *avv*	sehr, überaus

A3

il film d'azione	Actionfilm
la commedia	Komödie
la musica leggera	Unterhaltungsmusik
leggero/-a	leicht
classico/-a *pl* -ci/-che	klassisch
la canzone popolare	Volkslied
la biografia	Biografie
il giallo	Krimi
il romanzo	Roman
la pittura	Malerei
la fotografia (d'autore)	(künstlerische) Fotografie
l'antiquariato	Antiquitätenhandel; -sammlung

B

Cosa hai fatto di bello?	Was hast du Schönes gemacht?

B1

bello/-a	schön
ieri	gestern
niente di speciale	nichts Besonderes
dormire fino a tardi	lange schlafen
dormire	schlafen
incontrare qu	jdn treffen
pranzare	zu Mittag essen
insieme	zusammen
l'idea	Idee
comprare qc	etw kaufen
il vaso	Vase
Ma che prezzi!	Was für Preise!
il prezzo	Preis
passare il fine settimana in campagna	das Wochenende auf dem Land verbringen
la campagna	Land
Una pace che non ti dico.	*etwa:* Eine unbeschreibliche Ruhe.
la pace	Frieden

B5

lo scorso fine settimana	das vergangene Wochenende
fare una passeggiata	einen Spaziergang machen
giocare a carte	Karten spielen
lavorare in giardino	im Garten arbeiten
giocare a tennis	Tennis spielen
avere ospiti	Gäste haben
l'ospite *m/f*	Gast

C

È stata proprio una bella giornata.	Es war wirklich ein schöner Tag.

C1

Grazie ancora dell'invito.	Nochmals danke für die Einladung.
l'invito	Einladung
È stata una bella domenica.	Es war ein schöner Sonntag.
inf essere	
per via del traffico	wegen des Verkehrs
il traffico	Verkehr
andare a letto	zu Bett gehen
sciare	Ski fahren
finalmente	endlich
Andrea Camilleri	*zeitgenössischer italienischer Schriftsteller*
Altro che Camilleri!	Von wegen Camilleri!
una mia ex compagna di scuola	eine ehemalige Mitschülerin von mir
il compagno / la compagna	Gefährte/Gefährtin, Kamerad/in
comunque	jedenfalls; trotzdem
la stanchezza	Müdigkeit
a parte	abgesehen von
alla prossima	bis zum nächsten Mal

C4

un attimo	Augenblick
X Paolo!	Für Paolo!
stamattina	heute Morgen/ Vormittag
il papà	Papa
la telefonata	Anruf; Telefongespräch
verso le otto	gegen acht (Uhr)

C5

Riferite.	Berichten Sie.

C6

Indovinate.	Raten Sie.

Lettura 2

L'odore della notte	Der Duft der Nacht
nato/-a a *inf* nascere	geboren in
Porto Empedocle	*Ort bei Agrigent (Sizilien)*
nel 1925	im Jahre 1925
il regista teatrale	Theaterregisseur
rappresentare qc	*hier:* etw aufführen
lo sceneggiatore	Drehbuchautor
Centro Sperimentale di Cinematografia	*Name einer Filmhochschule*
il racconto	Erzählung
il personaggio	Figur
sposato/-a	verheiratet
ha tre figlie e quattro nipoti	er hat drei Töchter und vier Enkelkinder

D

Sono nato nel 1937.	Ich bin 1937 geboren.
nascere	geboren werden
nato/-a a	geboren in

tantissimo	so sehr; so viel
finire le scuole	die Schule abschließen
lasciare qc/qu	etw/jdn aufgeben, etw/ jdn verlassen
le Ferrovie dello Stato	Italienische Eisenbahn
ho chiuso la mia attività *inf* chiudere	ich habe mich zur Ruhe gesetzt
l'attività	(berufliche) Aktivität
trovare qc	etw finden
non ho avuto il tempo di farmi una famiglia	ich hatte nicht die Zeit, eine Familie zu gründen
dal 1980 al 19...	von 1980 bis 19...
attualmente	augenblicklich

E

Una festa in famiglia	Familienfeier
la festa	Fest; Feier

E1

il cognato, la cognata	Schwager/Schwägerin
il fratello	Bruder
il/la nipote	Enkel/in; Neffe/Nichte
il figlio, la figlia	Sohn/Tochter
i genitori *pl*	Eltern

E2

il battesimo	Taufe
le nozze d'oro *pl*	goldene Hochzeit
il matrimonio	Hochzeit
il compleanno	Geburtstag
Novara, 18 maggio 2002	Novara, 18. Mai 2002
Novara	*Stadt im Piemont*
Caro/-a ...	Liebe/r ...
meraviglioso/-a	wundervoll, wunderschön
il ragazzo	*hier:* (fester) Freund
Pensa, ...	Stell dir vor, ...
perfino	sogar
non ... ancora	noch nicht
naturalmente	natürlich
i parenti *pl*	die Verwandten
i nostri amici	unsere Freunde
nostro/-a	unser/e
regalare qc a qu	jdm etw schenken
il cofanetto	Kästchen, Schatulle
l'argento	Silber
inciso/-a	eingraviert
la data	das Datum
l'amore *m*	Liebe
E tu stai meglio adesso?	Und dir geht es jetzt besser?
Spero di rivederti presto.	Ich hoffe dich bald wiederzusehen.
sperare qc	etw hoffen
rivedere qu	jdn wiedersehen
presto *avv*	bald; schnell
l'abbraccio	Umarmung
saluti da	Grüße von

E3

chi	wer

E6

la lettera	Brief
il Carnevale	Fasching
il Natale	Weihnachten
la Pasqua	Ostern
il Capodanno	Neujahr

Ascolto 2

parecchie persone	mehrere Personen
l'inquinamento	(Umwelt-) Verschmutzung
la gita	Ausflug

Ascolto 3

la visita	Besuch; Besichtigung

Grammatica

suo/-a	sein/e; ihr/e
vostro/-a	euer/eure
loro	*hier:* ihr/e

LEZIONE 9 *Ripasso*

A

il soggiorno	*hier:* Aufenthalt
frequentare un corso	einen Kurs machen, besuchen
durante	während
svolgere	aus-, durchführen
diverse attività *pl*	verschiedene Aktivitäten
la partenza	Abfahrt; *hier:* Start
l'arrivo	Ankunft; *hier:* Ziel
il/la passante	Passant/in
dite *inf* dire	sagen Sie
chiedere qc a qu	jdn etw fragen
il giornalaio	Zeitungsverkäufer
spiegare qc a qu	jdm etw erklären
la torre	Turm
a lezione	im Unterricht
l'orto botanico	botanischer Garten
riposare	ausruhen

B

Le parole giuste	Die richtigen Worte
Un modello c'è già	Ein Modell ist schon vorhanden

LEZIONE 10 *Li vuole provare?*

Li vuole provare?	Wollen Sie sie anprobieren?
provare qc	etw (an)probieren
la maglietta	T-Shirt
la cintura	Gürtel
l'orologio	Uhr
il profumo	Parfum
il CD	CD
il portafogli	Brieftasche

secondo voi	Ihrer Meinung nach
la busta	(Einkaufs-) Tüte
il prodotto	Produkt
recentemente	kürzlich

A

Carina la giacca beige!	Hübsch, die beige Jacke!
carino /-a	hübsch, nett
la giacca	Jacke
beige	beige

A1

Che bello il maglione beige!	Schön, der beige Pullover!
il maglione	Pullover
per lui	für ihn
la lana	Wolle
la camicia *pl* -cie	Oberhemd
azzurro /-a	hellblau
il cotone	Baumwolle
la cravatta	Krawatte
blu	blau
i pantaloni *pl*	Hose(n)
la scarpa	Schuh
marrone	braun
la pelle	*hier:* Leder
per lei	für sie
la gonna	Rock
nero /-a	schwarz
bianco /-a *pl* -chi /-che	weiß
il foulard	(Hals-) Tuch
la seta	Seide
a quadri	kariert
la borsa	(Hand-) Tasche
lo stivale	Stiefel
Commentate anche voi uno o due capi che vi piacciono.	Kommentieren auch Sie ein oder zwei Kleidungsstücke, die Ihnen gefallen.
il capo	*hier:* (Kleidungs-) Stück

A3

il colore (preferito)	(Lieblings-) Farbe
il vestito	Kleid; Anzug
viola	lila
arancione	orange
rosa	rosa
grigio /-a *pl* -gi /-gie	grau
celeste	himmelblau
verde	grün
giallo /-a	gelb
rosso /-a	rot

A4

portare qc	etw tragen
un paio di	ein Paar
sportivo /-a	sportlich
la stoffa	Stoff
in tinta unita	einfarbig
a righe	gestreift
la riga	Streifen; Zeile

a fiori	geblümt
elegante	elegant

A5

breve	kurz
il viaggio di lavoro	Dienstreise
il completo gonna e giacca	Kostüm
il completo pantaloni	Hosenanzug
l'abito	Anzug; Kleid
il costume da bagno	Badeanzug; Badehose
le scarpe da ginnastica	Turnschuhe

Ascolto 2

un paio di jeans	Jeans

Ascolto 3

il capo d'abbigliamento	Kleidungsstück
nominare	nennen
fare spese	shoppen, bummeln

B1

Che taglia porta?	Welche Größe haben Sie?
la taglia	(Kleider-) Größe
la vetrina	Schaufenster
Veramente non mi piace molto.	Ehrlich gesagt, gefällt es mir nicht so gut.
La 42.	(Größe) 42
Come vanno?	Wie passen sie?
Non sono un po' stretti?	Sind sie nicht ein bisschen eng?
stretto /-a	eng
il modello	Modell
Dice? *inf* dire	Meinen Sie?, *wörtlich:* Sagen Sie?
Vanno bene proprio così ...	So sind sie genau richtig.
convinto /-a	überzeugt
eventualmente	eventuell
cambiare	*hier:* umtauschen
Non c'è problema.	Kein Problem.
Mi fa vedere anche una maglietta beige?	Zeigen Sie mir auch ein beiges T-Shirt?
far vedere qc a qu	jdm etw zeigen
Come no?	*hier:* Selbstverständlich!

B2

il /la cliente	Kunde /Kundin
secondo la cliente	nach Meinung der Kundin

B4

Fate voi il cliente!	Seien Sie der Kunde!

B5

lungo /-a	lang
largo /-a	weit
corto /-a	kurz

B6

dire	sagen
volere	wollen

allungare	verlängern, länger machen
un pochino	ein klein wenig
Questa giacca mi sta bene.	Diese Jacke passt mir gut.
un numero più piccolo	eine Größe kleiner
il numero	*hier:* Schuhgröße
A mio marito questa cravatta non piace.	Meinem Mann gefällt diese Krawatte nicht.

C

Fare shopping a Bologna	Shoppen / Bummeln in Bologna

C1

il paradiso	Paradies
all'ombra delle Due Torri	im Schatten der beiden Türme
l'ombra	Schatten
la torre	Turm
in pochi metri	in / auf wenigen Metern
poco/-a *pl* -chi/-che	wenig
il metro	Meter
di tutto	alles (Mögliche)
la moda	Mode
il gioiello	Schmuck(stück)
le delikatessen	Delikatessen
gastronomico/-a *pl* -ci/-che	gastronomisch
l'arredamento	Einrichtung
il punto di riferimento	Bezugspunkt
la moda griffata	Designermode
la galleria	*hier:* Passage
Camillo Cavour	*italienischer Staatsmann*
il negozio d'abbigliamento	Bekleidungsgeschäft
l'area dello shopping	Einkaufsmeile
caratteristico/-a *pl* -ci/-che	charakteristisch
quello/-a	der(jenige)/die(jenige)
antico/-a	alt
il mercato (del pesce)	(Fisch-) Markt
la bancarella	Markt-, Verkaufsstand
la bottega storica	*Laden mit langer Tradition*
la salumeria	Lebensmittelfachgeschäft
squisito/-a	exquisit, ausgesucht
i salumi *pl*	Wurstwaren
emiliano/-a	aus der Region Emilia-Romagna
il prosciutto	Schinken
la mortadella	Mortadella
lì accanto	gleich nebenan
il panificio	Bäcker; Bäckerei
la pasticceria	Konditorei
da 122 anni	seit 122 Jahren
sinonimo di buon pane	Synonym für gutes Brot
la pasta fresca	frische Nudeln
il dolce	Süßigkeit; Kuchen
di gran qualità	von hoher Qualität
la qualità	Qualität
infine	schließlich
l'enoteca	Weinhandlung
l'acquisto	Kauf
il liquore	Likör

di pregio	von besonderem Wert
il supplemento	*hier:* Beilage, Beiheft

C2

il negozio di frutta e verdura	Obst- und Gemüsegeschäft
l'arancia *pl* -ce	Apfelsine
la panetteria	Bäckerei
la pescheria	Fischgeschäft
la macelleria	Metzgerei

D

A chi tocca?	Wer ist dran?

D1

Tocca a me.	Ich bin dran.
Mi dica!	Was darf es sein?, *wörtlich:* Sagen Sie mir!
un chilo di pomodori	ein Kilo Tomaten
maturo/-a	reif
da insalata	für einen Salat
per piacere	bitte
l'uva *sg*	Weintrauben
quanto/-a	wie viel
mezzo chilo	ein halbes Kilo
Altro?	Sonst noch etwas?
mi dia ...	geben Sie mir ...
quanti/-e	wie viele
costare	kosten
3,60 euro all'etto	3,60 Euro je 100 g
Mi scusi.	Entschuldigen Sie (mich).
il mazzetto	Bund, Sträußchen
il basilico	Basilikum

D3

la mela	Apfel

D5

la seppia	Tintenfisch
eccezionale	außergewöhnlich
il pesce spada	Schwertfisch
il pecorino	Schafskäse
buonissimo/-a	sehr gut
il radicchio di Treviso	Radicchio aus Treviso
freschissimo/-a	ganz frisch

D6

la lattina	(Getränke-) Dose
il pacco	Packung
il vasetto	(Konserven-) Glas
la scatola	Dose
pomodori pelati	geschälte Tomaten

Ricapitoliamo!

Le monete italiane	Die italienischen Münzen
il castello	Burg
iniziare	beginnen
sotto	unter
l'imperatore	Imperator
Venere	Venus
il quadro	Gemälde

la nascita	Geburt
la scultura	Skulptur
la statua	Statue
il ritratto	Porträt
il poeta	Dichter
l'affresco	Fresko(gemälde)

LEZIONE 11 *Cosa fate in vacanza?*

il bel tempo	schönes Wetter
l'arte	Kunst
la vegetazione	Vegetation
mediterraneo/-a	Mittelmeer-, mediterran
la cucina	Küche
il sito archeologico	Ausgrabungsstätte
archeologico/-a *pl* -ci/-che	archäologisch
la mentalità	Mentalität
la gente *sg*	Leute

A

In vacanza mi rilasso ...	Im Urlaub entspanne ich mich ...
rilassarsi	sich entspannen

A1

l'Umbria	Umbrien
il Veneto	Venetien
il Lago di Garda	Gardasee
le Alpi	Alpen

A2

il traduttore, la traduttrice	Übersetzer/in
quest'anno	dieses Jahr
la Puglia	Apulien
mentre	während
divertirsi a fare qc	Spaß daran haben, etw zu tun
diverso/-a	verschieden; unterschiedlich
non ... niente	nichts
svegliarsi	aufwachen
restare	bleiben
poi	dann, danach
alzarsi	aufstehen
fare colazione	frühstücken
la pineta	Pinienhain
passeggiare	spazieren gehen
godersi qc	etw genießen
la natura	Natur
non ... mai	nie(mals)
con me	mit mir
annoiarsi	sich langweilen
stare da solo/-a	allein sein, bleiben
solo/-a	allein
il/la libero/-a professionista	Freiberufler/in
riposarsi	sich ausruhen
spericolato/-a	waghalsig
partire per	aufbrechen zu/nach

movimentato/-a	bewegt, *hier:* ereignisreich
prima	*hier:* zuerst
il Trentino	Trentino
le Dolomiti	Dolomiten
il paracadutismo	Fallschirmspringen
la Sardegna	Sardinien
la barca a vela	Segelboot
la vacanza di studio	Studienreise
rilassante	entspannend
culturale	Kultur-; kulturell
che tipo di vacanza	welche Art Urlaub

A3

divertirsi	sich vergnügen
attivo/-a	aktiv

A4

ideale	ideal
svolgersi	ablaufen; sich abspielen

A5

la segretaria	Sekretärin
la mamma	Mama
d'estate	im Sommer
il campeggio	Campingplatz
la Costa Amalfitana	Amalfiküste
generalmente	im Allgemeinen
la spiaggia	Strand
il bambino/la bambina	Kind; Junge/Mädchen
sotto	unter
l'ombrellone	Sonnenschirm
fare il windsurf	surfen

A6

il questionario	Fragebogen
le vacanze di solo mare	reiner Badeurlaub
la montagna	Berg; Gebirge
il viaggio organizzato	organisierte Reise
viaggi in paesi lontani	Fernreisen
il paese	Land
lontano/-a	weit entfernt
Dove vi fermate?	*hier:* Wo übernachten Sie?
fermarsi	(stehen)bleiben; sich aufhalten
il villaggio turistico	Feriendorf
il centro di salute e benessere	Wellnesscenter
la salute	Gesundheit
il benessere	Wohlbefinden
viaggiare	reisen
l'aereo	Flugzeug
la macchina	Auto
la nave	Schiff
il camper	Wohnmobil
A quali attività vi dedicate?	Welchen Tätigkeiten gehen Sie nach?
dedicarsi a qc	sich etw widmen
fare escursioni a piedi	wandern
l'escursione *f*	Ausflug, Wanderung
a piedi	zu Fuß
girare per negozi	durch Geschäfte bummeln

prendere il sole	sich sonnen
il sole	Sonnenschirm
il museo	Museum

B

l'informazione f	Information

B1

la primavera	Frühling
l'estate f	Sommer
l'autunno	Herbst
l'inverno	Winter
gennaio m	Januar
febbraio m	Februar
marzo m	März
aprile m	April
maggio m	Mai
giugno m	Juni
luglio m	Juli
agosto m	August
settembre m	September
ottobre m	Oktober
novembre m	November
dicembre m	Dezember

B2

sentire	hören
la Festa di Sant'Anna	Fest der hl. Anna
il ventisei luglio	am 26. Juli
Che cosa c'è da vedere?	Was gibt es zu sehen?
La festa si svolge sul mare.	Das Fest findet am/auf dem Meer statt.
la sfilata	Vorbeiziehen; Parade
la barca	Boot
decorato/-a	geschmückt
il Castello Aragonese	Festung auf Ischia
il premio	Gewinn
i fuochi d'artificio pl	Feuerwerk
il collegamento	(Verkehrs-) Verbindung
il traghetto	Fähre
l'aliscafo	Luftkissenboot
impiegare	(an Zeit) brauchen
circa	ungefähr
l'orario	Fahrplan
Forse conviene rimanere lì.	Vielleicht empfiehlt es sich, dort zu bleiben.
forse	vielleicht
convenire	sich empfehlen, günstig sein
rimanere	bleiben
la pensione	Pension
provare qc	etw versuchen
Oggi è il venti luglio.	Heute ist der 20. Juli.
il mezzo di trasporto	Verkehrsmittel
il/la turista	Tourist
raggiungere	erreichen

B3

Che giorno è oggi?	Welcher Tag ist heute?
il primo luglio	der 1. Juli

B4

Indicate la data.	Geben Sie das Datum an.
l'Epifania	Dreikönigstag
la Festa dei Lavoratori	Tag der Arbeit
San Valentino	Valentinstag
Ferragosto	Mariä Himmelfahrt
la Festa della Donna	internationaler Frauentag
San Silvestro	Silvester

B5

la Regata Storica	historische Regatta
la regata	Regatta
storico/-a	historisch
la processione	Prozession
il Palio di Siena	traditionelles Pferde- rennen in Siena

B6

chiedere informazioni	Informationen erfragen

C

Una vacanza diversa	etwa: Urlaub einmal anders
diverso/-a	andersartig

C1

conoscere qc/qu	etw/jdn kennen(lernen)
la possibilità	Möglichkeit
l'agriturismo	Ferienunterkunft auf ehe- maligem Bauernhof
Vi prego di inviarmi ...	Ich bitte Sie, mir ... zuzuschicken.
pregare qu di fare qc	jm bitten, etwas zu tun
inviare qc a qu	jdm etw schicken, senden
gratuitamente	kostenlos
l'opuscolo	Broschüre
informativo/-a	Informations-, informativ
trascorrere	verbringen
tipico/-a	typisch
il maso	Bergbauernhof
trentino/-a	trientinisch
l'indirizzo	Adresse
Per maggiori informazioni	Für nähere Informationen
il coupon	Coupon
oppure	oder (aber)
semplicemente	einfach

C2

Egregi signori	Sehr geehrte Damen und Herrn
Spettabile	in Verbindung mit dem Firmennamen Anrede für ein Unternehmen

C3

gratuito/-a	kostenlos
semplice	einfach
naturale	natürlich

C4

affettuosamente	herzlich
completamente	vollständig, ganz und gar
esattamente	genau
lamentarsi	sich beklagen
in continuazione	ohne Unterbrechung
il sentiero	Weg
ripido/-a	steil
la pausa	Pause
e così via	und so weiter
lo stesso	das gleiche
quindi	also, daher
capire	verstehen
salutare qu	jdn grüßen
pazzo/-a	verrückt
camminare	gehen, laufen,
il bacio	Kuss

D

C'è un sole stupendo.	Die Sonne scheint herrlich.
stupendo/-a	wunderbar

D1

Pronto?	*am Telefon:* Hallo? / Ja bitte?
Positano	*Stadt in Kampanien*
due giorni fa	vor zwei Tagen
Il tempo com'è?	Wie ist das Wetter?
fantastico/-a	fantastisch
fa proprio caldo	es ist wirklich warm
Beati voi.	Ihr Glücklichen!
fa brutto tempo	es ist schlechtes Wetter
brutto/-a	hässlich
piove *inf* piovere	es regnet
da due giorni	seit zwei Tagen
pensare	denken
fra una settimana	in einer Woche
qualche gita	einige Ausflüge
qualche *sg*	einige/s
la gita	Ausflug
l'isola	Insel
il Vesuvio	Vesuv
Bravi, bravi ...	*hier:* Prima!
bravo/-a	tüchtig, mutig, gut
Ti passo la mamma.	Ich geb' dir die Mama.

D2

C'è il sole.	Die Sonne scheint.
il vento	Wind
la nebbia	Nebel
nevicare	schneien
nuvoloso/-a	bewölkt
Fa freddo.	Es ist kalt.

D5

l'arrivo	Ankunft
la visita	Besuch; Besichtigung
gli scavi *pl*	Ausgrabungen

la partenza	Abfahrt
Da quanto tempo è qui?	Wie lange sind Sie schon hier?

Ascolto 1

Sapore di sale	Salzgeschmack
il sapore	Geschmack

Ascolto 2

la coppia innamorata	Liebespaar

Ascolto 3

il gusto	Geschmack

Ricapitoliamo

il punto d'incontro	Treffpunkt
l'itinerario	(Reise-) Weg; Route
il ritorno	Rückkehr

LEZIONE 12 *Ripasso*

A

Piano, per favore!	Langsam, bitte!
Ditelo con altre parole.	Sagen Sie es mit anderen Worten.
il posto	Ort, Stelle
la cosa	Sache, Ding
il tipo	Typ; Sorte
In poche parole	Mit wenigen Worten
Improvvisate!	Improvisieren Sie!

B

Buon viaggio e buon divertimento!	Gute Reise und viel Spaß!
la capitale	Hauptstadt
nei dintorni di	in der Umgebung von
la grigliata mista	gemischte Grillplatte
la sagra	(Volks-) Fest; Kirchweih
il tartufo	Trüffel

C

Auguri ... e buon proseguimento!	Glückwunsch ... und weiterhin alles Gute!

Alphabetisches Vokabular

Hier finden Sie die italienischen Wörter, die in *Allegro 1* vorkommen, in alphabetischer Reihenfolge. Ebenso wie im Vokabular nach Lektionen ist der verbindliche Lernwortschatz **fett** hervorgehoben.

Die erste Zahl verweist jeweils auf die Lektion, in der ein Wort zum ersten Mal auftaucht, der Buchstabe auf den entsprechenden Abschnitt innerhalb einer Lektion und die zweite Zahl auf den genauen Unterrichtsschritt. Bei Wörtern, die in unterschiedlichen Bedeutungen bzw. Wendungen vorkommen, sind mehrere Verweise angegeben.

Abkürzungen

ascolto	asc
grammatica	gram
Italia & italiani	ital
lettura	lett
Ricapitoliamo!	ric

A

a casa zu/nach Hause 5 A5; 8
A che nome? Auf welchen Namen? 2 B2
A che ora? Um wie viel Uhr? 7 C3
A chi tocca? Wer ist dran? 10 D
a colazione zum Frühstück 4 asc1
a con dieresi ä 2 C2
a destra (nach) rechts 7 D3
a fiori geblümt 10 A4
a lezione im Unterricht 9 A
a mezzogiorno mittags 5 B2
a parte abgesehen von 8 C1
a piedi zu Fuß 11 A6
A più tardi! Bis später! 7 D
a proposito apropos, übrigens 2 B2
a quadri kariert 10 A1
a righe gestreift 10 A4
a sinistra (nach) links 7 D1
a tavola zu/bei Tisch 4 E3
a volte manchmal 5 B1
abbastanza ziemlich 1 A1
abbigliamento Bekleidung 10 asc3; 10 C1
abbinare verbinden 2 B1
abbraccio Umarmung 8 E2
abitare wohnen 1 D3
abitazione Wohnung 7 C2

abito Anzug; Kleid 10 A3
accanto daneben 10 C1
accanto a neben 7 B1
Accidenti! Donnerwetter! 4 D1
acciuga Sardelle 1 F1
acqua minerale Mineralwasser 4 A1
acquisto Kauf 10 C1
adagio langsam; behutsam 1 F1
addirittura sogar 8 A1
adesso jetzt, nun 1 D1
aereo Flugzeug 11 A6
aeroporto Flughafen 2 lett1
affari Geschäfte 2 B1
affettuosamente herzlich 11 C4
affresco Fresko(gemälde) 10 ric
agenzia di viaggi Reisebüro 5 A6
aglio Knoblauch 4 G1
agnello Lamm 4 G1
agosto August 11 B1
agriturismo Ferienunterkunft auf ehemaligem Bauernhof 11 C1
Ah già! Ach ja! 5 B1
al 100% 100%ig 1 E1
al banco an der Theke 4 A2
al pomodoro Tomaten-, mit Tomaten 4 F1
albergo Hotel 2 A5
aliscafo Luftkissenboot 11 B2
alla fiorentina nach florentinischer Art 4 G1
alla griglia gegrillt 4 G1
alla pescatora nach Fischerart 4 G1
alla prossima bis zum nächsten Mal 8 C1
alla siciliana nach sizilianischer Art 4 F1
all'etto je 100 g 10 D1
alloggio Unterkunft 3 ital
all'ombra im Schatten 10 C1
allora also (dann) 2 B2
allungare verlängern, länger machen 10 B7
almeno wenigstens, mindestens 5 B1
Alpi Alpen 11 A1
altro/-a andere/r 1 B1
Altro? Sonst noch etwas? 10 D1
altro che von wegen 8 C1
alzarsi aufstehen 11 A2
amare lieben 8 A1
amaro Magenbitter 4 A5
amaro/-a bitter, herb 4 A5
Amburgo Hamburg 1 D4
amicizia Freundschaft 1 E1

amico/-a Freund/in 1 E1
amore Liebe 8 E2
analcolico alkoholfrei 4 A5
anche auch 1 D1
ancora noch 2 A5
andare gehen 2 A6
andare a letto zu Bett gehen 8 C1
andare a prendere abholen 5 D1
andare a trovare besuchen 2 A5
andare a vedere besuchen 8
andare ai concerti Konzerte besuchen 8
andare avanti weitergehen 7 D1
andare bene gut gehen 10 B1
andare d'accordo sich gut verstehen 5 B1
andare in bicicletta Fahrrad fahren 8
anfiteatro Amphitheater 7 lett2
animarsi sich beleben 7 lett2
anno Jahr 4 E3; 5 A4
annoiarsi sich langweilen 11 A2
antico/-a alt 10 C1
antipasto Vorspeise 4 F1
antiquariato Antiquitätenhandel; -sammlung 8 A3
aperitivo Aperitif 4 A
aperto/-a offen; geöffnet 7 C2
appuntamento Termin, Verabredung 5 D1
appunto Notiz 1 C5
aprile April 11 B1
aprire öffnen 7 C3
arancia Orange, Apfelsine 10 C2
aranciata (Orangen-) Limonade 4 A1
arancione orange 10 A3
archeologico/-a archäologisch 11
architetto Architekt/in 1 C3
archivio mobile *etwa:* Lernbegleiter 3 A
arco Bogen 7 lett2
area dello shopping Einkaufsmeile 10 C1
argento Silber 8 E2
aria condizionata Klimaanlage 2 B1
armonia Harmonie 7 lett2
arredamento Einrichtung 10 C1
arrivare ankommen 2 B2
arrivederci auf Wiedersehen 1
arrivo Ankunft; Ziel 9 A; 11 D5
arte Kunst 11
ascensore Aufzug 2 B1
asciugamano Handtuch 2 D1
ascoltare zuhören 1

ascoltare la musica Musik hören 8
aspettare warten 7 A1
atmosfera Stimmung, Atmosphäre
  5 B6
Attenzione! Aufgepasst! 6 B
attimo Augenblick 8 C1
attività Aktivität; Tätigkeit 8 D1
attivo/-a aktiv 11 A3
attraversare überqueren 7 D3
attualmente augenblicklich 8 D1
auguri Glückwünsche 12 C
Austria Österreich 1 E4
austriaco/-a Österreicher/in; österreichisch 1 E3
autobus (Linien-) Bus 7
autostrada Autobahn 2 lett1
autunno Herbst 11 B1
avere haben 4 A3
avere ... anni ... Jahre alt sein 5 A4
avere da fare zu tun haben 5 C1
avere il tempo di Zeit haben, zu
  8 D1
avere ospiti Gäste haben 8 B5
avvocato Rechtsanwalt/
  Rechtsanwältin 1 C3
azzurro/-a hellblau 10 A1

B

bacio Kuss 11 C4
bagno Bad 5 D7
ballare tanzen 8
bambino/-a Kind; Junge/Mädchen
  5 asc3; 11 A5
banca Bank(institut) 5 A6
bancarella Markt-, Verkaufsstand
  10 C1
banco Theke 4 A2
bar Espresso-Bar 4 A2
barca Boot 11 B2
barca a vela Segelboot 11 A2
barista Barkeeper/in 6 C
Basilea Basel 1 D4
basilico Basilikum 10 D1
basta das/es reicht 4 C3
Basta così? Ist das alles? 4 C3
battesimo Taufe 8 E2
Beati voi. Ihr Glücklichen! 11 D1
beige beige 10 A
bel tempo schönes Wetter 11
bello/-a schön 8 B1
ben conservato/-a gut erhalten
  2 lett1
bene gut 1 A1
benessere Wohlbefinden 11 A6
benissimo sehr gut 1 A2
bere trinken 4 E3
bianco/-a weiß 4 A2; 10 A1
biblioteca Bücherei 5 asc3
bicchiere (Trink-) Glas 4 C3

bicicletta Fahrrad 8 A
biglietto Fahrkarte 2 A5
biografia Biographie 8 A3
birra Bier 4 D3
biscottini di Prato *Mandelkekse
  aus der Toskana* 4 G1
biscotto Keks 4 G1
bistecca Steak 4 G1
blu blau 10 A1
borgo Dorf; Viertel 7 D6
borsa (Hand-) Tasche 10 A1
bottega (Tante Emma-) Laden
  7 lett2
bottega storica *Laden mit langer
  Tradition* 10 C1
bottiglia Flasche 4 E3
bravo/-a tüchtig, mutig, gut
  11 D1
breve kurz 10 A5
bruschetta *geröstete Brotscheibe
  mit Belag* 4 F1
brutto/-a hässlich 7 lett2; 11 D1
Buon divertimento! Viel Spaß!
  12 B
Buon proseguimento! Weiterhin
  alles Gute! 12 C
Buon viaggio! Gute Reise! 12 B
buonasera guten Abend 1 A4
buongiorno guten Tag 1
buonissimo/-a sehr gut 10 D5
buono/-a gut 4 D1
busta (Einkaufs-) Tüte 10

C

caffè Kaffee 4
caffelatte Milchkaffee 4 asc3
Calabria Kalabrien 1 F1
calamari Tintenfisch(ringe) 4 F1
caldo/-a warm 4 A5
cambiare umsteigen; umtauschen
  2 A5; 10 B1
camera Zimmer 2 B
camera doppia Doppelzimmer 2 B2
camera singola Einzelzimmer 2 B2
camicia Oberhemd 10 A1
camminare gehen; laufen 7 lett2;
  11 C4
camomilla Kamillentee 4 A5
campagna Land 8 B1
campeggio Campingplatz 11 5
camper Wohnmobil 11 A6
campo da tennis Tennisplatz 2 B1
cannelloni *gefüllte Nudeln* 4 F1
cantautore/-trice Liedermacher/in
  8 A1
canzone Lied 8 A1
canzone melodica Schlager 8 A1
canzone popolare Volkslied 8 A3
capire verstehen; begreifen 11 C4

capitale Hauptstadt 12 B
capo (Kleidungs-) Stück 10 A1
capo d'abbigliamento Kleidungsstück 10 asc3
Capodanno Neujahr 8 E6
cappuccino Cappuccino 4 A5
caratteristico/-a charakteristisch
  10 C1
carino/-a hübsch, nett 10 A
carne Fleisch 4 E3
Carnevale Karneval 8 E6
caro/-a teuer; lieb 4 A2; 8 E2
carta (Land-) Karte 2
casa Haus 5 A5
casalingo/-a Hausmann/-frau
  5 A1
caso Fall; Zufall 4 A2
cassa Kasse 4 A2
cassiera Kassiererin 4 A2
castello Burg; Schloß 10 ric
CD CD 10
c'è/ci sono es gibt 7 A5
C'è il parcheggio? Gibt es einen
  Parkplatz? 2 B2
C'è il sole. Die Sonne scheint.
  11 D2
celeste himmelblau 10 A3
cellulare Handy 7 A1
cena Abendessen 4 E3
centesimo (Euro-) Cent 4 A2
centro Zentrum 1 F1
centro commerciale Einkaufs-
  zentrum 7 C3
centro di salute e benessere
  Wellnesscenter 11 A6
centro storico Altstadt, historischer
  Ortskern 2 lett1
cercare suchen 1 E1
certo/-a sicher, selbstverständlich
  2 B2
chattare chatten 1 E1
che was 4 A2
che cosa was 4 A2
Che cosa offre Was es bietet
  2 lett1
Che cosa significa? Was bedeutet
  das? 3 B
Che giorno è oggi? Welcher Tag ist
  heute? 11 B3
Che lavoro fa? Was sind Sie von
  Beruf? 5 A5
Che ora è? Wie spät ist es? 7 C1
Che ore sono? Wie viel Uhr ist es?
  7 C
Che prezzi! Was für Preise! 8 B1
che tipo di welche Art von 11 A2
chi wer 8 E3
chiaro/-a klar; hell 7 D3
chiave Schlüssel 2 C1
chiedere (er-)fragen 9 A; 11 B6

chiedere informazioni Informationen erfragen 11 B6
chiesa Kirche 7 D2
chilo Kilo 4 E3; 10 D1
chiudere schließen 7 C3
chiuso/-a geschlossen 5 B1
chiusura Ladenschluss 7 C5
ci vediamo wir sehen uns 7 D1
ciabatta Ciabatta(brot); Pantoffel 1 F1
ciao hallo; tschüs 1
cinema Kino 7
cinghiale Wildschwein 4 G1
cinquanta fünfzig 4 B1
cintura Gürtel 10
cioccolata Schokolade 4 A5
circa ungefähr 11 B2
città Stadt 1 E6
classe Klasse; Klassenzimmer 1 B3
classico/-a klassisch 8 A3
cliente Kunde/Kundin 10 B2
coca-cola Coca-Cola 4 A5
cofanetto Kästchen, Schatulle 8 E2
cognato/-a Schwager/Schwägerin 8 E1
cognome Familienname 1 E6
colazione Frühstück 2 B2
collega Kollege/Kollegin 1 B1
collegamento (Verkehrs-) Verbindung 11 B2
collegare verbinden 5 B6
colloquio (di lavoro) Vorstellungsgespräch 5 B1
colore Farbe 10 A3
come wie 1
come al solito wie üblich 5 D1
come antipasto als Vorspeise 4 F1
Come arrivarci Wie man dorthin gelangt 2 lett1
Come faccio adesso? Was mache ich jetzt? 7 C2
come mai warum, weshalb 2 A5
Come no? Selbstverständlich! 10 B1
Come, scusi? (Wie,) bitte? 2 C1
Come si pronuncia? Wie spricht man das aus? 1 F
Come va? Wie geht's? 1
Come vanno? Wie passen sie? 10 B1
cominciare anfangen 5 D1
commedia Komödie 8 A3
commentare kommentieren 10 A1
commerciale Kommerz-, Handels- 7 A1
commesso/-a Verkäufer/in 5 A1
comodo/-a bequem 5 B3
compagno/-a Gefährte/Gefährtin 8 C1
compleanno Geburtstag 8 E2

completamente vollständig, ganz und gar 11 C4
completare vervollständigen 1 A2
completo Kostüm 10 A5
completo gonna e giacca Kostüm 10 A5
completo pantaloni Hosenanzug 10 A5
complicato/-a kompliziert 7 D1
comprare kaufen 8 B1
comunque jedenfalls; trotzdem 8 C1
con mit 2 A5
con due puntini mit zwei Pünktchen 2 C1
con me mit mir 11 A2
concerto Konzert 8
confrontare vergleichen, gegenüberstellen 5 D3
coniglio Kaninchen 4 F1
conoscere kennen 11 C1
conservato/-a erhalten, konserviert 2 lett1
contento/-a zufrieden 5 B1
continuare dritto geradeaus weitergehen 7 D3
contorno Beilage 4 E3
controllore Kontrolleur 2 A5
convenire sich empfehlen, günstig sein 11 B2
conversazione Unterhaltung, Gespräch 1 C6
conviene es empfiehlt sich 11 B2
convinto/-a überzeugt 10 B1
coperto Gedeck 4 G1
coppia (innamorata) (Liebes-) Paar 11 asc3
cornetto Hörnchen 4 A1
corsa Lauf; Rennen 7 A
corso Kurs 7 A4
corto/-a kurz 10 B5
cosa Sache 6 A; 12 A
così so 2 A1
così così so lala 1 A2
Costa Amalfitana Amalfiküste 11 A5
costare kosten 10 D1
costume da bagno Badeanzug; Badehose 10 A5
cotone Baumwolle 10 A1
coupon Coupon 11 C1
cravatta Krawatte 10 A1
creativo/-a kreativ 5 B3
crocetta Kreuzchen 2 A3
crostini *Brotscheiben mit Belag* 4 G1
cucina Küche 11
cucinare kochen 5 C
culturale Kultur-; kulturell 11 A2
cuoco/-a Koch/Köchin 5 C1
cura Kur; Pflege 1 F1

D

d'estate im Sommer 11 A5
da ... a von ... bis ... 7 C5
da bere zu trinken 4 E3
da 122 anni seit 122 Jahren 10 C1
da due giorni seit zwei Tagen 11 D1
Da grande farò ... Wenn ich groß bin werde ich ... 5
da insalata für einen Salat 10 D1
da quando seit 8 A1
da quanto tempo wie lange schon 11 D5
da queste parti in dieser Gegend 7 A1
da vedere zu sehen 11 B2
da voi bei euch/Ihnen 7 C4
dagli anni Trenta seit den dreißiger Jahren 7 lett2
d'accordo einverstanden 5 B1
Dai ... Ach, komm ... 5 D1
dal 1998 al 2003 von 1998 bis 2003 8 D1
dal vivo live 7 D6
dalle due alle tre von zwei bis drei 7 C2
data Datum 8 E2
davanti a vor *(örtlich)* 7 B1
Davvero? Wirklich? Tatsächlich? 1 D1
decorato/-a geschmückt 11 B2
dedicarsi sich widmen 11 A6
delikatessen Delikatessen 10 C1
dentista Zahnarzt/Zahnärztin 5 D1
di corsa im (Dauer-)Lauf 7 A
di dove woher 1 D1
di fronte a gegenüber von 7 B1
di gran qualità von hoher Qualität 10 C1
di mattina morgens 7 C2
di nuovo von neuem 5 D1; 7 C2
di pregio wertvoll 10 C1
di primo als ersten Gang 4 F1
di secondo als zweiten Gang 4 F1
di sera abends 7 C2
di solito für gewöhnlich 4 asc3
di stagione der Saison 4 G1
di tanto in tanto manchmal, ab und zu 5 C3
di tutto alles (Mögliche) 10 C1
dialogo Dialog, Gespräch 1 E4
dicembre Dezember 11 B1
dieresi Umlaut 2 C2
dintorni Umgebung 12 B
Dipende. Das kommt darauf an. 8 A1
dire sagen 10 B6
discutere besprechen, diskutieren 7 C5
disegno Zeichnung 7 D3

dite sagen Sie 5 D6

ditelo sagen Sie es 12 A

ditta Firma 5 A4

diverse attività verschiedene Aktivitäten 9 A

diverso/-a verschieden 11 A2; 11 C

divertimento Vergnügen, Spaß 12 B

divertirsi sich amüsieren, Spaß haben 11 A3

dolce süß; Süßigkeit 4 D1; 10 C1

Dolomiti Dolomiten 11 A2

domanda Frage 2 B2

domandare fragen 2 A8

domani morgen 5 B1

domatore Dompteur 5 A

domenica Sonntag 2 B3

dopo nach 7 D3

doppia Doppelzimmer 2 B2

dormire schlafen 8 B1

dormire fino a tardi lange schlafen 8 B1

dottore Doktor 1 C3

dottoressa Frau Doktor 1 C3

dove wo 1 D

dovere müssen 5 D4

Dresda Dresden 1 D4

dritto geradeaus 7 D3

due giorni fa vor zwei Tagen 11 D1

dunque also 4 F1

duomo Dom 7 B1

durante während 9 A

E

e und 1 A

e così via und so weiter 11 C4

È l'una. Es ist ein Uhr. 7 C1

eccezionale außergewöhnlich 10 D5

ecco hier ist/sind; so weit so gut 2 C1; 7 D3

economia Wirtschaft(swissenschaften) 5 A4

ed und 5 C1

edicola Zeitungskiosk 7

edificio Gebäude 7 lett2

Egregi signori Sehr geehrte Damen und Herren 11 C2

elegante elegant 10 A4

emiliano/-a aus der Region Emilia-Romagna 10 C1

enoteca Weinhandlung 10 C1

Epifania Dreikönigstag 11 B4

esattamente genau 11 C4

escursione Ausflug, Wanderung 11 A6

esempio Beispiel 1 C4; 8 A1

essere sein 1 B1

estate Sommer 2 A5; 11 B1

estero Ausland 8 A1

etto 100 g 10 D1

euro Euro 4 A2

eventualmente eventuell 10 B1

ex compagno/-a di scuola ehem. Mitschüler/in 8 C1

ex-imprenditore ehemaliger Unternehmer 5 C1

F

Fa brutto tempo. Es ist schlechtes Wetter. 11 D1

Fa caldo. Es ist warm. 11 D1

Fa freddo. Es ist kalt. 11 D2

fabbrica Fabrik 5 A2

Faccio il tassista. Ich bin Taxifahrer 5 A

facile leicht 2 lett1

fagioli Bohnen 4 G1

falso/-a falsch 2 lett3

famiglia Familie 6 ital; 8 E

famoso/-a berühmt 8 A1

fantastico/-a phantastisch 11 D1

far vedere zeigen 10 B1

fare machen, tun 5 A5

fare colazione frühstücken 11 A2

fare conversazione sich unterhalten 1 C6

fare delle ipotesi Vermutungen anstellen 1 E3

fare escursioni a piedi wandern 11 A6

fare foto fotografieren 8

fare il letto das Bett machen 5 C1

fare il windsurf surfen 11 A5

fare la spesa einkaufen 5 C1

fare l'orario continuato durchgehend geöffnet haben 7 C2

fare shopping shoppen/bummeln 10 C

fare spese shoppen, bummeln 10 asc3

fare sport Sport treiben 8 A

fare un salto auf einen Sprung vorbeigehen 7 A1

fare un'inchiesta eine Umfrage machen 5 C6

fare una passeggiata einen Spaziergang machen 8 B5

farfalle Nudelsorte in Schmetterlingsform 4 G1

farmacia Apotheke 7 C2

farsi una famiglia eine Familie gründen 8 D1

faticoso/-a anstrengend 5 B3

fattore Faktor 6 B2

favore Gefallen 4 F1

febbraio Februar 11 B1

fegatini Hühnerleber 4 G1

fermarsi (stehen)bleiben; sich aufhalten 11 A6

fermata dell'autobus (Bus-) Haltestelle 7

Ferragosto Mariä Himmelfahrt 11 B4

Ferrovie dello Stato italienische Eisenbahn 8 D1

festa Fest, Feier 7 lett3; 8 E

festa in famiglia Familienfeier 8 E

Festa dei Lavoratori Tag der Arbeit 11 B4

Festa della Donna internationaler Frauentag 11 B4

Festival di Sanremo ital. Schlagerfestival 8 A1

fiasco Korbflasche 2 D1

fiera Jahrmarkt 7 lett2

figlio/-a Sohn/Tochter 8 lett2; 8 E1

Figurati! Stell dir vor! 7 C2

film d'azione Actionfilm 8 A3

finalmente endlich 8 C1

fine settimana Wochenende 2 B2

finire beenden; enden 5 C4

finire di lavorare aufhören, zu arbeiten 5 C1

finire le scuole die Schule abschließen 8 D1

fino a bis (zu) 7 D3

fioraio Blumenhändler/in 7 A1

fiore Blume 10 A4

fiorentino/-a florentinisch 4 G1

flessibile flexibel 5 B1

fonetica Phonetik 2 D

formare delle frasi Sätze bilden 1 B4

forse vielleicht 11 B2

forte Stärke 5 C1

fortuna Glück, glückliches Geschick 5 C5

foto Foto 4; 8

fotografia (d'autore) (künstlerische) Fotografie 8 A3

foulard (Hals-) Tuch 10 A1

fra una settimana in einer Woche 11 D1

francese Franzose/Französin; französisch 1 E3

Francia Frankreich 1 E4

Francoforte Frankfurt 1 D4

frase Satz 1 B4

fratello Bruder 8 E1

freddo/-a kalt 4 D1

frequentare un corso einen Kurs besuchen 9 A

freschissimo ganz frisch 10 D5

fresco/-a frisch 4 G1

fritto/-a gebraten 4 G1

frutta Obst 4 A1

funghi porcini Steinpilze 4 G1

fungo Pilz 4 F1
funzionare funktionieren 7 A2
fuochi d'artificio Feuerwerk 11 B2

G

galleria Gallerie; Passage 1 F1;
  10 C1
gassato/-a mit Kohlensäure 4 C2
gastronomico/-a gastronomisch
  10 C1
gelato (Speise-) Eis 4 A1
generalmente im Allgemeinen
  11 A5
geniale genial 1 F1
genitori Eltern 8 E1
gennaio Januar 11 B1
gente Leute 11
Germania Deutschland 1 E4
gesto Geste 6 B
ghirlanda Girlande 1 F1
già schon 2 A1
giacca Jacke 10 A
giallo Krimi 8 A3
giallo/-a gelb 10 A3
giardino Garten 2 B1
giglio Lilie 7 C2
giocare spielen 8 B5
giocare a carte Karten spielen 8 B5
giocare a tennis Tennis spielen
  8 B5
gioiello Schmuckstück 7 lett2;
  10 C1
giornalaio Zeitungsverkäufer 9 A
giornata Tag, Tagesablauf
  5 C1
giorno Tag 4 F1
giovane jung 5 B1
giovedì Donnerstag 2 B3
girare drehen; abbiegen 5 C1; 7 D1
girare a sinistra nach links
  abbiegen 7 D1
girare intorno a (sich) um etw
  drehen 5 C1
girare per negozi durch Geschäfte
  bummeln 11 A6
giro Tour; Runde 1 F1; 3 C
Giro d'Italia Radrennen in Italien
  1 F1
gita Ausflug 8 asc2; 11 D1
giubileo Jubiläum 1 F1
giugno Juni 11 B1
giungere erreichen 2 lett1
giurare schwören 8 A1
giusto/-a richtig 9 A
gli anni Trenta die dreißiger Jahre
  7 lett2
gnocchetti Kartoffelklößchen 4 G1
godersi genießen 11 A2
gonna Rock 10 A1

grande groß 4 D2
gratuitamente kostenlos 11 C1
gratuito kostenlos 11 C3
grazie danke 1 A1
grigio/-a grau 10 A3
griglia Grill 4 G1
grigliata Grillplatte 12 B
gruppo Gruppe 1 A3
guardare ansehen, betrachten 1
guardare la TV fernsehen 8
gusto Geschmack 11 asc3

I

idea Idee 8 B1
ideale ideal 11 A9
ieri gestern 8 B1
il pomeriggio (am) Nachmittag
  5 B1
illustrato/-a illustreiert, bebildert
  6 A
imparare lernen 2 A6
impegnativo/-a stark beanspru-
  chend; anspruchsvoll 5 B1
imperatore Imperator 10 ric
impiegare (an Zeit) brauchen 11 B2
impiegato/-a Angestellte/r 5 A1
improvvisare improvisieren 12 A
in campagna auf dem Land 8 B1
In bocca al lupo! Viel Glück 5 B1
in continuazione ohne Unter-
  brechung 11 C4
in italiano auf Italienisch 2 C4
in poche parole in wenigen Worten
  12 A
in pochi metri in/auf wenigen
  Metern 10 C1
in tinta unita einfarbig 10 A4
in umido geschmort 4 F1
in vacanza im Urlaub 11
incantare bezaubern 7 lett2
inchiesta Umfrage 5 C6
inciso/-a eingraviert 8 E2
incluso/-a inbegriffen 4 G1
incontrare treffen 8 B1
incredibile unglaublich 7 lett2
incrocio Kreuzung 7 D3
indicare zeigen 11 B4
indirizzo Adresse 11 C1
indovinare (er) raten 8 C6
infermiere/-a Krankenpfleger/
  -schwester 5 A1
infine schließlich 10 C1
informativo/-a informativ 11 C1
informazione Information 11 B
ingegnere Ingenieur/in 1 C1
inglese Engländer/in; englisch 1 E1
iniziare beginnen 10 ric
innamorato/-a verliebt 11 asc2

inquinamento (Umwelt-) Ver-
  schmutzung 8 asc2
insalata Salat 4 E3
insegnante Lehrer/in 5 A1
inserire einsetzen, einfügen 2 B3
insieme zusammen 8 B1
insomma na ja 1 A2
interessante interessant 5 B3
Internet Internet 8 A
intorno a um ... herum 5 C1
invece hingegen, jedoch 4 C2
inverno Winter 11 B1
inviare schicken, senden 11 C1
invitare einladen 8
invito Einladung 8 C1
io ich 1 A1
ipotesi Vermutung, Hypothese 1 E3
isola Insel 11 D1
Italia Italien 1 E1
italiano Italienisch 2 A1
italiano/-a Italiener/in; italienisch
  1 E1; 4 E3
italiano medio durchschnittlicher
  Italiener 4 E3
IVA Mehrwertsteuer 4 G1

J

jeans Jeans 10 asc2

L

la mattina (am) Morgen, (am)
  Vormittag 5 B1
la notte (in der) Nacht 5 B2
Lago (di Garda) (Garda-) See
  11 A1
laguna Lagune 1 F1
lamentarsi sich beklagen 11 C4
lana Wolle 10 A1
largo/-a weit 10 B5
lasagne Lasagne 4 F1
lasciare aufgeben, verlassen 8 D1;
  11 asc4
latte Milch 4 E3
latte macchiato aufgeschäumte
  Milch mit Kaffee 4 A1
lattina (Getränke-) Dose; Büchse
  4 E3; 10 D6
lavorare arbeiten 2 A5
lavorare in coppia zu zweit
  arbeiten 2 A9
lavorare in giardino Gartenarbeit
  verrichten 8 B5
lavorate in gruppi in Gruppen
  arbeiten 1 A3
lavoro Arbeit 2 A5
lavori di casa Hausarbeit(en) 5 C6

Le piace / piacciono Ihnen gefällt / gefallen 8 A2
leggere lesen 1 D2; 8
leggero / -a leicht 8 A3
Lei Sie 1 A1
lei sie 1 A2
lettera Brief 8 E6
letto Bett 5 C1
lettura Lektüre; Lesetext 2 lett1
lezione Lektion 9 A
lì da, dort 7 C2
libero / -a frei 8 A
libero / -a professionista Freiberuf-ler / in 11 A2
libreria Buchhandlung 7 D2
lieto / -a erfreut 1 C1
Lipsia Leipzig 1 D4
liquore Spirituose 10 C1
litro Liter 4 E3
lo stesso das gleiche 11 C4
locale Räumlichkeit; Lokal 7 lett3
lontano / -a weit entfernt 11 A6
loro sie; ihr / e 2 A2 8 gram
Lubecca Lübeck 1 D4
luglio Juli 11 B1
lui er 1 A2
lunedì Montag 2 B3
lungo / -a lang 2 lett3; 10 B5
lungomare Uferpromenade, Straße am Meer 2 B1
luogo Ort 2 lett1
lupo Wolf 5 B1

M

ma aber 1 D1
macchina Auto 11 A6
macelleria Metzgerei 10 C2
madre Mutter 5 D1
maggio Mai 11 B1
maggiore größer / e 11 C1
maglietta T-Shirt 10
maglione Pullover 10 A1
mai nie(mals) 11 A2
maiale Schwein; Schweinefleisch 4 G1
mail E-Mail 2 gram
male schlecht 1 A1
mamma Mama 11 A5
mangiare essen 4 E4
manifestazione Veranstaltung; Kundgebung 7 lett3
mare Meer 2 B1
marito Ehemann 5 C5
marmellata Marmelade 4 asc1
marrone braun 10 A1
martedì Dienstag 2 B3
marzo März 11 B1
maschera Maske 2 D1
maso Bergbauernhof 11 C1

matrimonio Hochzeit 8 E2
mattina Morgen 5 B1; 7 C2
maturo / -a reif 10 D1
mazzetto Bund, Sträußchen 10 D1
medicina Medizin; Medikament 5 A5; 7 C2
medico Arzt / Ärztin 5 A1
medio / -a Durchschnitts-; mittig 4 E3
mediterraneo / -a mediterran 11
meglio besser 8 E2
mela Apfel 10 D3
membro Mitglied 5 C1
meno weniger 7 C1
mentalità Mentalität 11
mentre während 11 A2
menu Menü; Speisekarte 4 E3
meraviglioso / -a wunderbar 8 E2
mercato (del pesce) (Fisch-)Markt 10 C1
mercoledì Mittwoch 2 B3
mese Monat 7 C2
metro Meter 10 C1
mettere una crocetta ankreuzen 2 A3
mettere in ordine aufräumen 5 C1
mezza pensione Halbpension 2 B2
mezzanotte Mitternacht 7 C1
mezzo / -a halbe / r 2 B2; 4 F1; 7 C1
mezzo chilo ein halbes Kilo 10 D1
mezzo di trasporto Verkehrsmittel 11 B2
mezzo litro halber Liter 4 F1
mezzogiorno Mittag 5 B2; 7 C1
mi chiamo ich heiße 2 C
mi dia geben Sie mir 10 D1
Mi dica. Was darf es sein?, *wörtlich:* Sagen Sie mir! 10 D1
Mi dispiace. Ich bedaure. 4 F1
mi piace / piacciono mir gefällt / gefallen 5 B1; 8 A1
Mi scusi. Entschuldigen Sie (mich). 10 D1
Milano Mailand 1 E1
mimica Mimik 6 B
minerale Mineral-; Mineralwasser 4 C2
minestrone Gemüsesuppe 4 F1
mio / -a mein / e 5 B6
misto / -a gemischt 4 G1
moda Mode 10 C1
moda griffata Designermode 10 C1
modello Modell 9 B; 10 B1
moglie Ehefrau 5 C1
moltissimo sehr, überaus 8 A2
molto sehr 1 C1
molto lieto / -a sehr erfreut 1 C1
Monaco München 1 D4
moneta Münze 10 ric

montagna Berg; Gebirge 2 lett1; 11 A6
mortadella Mortadella 10 C1
mostra Ausstellung 7 lett2; 8
movimentato / -a bewegt 11 A2
movimento Bewegung 5 C1
mozzarella di bufala Mozzarella aus Büffelmilch 4 G1
mugnaia Müllerin 4 G1
museo Museum 11 A6
musica Musik 7 D6
musica dal vivo Live-Musik 7 D6
musica leggera Unterhaltungsmusik 8 A3
müsli Müsli 4 asc3

N

nascere geboren werden 8 D
nascita Geburt 10 ric
Natale Weihnachten 8 E6
nato / -a a geboren in 8 lett2; 8 D
natura Natur 11 A2
naturale ohne Kohlensäure, natür-lich 4 C2; 11 C3
naturalmente natürlich 8 E2
nave Schiff 11 A6
navigare su Internet im Internet surfen 8 A
nazionalità Staatsangehörigkeit 1 E6
nebbia Nebel 11 D2
negozio Geschäft 5 A6
negozio d'abbigliamento Bekleidungsgeschäft 10 C1
negozio di frutta e verdura Obst- und Gemüsegeschäft 10 C2
negozio di scarpe Schuhgeschäft 5 A6
nei dintorni di in der Umgebung von 12 B
nel 1937 im Jahr 1937 8 D
nero / -a schwarz 10 A1
nevicare schneien 11 D2
niente nichts 4 F1
niente di speciale nichts Besonderes 8 B1
Niente primo? Keinen ersten Gang? 4 F1
nipote Neffe / Nichte; Enkel / in 8 lett2; 8 E1
no nein 1 D1
noce Walnuss 4 G1
noi wir 2 A2
noioso / -a langweilig 5 B3
nome (Vor-) Name 1 E6
nominare nennen 10 asc3
non nicht 1 D1
non ... ancora noch nicht 8 E2

Non c'è male. Nicht schlecht. 1 A1

Non c'è problema. Kein Problem. 10 B1

non ... mai nie(mals) 11 A2

non ... niente nichts 11 A2

Non so. Ich weiß nicht. 4 F1

nostro/-a unser/e 8 E2

nota Notiz 4 asc1

notte Nacht 5 B2

novanta neunzig 4 B

novembre November 11 B1

novità Neuigkeit 5 B1

nozze d'oro goldene Hochzeit 8 E2

numero Zahl; Schuhgröße 4 B; 10 B7

nuovo/-a neu 5 B

nuvoloso/-a wolkig 11 D2

O

o oder 2 B2

Oddio! Oh nein! 7 C2

odore Geruch 8 lett2

offrire anbieten 2 lett1; 6 ital

oggi heute 4 F

ogni giorno jeden Tag, täglich 5 C3

Olanda Niederlande 1 E4

olandese Niederländer/in; niederländisch 1 E

olio Öl 4 G1

ombra Schatten 10 C1

ombrellone Sonnenschirm 11 A5

operaio/-a (specializzato/-a) (Fach-) Arbeiter/in 5 A1

oppure oder (aber) 11 C1

opuscolo Prospekt 11 C1

ora jetzt; Stunde 3 A; 7 C1

orario Arbeitszeit; Fahrplan 5 B1; 11 B2

orario di sportello Schalterstunden 7 C5

ordinare bestellen 4 C2

ordine Ordnung 5 C1

orecchiette *Nudelsorte* 4 F1

ormai inzwischen 5 C1

orologio Uhr 10

orto botanico botanischer Garten 9 A

ospedale Krankenhaus 5 A2

ospitare beherbergen 7 lett2

ospite Gast 8 B5

osservare beobachten; betrachten 2 A4

ottanta achzig 4 B1

ottobre Oktober 11 B1

P

pacchetto Päckchen 1 F1

pacco Packung 10 D6

pace Frieden 8 B1

paese Land 11 A6

pagina Seite 7 lett2

paio Paar 10 A4

palestra Fitness-Studio 7 A4

pane Brot 4 asc3

panetteria Bäckerei 10 C2

panificio Bäcker; Bäckerei 10 C1

panino Brötchen 4 A1

pantaloni Hose(n) 10 A1

papà Papa 8 C4

paracadutismo Fallschirmspringen 11 A2

paradiso Paradies 10 C1

parcheggio Parkplatz 2 B1

parecchio/-a einige/s 8 asc2

parente Verwandte/r 8 E2

Parigi Paris 1 E4

parlare sprechen 2 A1

parlare l'italiano italienisch sprechen 2 A1

parmigiano Parmesan 1 F1

parola Wort 2 lett3

parole associate vernetzte Wörter 3 A

parole giuste passende Worte 9 B

parole illustrate bebilderte Wörter 6 A

parrucchiere Friseur 7 A4

parte Teil; Seite 7 A1; 8 C1

partenza Abfahrt; Start 9 A; 11 D5

partire (per) aufbrechen zu/nach 11 A2

Pasqua Ostern 8 E6

passante Passant/in 9 A

passare da vorbeigehen 7 A1; 11 D1

passare le vacanze die Ferien verbringen 2 A6

passeggiare spazieren gehen 11 A2

passeggiata Spaziergang 8 B5

pasta süßes Gebäck; Nudeln 4 A1; 4 E3

pasticceria Konditorei 10 C1

patata Kartoffel 4 G1

patate fritte Pommes frites 4 G1

pausa Pause 11 C4

pazzo verrückt 11 C4

pecorino Schafskäse 10 D5

pelle Leder 10 A1

pensare denken 8 E2; 11 D1

pensionato/-a pensioniert, im Ruhestand; Rentner/-in 5 A4; 5 asc3

pensione Pension 11 B2

peperoni Paprika 4 G1

per für 1 E1

per affari aus geschäftlichen Gründen 2 B1

per caso zufällig 4 A2; 7 A1

per esempio zum Beispiel 8 A1

per favore bitte 4 F1

per fortuna zum Glück 5 C5

per lavoro der Arbeit wegen 2 A5

per lei/lui für sie/ihn 10 A1

per me für mich 4 A2

per persona pro Person 2 B2

per piacere bitte 10 D1

Per piazza San Fedele? (Wie geht es bitte) zur Piazza San Fedele? 7 D5

per te für dich 5

per via di wegen 8 C1

perché warum; weil 5 D1

perciò daher 2 A1

perfetto/-a perfekt 2 B2

perfino sogar 8 E2

però jedoch 1 D1

persona Person 2 B2

personaggio Figur 8 lett2

pesca Pfirsich 4 C2

pescatore/-a Fischer/in 4 G1

pesce Fisch 4 F1

pesce spada Schwertfisch 10 D5

pescheria Fischgeschäft 10 C2

pesto Pesto 4 F1

piace/piacciono gefällt/gefallen 8 A2

Piacere! Angenehm! 1 B

piano langsam 12 A

piatto Gericht 4 E3

piatto del giorno Tagesgericht 4 F1

piazza Platz 7 A1

piazza-gioiello ein Schmuckstück von einem Platz 7 lett2

piazzetta kleiner Platz 4 G1

piccolo/-a klein 4 G1

piede Fuß 11 A6

pilota Pilot 5

pineta Pinienhain 11 A2

piove es regnet 11 D1

piscina Schwimmbad 2 B1

pittura Malerei 8 A3

più mehr 7 D

piuttosto eher 5 C5

pizzetta kleine Pizza 4 D1

po'/poco wenig 4 D1; 10 B1

pochino ein klein wenig 10 B7

poco/-a wenig 10 C1

poeta Dichter 10 ric

poi dann, danach 11 A2

pomeriggio Nachmittag 5 B1

pomodori pelati geschälte Tomaten 10 D6

pomodoro Tomate 4 E3

ponte Brücke 7 D4

portafogli Brieftasche 10

portare tragen 10 A4
porto Hafen 2 lett1
possibilità Möglichkeit 11 C1
posto Platz; Ort 7 lett2; 12 A
potere können 5 D4
pranzare zu Mittag essen 8 B1
pranzo Mittagessen 4 E3
preferire vorziehen, lieber mögen 8 A1
preferito/-a Lieblings- 10 A3
pregare bitten 11 C1
prego bitte (schön) 1 F1; 2 A5; 4 F1
premio Gewinn 11 B2
prendere nehmen 4 A3
prendere appunti Notizen machen 1 C5
prendere il sole sich sonnen 11 A6
prendere nota Notizen machen 4 asc1
prenotare reservieren 2 B
prenotazione Reservierung 2 B3
preparare vorbereiten 5 C1
presentare vorstellen 1 C
presto schnell 8 E2
prezzo Preis 8 B1
prima früher; vorher; zuerst 5 D1; 11 A2
primavera Frühling 11 B1
primi contatti erste Kontakte 3 ital
primo (piatto) erster Gang 4 E3; 4 F1
primo/-a erste/r 4 E3
privato/-a privat 2 B1
problema Problem 5 B1
processione Prozession 11 B5
prodotto Produkt 10
profumo Parfum 10
programmatore/-trice Programmierer/in 5 A1
pronto/-a fertig 5 C1
Pronto? Ja, bitte? 11 D1
pronunciare aussprechen 1 F
proprio wirklich 4 D1
prosciutto Schinken 10 C1
prosecco *italienischer Perlwein* 4 A2
proseguimento Fortsetzung 12 C
prossimo/-a nächste/r 2 A1, 5 D1
provare (aus/an-) probieren; versuchen 3 A; 4 F1; 10; 11 B2
pubblicità Werbung 5
Puglia Apulien 11 A2
pulire sauber machen, putzen 5 C1
puntino Pünktchen 2 C1
punto di riferimento Bezugspunkt 10 C1
purtroppo leider 5 B1

Q

quadri Kästchen, Karos 10 A1
quadro Gemälde 10 ric
qualche einige/s 11 D1
qualche gita einige Ausflüge 11 D1
qualcosa etwas 7
quale welche/r 5 C6
qualità Qualität 10 C1
quando wann 2 B2
Quant'è? Wie viel macht das? 4 A2
quanto/-a wie viel 6 B; 10 D1
quanti/-e wie viele 10 D1
quaranta vierzig 4 B
quartiere (Stadt-) Viertel, Stadtteil 7 A1
quarto Viertel(stunde) 7 C1
quello/-a der(jenige)/die(jenige) 10 C1
quest'anno dieses Jahr 11 A2
questionario Fragebogen 11 A6
questo/-a diese/r 1 B1
qui hier 1 D1
quindi also, daher 11 C4

R

raccontare erzählen 1 E5; 5 C1
racconto Erzählung 8 lett2
radicchio Radicchio 10 D5
ragazzo/-a Junge/Mädchen; (fester) Freund 1 E1; 8 E2
raggiungere erreichen 11 B2
rappresentare aufführen 8 lett2
raramente selten 5 C3
ravioli kleine gefüllte Teigtaschen 4 G1
recentemente kürzlich 10
regalare schenken 8 E2
Regata Storica *historische Regatta* 11 B5
regata Regatta 11 B5
regista teatrale Theaterregisseur 8 lett2
restare bleiben 11 A2
resto Rest 4 A2
riascoltate noch einmal anhören 5 A4
ricapitolare rekapitulieren 1 F1
ricotta Rezept 7 C2
riconoscere (wieder)erkennen 7
riferire referieren 8 C5
riga Streifen 10 A4
rilassante entspannend 11 A2
rilassarsi sich entspannen 11 A
rimanere bleiben 11 B2
Rime e ritmi Reime und Rhythmen 6 A
ripasso Wiederholung 3 A
ripetere wiederholen 1 F1

ripido/-a steil 11 C4
riposare ausruhen 9 A
riposarsi sich ausruhen 11 A2
rispondere antworten 3 C
ristorante Restaurant 2 B1
ritmo Rhythmus 6 A3
ritratto Porträt 10 ric
rivedere wiedersehen 8 E2
rivolgersi a sich wenden an 7 C5
romanzo Roman 8 A3
rosa rosa 10 A3
rosso/-a rot 10 A3
rucola Rucola, Rauke 4 G1
rumore Geräusch; Lärm 7 lett2

S

sabato Samstag 2 B3
sagra (Volks-)Fest; Kirchweih 12 B
sala congressi Konferenzraum 2 B1
sale Salz 11 asc1
Salisburgo Salzburg 1 D4
salotto Salon; Wohnzimmer 7 lett2
salto Sprung 7 A1
salumeria Lebensmittelfachgeschäft 10 C1
salumi Wurstwaren 10 C1
salutare grüßen 11 C4
salute Gesundheit 11 A6
saluto Gruß 7 A1; 8 E2
salve grüß dich/grüßt euch 1 E1
San Sankt 7 D2; 11 B2
San Silvestro Silvester 11 B4
San Valentino Valentinstag 11 B4
sapere wissen 7 D5
sapore di sale Salzgeschmack 11 asc1
sapore Geschmack 11 asc1
Sardegna Sardinien 11 A2
sbagliare sich irren 7 D3
scala Treppe 2 D1
scappare davonlaufen; sofort weggehen 7 A1
scarpa Schuh 10 A1
scarpe da ginnastica Turnschuhe 10 A5
scatola Dose 10 D6
scavi Ausgrabungen 11 D5
sceneggiatore Drehbuchautor 8 lett2
scheda Karteikarte 3 A
scherzare scherzen, spaßen 8 A1
schizzo Skizze 7 D1
sciare Skifahren 8 C1
sciarpa Schal 2 D1
sciopero Streik 2 D1
scontrino Kassenbon 4 A2
scorso/-a vergangene/r 8 B5
scrivere schreiben 1 E7

scultura Skulptur 10 ric
scuola Schule 2 D1
Scusa. Entschuldige. 5 D1
Scusi. Entschuldigen Sie. 2 A1
secondo zweiter Gang 4 E3
secondo la cliente nach Meinung
    der Kundin 10 B2
secondo me meiner Meinung nach
    1 E3
secondo te deiner Meinung nach
    1 E3
secondo voi eurer Meinung nach
    10
segretaria Sekretärin 11 A5
semaforo Ampel 7 D3
semifestivo Feiertag, der als halber
    Arbeitstag zählt 7 C5
semplice einfach 11 C3
semplicemente einfach 11 C1
sempre immer 5 D1
Senta. Hören Sie (mal). 4 C2
Senti. Hör mal. 7 A1
sentiero Weg 11 C4
sentire hören; fühlen 11 B2
seppia Tintenfisch 10 D5
sera Abend 2 B2; 7 C2
servizi Bad 2 B1
servizio (in camera) (Zimmer-)
    Service 2 B1
servizio Bedienung 4 G1
sessanta sechzig 4 B
seta Seide 10 A1
settanta siebzig 4 B
settembre September 11 B1
settimana Woche 5 D1
sfilata Vorbeiziehen; Parade 11 B2
sì ja 1 B1
si dice man sagt 2 C4
si dice così so sagt man 1 F1
si trova befindet sich 2 lett1
siciliano/-a sizialianisch 4 F1
significare bedeuten 3 B
signora Frau; Dame 1
signore Herr 1
simpatico/-a sympathisch 5 B1
singola Einzelzimmer 2 B2
sinonimo di Synonym für 10 C1
sito archeologico Ausgrabungs-
    stätte 11
soggiorno Aufenthalt 9 A
sole Sonne 11 A6
solito/-a üblich/e 4 asc3; 5 D1
solo nur 2 B2
solo/-a allein 11 A2
Sono le tre. Es ist drei Uhr. 7 C1
sorella Schwester 7 A1
sorpresa Überraschung 7 lett2
sorridere lächeln 7 lett2
sotto unter 11 ric; 11 A5
sottolineare unterstreichen 4 E2
spada Schwert 10 D5

spagnolo/-a Spanier/in; spanisch
    1 E3
speciale besondere/r 8 B1
specializzato/-a Fach-; spezialisiert
    5 A1
sperare hoffen 8 E2
Speriamo bene! Hoffentlich geht
    alles gut! 5 B1
spericolato/-a waghalsig 11 A2
spesa Einkauf 5 C1
spesso oft 5 C3
Spettabile Anrede für eine Firma in
    Briefen 11 C2
spiaggia Strand 2 lett1; 2 B1; 11 A5
spiegare erklären 9 A
spinaci Spinat 4 F1
sport Sport 8
sportello Schalter 7 C5
sportivo/-a sportlich 10 A4
sposato/-a verheiratet 8 lett2
spremuta d'arancia frisch
    gepresster Orangensaft 4 A2
spumante Sekt 4 A1
squisito/-a exquisit, ausgesucht
    10 C1
stagione Jahreszeit 4 G1
stamattina heute Morgen/Vor-
    mittag 8 C1
stanchezza Müdigkeit 8 C1
stare sein; sich befinden, bleiben
    1 A2
stare bene sich wohl befinden; gut
    stehen 1 A2; 10 B7
stare a casa zu Hause sein/bleiben
    5 A5
stare da solo/-a allein sein 11 A2
stasera heute Abend 2 C1
statua Statue 10 ric
stazione Bahnhof 2 lett1; 7 B1
stirare bügeln 5 C
stivale Stiefel 10 A1
Stoccarda Stuttgart 1 D4
stoffa Stoff 10 A4
storico/-a historisch 10 C1, 11 C1
strada Straße 7 D4
stressante stressig 5 B1
stretto/-a eng 7 lett2; 10 B1
studente Student 1 gram
studiare studiare 1 E1
studio legale Anwaltskanzlei 1 C3
studio medico Arztpraxis 5 A6
stupendo/-a wundervoll 11 D
subito sofort 7 D1
succo Saft 4 A1
succo di frutta Fruchtsaft 4 A1
sugo Soße 4 E3
sugo di cinghiale Wildschweinsoße
    4 G1
sul mare am/auf dem Meer 2 lett1
sulla destra auf der rechten Seite
    7 D3

suo/-a sein/e; ihr/e 8 gram
supermercato Supermarkt 7
supplemento Zuschlag; Beiheft
    2 B2; 10 C1
svegliarsi aufwachen 11 A2
Svizzera Schweiz 1 E1
svizzero/-a Schweizer/in; schweiz-
    erisch 1 E3
svolgere aus-, durchführen 9 A
svolgersi sich abspielen 11 A4

T

taglia (Kleider-) Größe 10 B1
tagliatelle Bandnudeln 4 G1
tantissimo so sehr; so viel 8 D1
tanto so viel; sehr 5 C1
tardi spät 5 B1; 7 D
tartufo Trüffel 12 B
tassista Taxifahrer/in 5 A1
tavola (gedeckte) Tafel 4 E3
tavolo Tisch 4 F1
tazzina Tässchen 4 E3
tè al limone Tee mit Zitrone 4 A5
tè verde grüner Tee 4 A5
tedesco/-a Deutsche/r, deutsch
    1 E1
telefonata Anruf; Telefongespräch
    8 C4
tempo libero Freizeit 8
tempo Zeit; Wetter 8; 11 A
tennis Tennis 2 B1
testo Text 3 B
ti piace/piacciono dir gefällt/
    gefallen 8 A1
tipico/-a typisch 11 C1
tipo Typ; Sorte 12 A
Tocca a me. Ich bin dran. 10 D1
tono Ton(fall) 6 B
tornare zurückkehren, zurück-
    fahren 2 A1
torre Turm 9 A; 10 C1
torta Torte, Kuchen 4 E3
torta di noci Walnusskuchen 4 G1
tour-operator Reiseveranstalter/in
    5 asc3
tra zwischen 5 C5; 8 A1
tra poco in Kürze; bald 7 A1
traduttore/-trice Übersetzer/in
    11 A2
traffico Verkehr 8 C1
traghetto Fähre 1 F1; 11 B2
tramezzino Sandwich 4 A1
trascorrere verbringen 11 C1
trattoria Trattoria; Gaststätte 4 F
treno Zug 2 A
trenta dreißig 4 B
trentino/-a trientinisch 11 C1
Trentino Trentino 11 A2
troppo zu (sehr) 4 D1

trota (alla mugnaia) Forelle Müllerin **4** G1
trovare finden **8** D1
tu du **1** A1
turista Tourist/in **7** lett2; **11** B2
turistico/-a touristisch **11** A6
turno (di mattina) (Früh-) Schicht **5** D2
tutti/-e alle **1** E1
tutto alles **7** D3
tutto/-a ganz **8** A1

U

ufficio postale Post(amt) **7**
ufficio Büro **5** A2
Umbria Umbrien **11** A1
un po'/poco (di) ein bißchen **2** D; **4** D1
Università Popolare Volkshochschule **5** A3
uomo Mann **5** C1
urgente dringend **7** C2
uscire herausgehen; ausgehen **7** D5
uva Traube **10** D1

V

va bene in Ordnung **2** B2
vacanza Urlaub; Ferien **2** B1
vacanza di studio Studienreise **11** A2
vacanze di solo mare reiner Badeurlaub **11** A6
vario/-a abwechslungsreich **5** B1
vasetto (Konserven-) Glas **10** D6
vaso Vase **8** B1
vedere sehen **7** D1
vegetazione Vegetation **11**
vela Segel **11** A2
venerdì Freitag **2** B2
Venere Venus **10** rica
Veneto Venetien **11** A1
venire kommen **7** D5
vento Wind **11** D2
veramente eigentlich; wirklich **2** A5; **10** B1
verde grün **10** A3
verdura Gemüse **4** G1; **10** C1
…, vero? …, nicht wahr?
vero/-a wahr **1** B1
verso gegen **8** C4
vestito Kleid; Anzug **10** A3
Vesuvio Vesuv **11** D1
vetrina Schaufenster **10** B1
viaggi in paesi lontani Fernreisen **11** A6
viaggiare reisen **11** A6
viaggio Reise **5** A6

viaggio di lavoro Geschäftsreise **10** A5
viaggio organizzato organisierte Reise **11** A6
vicino in der Nähe **7**
Vienna Wien **1** D4
villaggio turistico **11** A6
vino Wein **4** F1
vino della casa Hauswein **4** F1
vinsanto *weißer Dessertwein* **4** G1
viola lila **10** A3
visita Besuch; Besichtigung **8** asc3; **11** D5
visitare besichtigen; besuchen **2** A6
vista Sicht **2** B1
vista sul mare Meerblick **2** B1
vita Leben **5** C1
vivere leben **5** A4
vocabolo Vokabel **3** A
volere wollen **10** B6
voi ihr **2** A2
volere wollen **10** B6
voltare pagina eine Seite umblättern **7** lett2
vorrei ich möchte **2** B
vostro/-a eure/euer **8** gram
vuoto Leere **7** lett2

W

windsurf Surfen **11** A6

X

X Paolo! Für Paolo! **8** C4

Z

zona pedonale Fußgängerzone **7** D2
zoo Zoo **1** gram
zucchero Zucker **4** A1
zuppa (di pesce) (Fisch-) Suppe **4** G1
Zurigo Zürich **1** D4

Lösungen zum Übungsteil

ESERCIZI 1 *Come va?*

1
1c – 2d – 3b – 4a – 5e

2
1. Abbastanza bene, grazie.
2. Così così .../Insomma ...
3. Bene, e tu?
4. (Io sto) benissimo.

3
1. sei – sono – sono
2. sono – è – sei – sono – è
3. è – sono – sono

4
Buongiorno – come – grazie – Lei – male – Le presento

5
● Ciao, Marina.
○ Ciao, Paola, come stai?
● Bene, grazie, e tu?
○ Non c'è male, grazie.
● Marina, questo è Carlo.
○ Ciao, Carlo.
● Ciao.

6
1. Ingegnere, Le presento la signora Rossi.
2. Paolo, questa è Serena.
3. Io sono Paolo Vittorini e questa è Antonella Santi.
4. Dottoressa Mangoni, Le presento l'avvocato Bartoli.
5. Sono l'architetto Marzano.

7
Lösungsvorschlag:
● Buongiorno, sono l'avvocato Cusano.
○ Piacere. Sono la dottoressa Morè.

● È Lei l'ingegner De Mauro?
○ Sì, sono io.
● Piacere. Sono Alessandra Pasqualini.

8
1. Ciao!
2. Come stai/sta? / Come va?
3. Questo/-a è ... / Le presento ...
4. Sono ... / Sono il signor/la signora ...
5. Ciao. / Arrivederci.

9
1. Lei è di Roma ?
    No, sono di Latina, ma abito a Roma.
2. Tu sei di Milano?
    Sì, sono di Milano, ma abito a Torino.

3. Il signor Caputi è di Palermo?
    No, è di Napoli, ma abita a Palermo.

10
1. Lei di dov'è?
2. Dove abiti?
3. Buongiorno!
4. Ciao, come va?
5. Molto lieto/-a.
6. Piacere.

11
olandese – olandese
spagnola – francese – francese
tedesca – francese – tedesco – austriaco
inglese

12
1. francese
2. austriaca
3. inglese
4. olandese
5. spagnola
6. svizzera

13
Ciao a tutti! Sono Elena, italiana di Napoli e cerco amici. Chattiamo?

1 = i   3 = t
2 = o   4 = e

14
1. di – a
2. di – di
3. in – in
4. in – a
5. a – a
6. di – di

15
stai – sta – è – sei – è – sono

16
Ciao, Marco! Come stai?/Come va?
Marco, questa è Angela.
Angela è svizzera, di Basilea, ma adesso abita a Berlino.
Ciao, Marco.

17
1. abita
2. presento
3. stai
4. sono – è – sono
5. abiti

18
Caserta: musica – discoteca – zucchini – discussione – architettura – anche
Vicenza: medicina – cioccolata – cinema – Valpolicella – piacere – Lancia
Lugano: gondola – elegante – Lamborghini – spaghetti – gusto – guardaroba
Genova: Pinot grigio – parmigiano – giraffa – Germania – Giulia – gelato

19

come – architetto – francese – ingegnere – tedesco/-a – buongiorno – così così – collega – arrivederci – cognome – austriaco/a – avvocato – città – amicizia – prego

ESERCIZI 2 *Dove vai?*

1

1. sono – sei – è
2. siete – siamo – sono

2

Tu studi ancora?
Loro studiano a Vienna.
Noi lavoriamo in un albergo.
Voi abitate in Germania?
Io lavoro a Monaco.

3

1. andiamo
2. vanno
3. va
4. vado
5. vai
6. va
7. andate

4

1. come stai/come va
2. Come mai siete
3. Dove abitano
4. lavora
5. lavorate
6. di dove
7. è
8. sei

5

in – a – di – in – in – a – a – a – in

6

1. Il signore e la signora Kreisler **non** abitano a Pavia.
2. Il signore e la signora Kreisler **non** tornano a Francoforte.
3. Rita **non** lavora in un ristorante.
4. Rita e Manuela **non** studiano a Bologna.

7

già – vero – adesso

8

1. estate
2. biglietto
3. tennis
4. stazione
5. albergo
6. vacanze
7. lavoro
8. Italia
9. città
10. amico

Lösungswort: Senigallia

9

il	bar – gelato – cappuccino – treno
l' ♂	albergo – ascensore – aeroporto – architetto
lo	zoo – sport – studente – spagnolo
la	pizza – camera – signora – banca
l' ♀	estate – aria – autostrada – amica

10

Signora Bianchi	Portiere
C'è il parcheggio?	Sì, c'è.
C'è la piscina?	Sì, c'è.
C'è il ristorante?	Sì, c'è.
C'è l'ascensore?	No, non c'è.
C'è la spiaggia privata?	Sì, c'è.

11

● Hotel Villa Sten, buongiorno.
○ Buongiorno, vorrei prenotare una camera singola per questo fine settimana.
● Sì, va bene, e a che nome?
○ Schumann.
● Sciu ... come, scusi?
○ Schumann. Esse – ci – acca – u – emme – a – enne – enne.
● Schumann, va bene.
○ Sì. Senta, c'è anche la piscina, vero?
● Sì, signora, la piscina e anche la spiaggia privata.
○ Ah, benissimo! Allora grazie e arrivederci.
● Arrivederci.

12

1. Il signor Arcari è di Treviso, vero?
2. All'Hotel Sole non c'è il parcheggio.
3. Martina studia a Perugia, ma è di Todi.
4. Non andate a trovare Luca?
5. Per Frosinone devo cambiare treno.
6. Alessandro va in Francia per lavoro.

13

sono – abito – vado – è – studia – lavora – parla – passiamo – visitiamo – torno – va

14

1. Scusi
2. vero
3. vorrei
4. A proposito
5. Grazie

15

2. parcheggio
3. giardino
4. albergo
5. spiaggia
6. piscina

16

Bayer:
bi – a – ipsilon – e – erre

Holunderweg:
acca – o – elle – u – enne – di – e – erre – vu doppia – e – gi

Köln:
cappa – o con due puntini – elle – enne

Schal: sciampo
Schere: ascensore – pesce
Schild: scirocco
Schock: camoscio
Schuster: prosciutto

Skandal: Frascati – pesca
Skelett: schema – scherzo
Skizze: tedeschi
Skonto: fresco
skurril: scusi – scultura

ESERCIZI 4 *Prendi un caffè?*

1

Il signore prende un tramezzino e un tè,
la bambina un gelato,
il bambino un succo di frutta,
la signora un caffè, un'acqua minerale e una pasta.

2

1. prende – prendete – prende
2. prendiamo
3. Prendi – prendo – prendono

3

1. hanno
2. ha
3. hai
4. abbiamo
5. ha
6. ho

4

● Ragazzi, prendiamo un aperitivo?
○ Va bene, andiamo al bar Rossini.
Al bar
● Io prendo un Campari, e voi?
○ Prendo un Campari anch'io.
△ Io invece prendo un Aperol.
● Allora un Aperol e due Campari.
■ Sono 6 euro e 80.

5

un   aperitivo – caffè – cornetto
uno spumante – scontrino – spagnolo
una birra – coca-cola – pasta
un'   aranciata – acqua – idea

6

8	9	venti
dieci	sedici	6
17	undici	14
diciannove	18	tredici
12	quindici	sette

7

Due euro e venti.
Cinque euro e novanta.
Tre euro e sessanta.
Due euro e settanta.
Un euro e ottanta.

8

(Io) prendo un cappuccino.
Vorrei un cappuccino.
Per me un cappuccino.

9

im Plural unverändert:
bar
caffè
tè
hotel
tiramisù

Pluralform auf -i:
cappuccini
gelati
panini
bicchieri
tramezzini

Pluralform auf -e:
aranciate
pizzette
cioccolate
birre
paste

10

un tè verde
un aperitivo analcolico
una birra grande
un'aranciata amara
un latte macchiato

11

75 settantacinque
99 novantanove
41 quarantuno
25 venticinque
33 trentatré
88 ottantotto
67 sessantasette

Welche Zahl entspricht dem Lösungswort? 59

12

i bar – gli antipasti – lo scontrino –
le aranciate – le città – il cornetto – i ristoranti –
la trattoria – gli aperitivi – l'amica – la pasta

13

Lösungsvorschlag:
Un tavolo per due (persone), per favore.
Sì, va bene. Cosa avete di buono oggi?
Avete anche i crostini?
Tu cosa prendi?
(Allora) io prendo i crostini e di secondo i calamari alla griglia. E da bere una bottiglia di acqua minerale.

14

Il – la – un – un – un – un – un' – lo – i – le – l'/un' – i – gli – i – gli – il – una – una

15

1. Dunque
2. Ecco
3. va bene
4. grazie
5. mi dispiace
6. per favore

16

1. Cosa prendi / prende?
2. Come sono le tagliatelle?
3. Dov'è il ristorante Fellini?
4. Prendete / Prendiamo un aperitivo?

5. Com'è il pesce?
6. Quant'è?

17

Lösungsvorschlag:
una piccola zuppa di pesce
spaghetti ai frutti di mare
agnello alla griglia
spinaci e insalata mista
acqua e vino bianco
frutta
un pezzo di torta di noci
un amaro
un caffè

ESERCIZI 5 *Tu che cosa fai?*

1

♂ l'– il – l'infermiere – l'operaio – il – il – il
♀ l'impiegata – la casalinga – l' – l' –
   la programmatrice – la commessa – la cameriera
♂♀ l'ingegnere – l'avvocato – l'architetto – il medico

2

il cameriere – programmatrice – avvocato – infermiera
– l'operaio – il tassista – medico – la commessa

3

1. fai – faccio
2. fa
3. fate – fanno
4. facciamo
5. fa

4

waagerecht: fabbrica – ospedale – ufficio – negozio
senkrecht: banca – albergo – scuola – ditta

Lösung: agenzia di viaggi

5

Lösungsvorschlag:
Ciao, Paolo. (Io) sto bene, grazie. E tu?
Abito (qui) a Lucca e lavoro in una ditta di computer.
Sì, è un lavoro interessante. Sono proprio contento.
E tu abiti ancora qui (a Lucca)?
E che lavoro fai? / E che cosa fai?
È un lavoro impegnativo ...

6

faticoso – impegnativo – stressante – poco flessibili –
nuova – giovane – molto simpatica – buona

7

nuovo – contenta – impegnativo – vario – flessibili –
chiuso – giovani – simpatica – calda – minerale

8

la mattina – Il pomeriggio – la notte – La sera –
mezzogiorno

Reihenfolge der Sätze: 1 – 5 – 2 – 4 – 3

9

pulisco – pulisci – pulisce – puliamo – pulite –
puliscono
finisco – finisci – finisce – finiamo – finite – finiscono

10

1d – 2f – 3e – 4a – 5g – 6b – 7c

11

è – ha – pulisce – stira – va – lavora – torna – prepara –
è – finisce – arriva – mangiano

12

1. Rino ha 75 anni ed è pensionato.
2. Irene è commessa e vive a Salerno con il marito.
3. Michele non va d'accordo con i colleghi.
4. Lunedì Sandro ha un colloquio alla Fiat.
5. La signora Bianchi è ingegnere.
6. Claudio è cuoco e lavora di sera.

13

1. il mio	4. tuo	7. La sua
2. Mio	5. il tuo	8. sua
3. La mia	6. La tua	9. Il suo

14

lunedì – *martedì* – mercoledì – giovedì – venerdì –
sabato – domenica

15

posso – puoi – può – possiamo – potete – possono
devo – devi – deve – dobbiamo – dovete – devono

16

1. puoi – posso – devo	4. può – deve
2. devi – devo – possiamo	5. dobbiamo
3. devo – possiamo	6. devono

17

Mi dispiace, ma – Dai – No, guarda – Come mai –
Perché – Per fortuna

ESERCIZI 7 *C'è una banca qui vicino?*

1

a   allo – alla – ai – agli
da dal – dalla – dall' – dagli – dalle
in   nel – nello – nell' – nei – nelle

2

a alla – allo – al – all'
da dall' – dal – dalla – dagli
in nel – nella – nel – nell'

3

dal – al – dal – all' – al – dal – al

4

nelle – nei – negli – nelle – nei – nelle – nei – negli – nelle – negli

5

1. alla / in posta – al ristorante – in palestra
2. dal medico – a scuola – al / nel parco
3. in banca – alla stazione – in / all'albergo

6

1. c'è – ci sono
2. ci sono – ci sono
3. c'è – c'è
4. ci sono – c'è

7

1. c'è	5. è
2. c'è	6. c'è
3. c'è	7. C'è
4. è	8. è

8

1. davanti al
2. accanto alla
3. accanto al
4. di fronte alla
5. accanto alla

9

1. Il mio cellulare non funziona. / Ho un problema al cellulare.
2. C'è un'edicola qui vicino?
3. No, in questo quartiere purtroppo non c'è una farmacia.
4. Scusi, dov'è la stazione?
5. Mi dispiace, ma adesso/ora devo proprio andare (/scappare).

10

links: Sono le due e mezzo
    Sono le quattro meno un quarto.
    È mezzogiorno.
    Sono le sette e venti.

rechts: È l'una.
    Sono le tre meno dieci.
    Sono le sei e un quarto.
    È mezzanotte.

11

1. Il supermercato è aperto (la mattina) dalle otto e un quarto a mezzogiorno e mezzo e (il pomeriggio) dalle tre alle sette.

2. La farmacia è aperta (la mattina) dalle otto e mezzo a mezzogiorno e mezzo e (il pomeriggio) dalle tre e mezzo alle sette e mezzo.
3. L'ufficio postale è aperto dalle otto e dieci alle sette. Il sabato è aperto (la mattina) dalle otto e dieci all'una.

12

1. Scusi, a che ora / quando apre il supermercato?
2. Scusi, che ore sono?
3. A che ora / quando chiudono i negozi del centro commerciale?
4. Quando arriva Roberto?

13

a destra – fino all'incrocio – a sinistra – la piazza – in via Calvi

14

gira / va – dritto – a destra – continua / va (sempre) – gira / va – attraversa

15

1. sai	10. sanno
2. esci	11. apre
3. esce	12. apro
4. apriamo	13. sa
5. sapete	14. apri
6. aprono	15. esco
7. sappiamo	16. so
8. usciamo	17. aprite
9. uscite	18. escono

16

1. vieni – vengo – Vengono – viene
2. Venite – veniamo

17

così di corsa – Faccio un salto – da queste parti – come faccio – Ah già, è vero!

18

C'è un bancomat qui vicino?
I negozi fanno l'orario continuato?
A che ora comincia il film?
Posso prenotare tre biglietti per martedì sera?

ESERCIZI 8 *Che cosa hai fatto ieri?*

1

1. Ti piace leggere?
2. Ti piace andare in bicicletta?
3. Ti piace ballare?
4. Ti piace ascoltare la musica?

2

1. Ti piace
2. ti piacciono – mi piacciono
3. Le piacciono – mi piacciono
4. Mi piace

3

1. No, non mi piacciono proprio/molto.
2. No, (veramente) non mi piace molto/tanto.
3. No, (veramente) non mi piacciono tanto.

4

dell' – delle – delle – del – dello – del – del – degli – dell' – delle – della

5

pulito – mangiato – giocato – ascoltato – finito – avuto – dormito – arrivato – andato – tornato

Lösung: incontrato

6

● Che cosa hai fatto sabato mattina?
○ Ho pulito la casa.

● Che cosa ha fatto Enrica ieri pomeriggio?
○ Ha lavorato in giardino.

● Che cosa hanno fatto Enzo e Gina lo scorso fine settimana?
○ Hanno avuto ospiti.

7

Andrea e Giovanni (/Anna e Fabio) sono venuti con noi a sciare.
Silvia e Lucia sono arrivate stamattina.
Alessandro è stato in piscina con gli amici.
Barbara è tornata dal lavoro alle sei.
Alessandro è andato al cinema ieri sera.
Andrea e Giovanni (/Anna e Fabio) sono arrivati alle dieci di sera.
Barbara è uscita con Paolo sabato scorso.
Silvia e Lucia sono state al mare per una settimana.

8

essere – uscire – arrivare – tornare – venire – andare

9

1. siamo
2. è
3. ho
4. Siete
5. abbiamo

10

Lucia Gabrielli:
sono stata – sono tornata – ha telefonato – è venuto – siamo usciti – Siamo andati – siamo stati

Roberto Giani:
ho lavorato – ho parlato – sono andato – sono arrivato – siamo usciti

Lucia: «Roberto è venuto a casa mia verso le nove.»
Roberto: «Sono arrivato a casa sua alle otto e venti circa.»

11

fare   stare / essere   vivere
chiudere   aprire   venire

12

Carla è nata a Lucca nel 1917. Nel 1928 ha finito le scuole. Dal 1935 al 1941 ha lavorato come sarta. Nel 1938 ha conosciuto suo marito. Nel 1943 è nato suo figlio. Nel 1950 è nata sua figlia. Ha sempre vissuto a Lucca con la famiglia. Nel 1998 è andata a vivere dalla famiglia di suo figlio.

13

Sono solo tre persone:
A è il **padre** di B.
B è il **figlio** di A e il **padre** di C.
C è il **figlio** di B

14

Lösungsvorschlag:
Carlo è il cognato di Stefano / il marito di Francesca / il figlio di Anna e Franco.
Anna è la moglie di Franco / la madre di Cristina e Carlo / la sorella di Federica.
Francesca è la madre di Giacomo e Nicoletta / la moglie di Carlo / la cognata di Cristina.
Giacomo è il figlio di Carlo e Francesca / il nipote di Anna e Franco / il fratello di Nicoletta.

15

io: il mio – le mie – i miei – la mia
tu: il tuo – la tua – i tuoi – le tue
lei / lui: i suoi – il suo – le sue – la sua
noi: le nostre – il nostro – i nostri – la nostra
voi: i vostri – le vostre – il vostro – la vostra
loro: i loro – la loro – le loro – il loro

16

mia – le mie – i miei – mio – mia – il mio – le mie – mia – suo – i suoi - le loro – i loro

17

Cara Rossella,
mille grazie per il regalo. La festa è stata bellissima. Sono venuti tutti i nostri parenti e abbiamo mangiato in un ristorante a Como. Dopo pranzo abbiamo fatto una passeggiata sul lungolago e siamo tornati a casa molto tardi. E tu adesso come stai?
Tanti saluti e un caro abbraccio. Eleonora

18

carnevale
battesimo
matrimonio
Pasqua
Natale
capodanno

Lösung: compleanno

ESERCIZI 10 *Li vuole provare?*

1

links: la camicia – la cravatta – la giacca – la cintura – i pantaloni – le scarpe
rechts: il foulard – la maglietta – il completo – la borsa – gli stivali

2

grigia – bianca elegante – beige – marrone – classico blu – sportivi rosa – celeste – marroni comode – arancione

3

a – di – di – a – di – da – di

4

Una camicia a righe, un orologio, un portafogli di pelle, un giallo, un profumo e due CD.

5

● Buongiorno.
○ Buongiorno signora!
● Senta, vorrei vedere il vestito rosso che è in vetrina.
○ Sì. Ecco.
● Mmh ... è carino. Però questo rosso ... non so.
○ C'è anche in blu e in bianco, se preferisce.
● Lo posso provare in blu?
○ Certo. Che taglia porta?
● La 44.

○ Allora, come va?
● Va benissimo. Lo prendo perché è proprio carino.
○ Bene. Vuole vedere qualcos'altro?
● No, grazie, va bene così.

6

Vorrei vedere i pantaloni che sono in vetrina.
Li posso provare?
Ci sono anche in nero?

7

vuole – voglio – volete – vogliono – vogliamo – Vuoi

8

dico – dici – dice – diciamo – dite – dicono

9

1. lo   4. li
2. le   5. lo
3. la   6. li

10

Lo – elegante – Li – stretti – La – lunga – lo – sportivo – lo

11

1. in panetteria
2. in pescheria
3. in macelleria
4. nel negozio di frutta e verdura
5. in salumeria

12

Tocca a me.
Vorrei delle mele.
Due chili.
Sì, vorrei anche mezzo chilo d'uva.
Bianca, per favore.
Sì. E poi mi dia anche quattro peperoni gialli.
No grazie, basta così.

13

1. mortadella   6. insalata
2. pomodori   7. formaggio
3. funghi   8. peperone
4. olio   9. mela
5. uva   10. prosciutto

14

Lösungsvorschlag:
Del vino, dell'acqua minerale, della birra, della coca-cola.
Dell'insalata mista, degli spaghetti al pomodoro, degli spaghetti con i funghi (porcini), della mozzarella (con pomodori), del formaggio, del prosciutto, delle melanzane, degli zucchini, del pane.

15

lattine – bottiglie (/litri) – vasetti – pacco – pacchi – scatole – chili – etti

16

di – di – dell' – di – dei – di – delle – degli – di – d' – dello – di

17

1. Ah, bene. Così lo posso *fare alla griglia.*
2. Le vorrei *di vitello.*
3. *49 Euro,* la vuole provare?
4. Lo preferisce *dolce o secco?*
5. Li vuole *rossi o gialli?*
6. Sì, ma solo mezzo chilo, a casa *li mangio solo io.*

ESERCIZI 11 *Cosa fate in vacanza?*

1

bel tempo – siti archeologici – vegetazione mediterranea – gente – cucina

2

in – al/sul – in – nel – al – nelle – sulle – a

3

1. *Alla gente piace fare* mille attività *diverse.*
2. *In vacanza* resto a letto fino alle *10.*
3. *Io in vacanza* non mi riposo mai.

4

si	ti	mi	vi
ti	vi	si	ci
si	mi	ci	si

5

si divertono – si svegliano – ci alziamo – ci godiamo – si rilassa – si annoia

6

Lösungsvorschlag:
In vacanza noi andiamo sempre in campeggio, non andiamo mai in albergo. Viaggiamo sempre in macchina, non prendiamo (quasi) mai il treno. Non passiamo mai le vacanze in montagna, ma andiamo sempre al mare. Non scriviamo mai cartoline, ma ci riposiamo in spiaggia.

7

1. gennaio	7. luglio
2. febbraio	8. agosto
3. marzo	9. settembre
4. *aprile*	10. ottobre
5. maggio	11. novembre
6. giugno	12. dicembre

Lösung: Le quattro stagioni

8

Lösungsvorschlag:
Buongiorno. Senta, vorrei un'informazione.
Mi può dire quand'è la Sagra di Sant'Antonio?
Ah, domenica prossima! E che collegamenti ci sono?
Sì, grazie. Però mi dia solo quelli del treno.
Penso di partire la mattina.
Ah sì, grazie. Molto gentile.

9

1. processione
2. orario
3. aliscafo
4. traghetto
5. turista
6. mezzi di trasporto
7. fuochi d'artificio

Lösung: Palermo

10

1. *raramente*
2. finalmente
3. velocemente
4. direttamente
5. naturalmente
6. regolarmente
7. veramente
8. attualmente

11

tranquille – Normalmente – diverse – normale – recentemente – direttamente

12

A Bolzano nevica.
A Trieste c'è il vento.
A Milano c'è la nebbia.
A Bologna piove.
A Roma è nuvoloso.
A Bari c'è il sole.

13

1. (Sono a Sorrento) da dieci giorni.
2. (Torniamo a casa) fra una settimana.
3. (Finiscono) fra sei giorni.
4. (Ho cominciato ad imparare l'italiano) un anno fa.
5. (Non vado a trovare mia madre) da un mese.

14

1. *la cucina*
2. la prenotazione
3. l'arrivo
4. la partenza
5. il viaggio
6. il lavoro
7. lo studio
8. l'informazione

15

Lösungsvorschlag:
«*Tre giorni fa sono arrivata in Italia.* Ho passato il pomeriggio a Bolzano. Due giorni fa sono stata al Lago di Garda e ho fatto una gita in barca a vela. Ieri sono andata a un concerto a Verona. Oggi passo la giornata in spiaggia a Jesolo. Domani voglio andare a Venezia e fare una gita alle isole di Murano e Burano. Fra due giorni vado a visitare la Cappella degli Scrovegni a Padova. Fra tre giorni ritorna a casa.»

16

Lösungsvorschlag:
Ciao ragazzi!
Sono in Toscana, a Siena (,e mi godo le vacanze). Siena è molto bella. Fa anche bel tempo, c'è il sole e fa caldo. Ieri ho visitato San Gimignano.
Tanti saluti, ...

Transkriptionen

Einige wenige Texte sind in der jeweiligen Lektion nicht vollständig abgedruckt, denn beim Anhören dieser Texte sollen Lücken ausgefüllt oder Sätze in die richtige Reihenfolge gebracht werden. Hier finden Sie die komplette Niederschrift dieser Texte.
Die Hörübungen und die reinen Hörtexte, also die *ascolti*, sind hier nicht abgedruckt, da sie ausschließlich der Übung und Verbesserung des Hörverstehens dienen. Als Kursleiter / in finden Sie die Transkriptionen der Hörübungen und der *ascolti* in der *guida per l'insegnante*.

LEZIONE 4 *Prendi un caffè?*

C1 Guardate e ascoltate.

- ● Senta ... scusi ...
- ○ Volete ordinare?
- ● Sì, io vorrei un caffè e un'acqua minerale.
- ○ Gassata o naturale?
- ● Naturale.
- ○ Va bene.
- ▲ Per me un cappuccino e una pasta.
- △ Un cappuccino anche per me.
- ■ E per Lei?
- □ Mmm, per me un caffè, una minerale gassata e una pasta.
- ◆ Io invece prendo un succo di frutta alla pesca.

,EZIONE 7 *C'è una banca qui vicino?*

D1 Ascoltate.

- ● Beh, allora a più tardi ... Ci vediamo in trattoria. Tu, Luisa, vieni, no?
- ○ Sì, però aspetta, Marco. Io come faccio? Non so dov'è.
- ● Ah ... beh, guarda, quando esci di qui giri subito a sinistra, vai avanti fino ... no, aspetta, è un po' complicato. Ti faccio uno schizzo ... allora, guarda, esci di qui, giri a sinistra e vai avanti.
- ○ Mmm ...
- ● Poi attraversi l'incrocio e continui dritto fino alla libreria. Bene, poi giri a destra in via Doni ...
- ○ Mmm ...
- ● ... e vai sempre avanti fino al semaforo. Lì giri ancora a destra, dove comincia la zona pedonale.
- ○ Ah, sì.
- ● Ecco, dopo 50 metri circa arrivi in piazza San Fedele e vedi subito la chiesa.
- ○ Ah.
- ● E sulla destra, proprio accanto all'edicola, c'è la trattoria La Tavernaccia, non puoi sbagliare. È chiaro?
- ○ Sì, sì, con lo schizzo va bene, grazie.

LEZIONE 8 *Che cosa hai fatto ieri?*

D1 Ascoltate.

Sono nato a Napoli nel 1935 e ho vissuto sempre qui. Ho finito le scuole nel 1955 e con il diploma di ragioniere ho subito trovato lavoro, alle Ferrovie dello Stato. Due anni dopo ho lasciato il posto alle Ferrovie e ho aperto una piccola ditta di acque minerali, insieme a mio fratello. I primi anni sono stati difficili ma poi gli affari sono andati meglio. Negli anni ottanta abbiamo guadagnato veramente bene! Ma ho lavorato tantissimo – solo 10 giorni di vacanza all'anno! – e non ho avuto il tempo di farmi una famiglia. Insomma, sono single, come si dice adesso, ma vivo con mia sorella e ho molti nipoti che mi vogliono bene. Due anni fa ho chiuso la mia attività e sono andato in pensione. Ma a casa non so cosa fare e così lavoro in giardino o vado al negozio di mio nipote e aiuto un po'.

Spielanleitungen

LEZIONE 3 *Ripasso*

🄲 Eine Tour durch die Marken

Es wird in Gruppen von 3–4 Personen gespielt. Jede Gruppe braucht einen Würfel, und jeder Spieler braucht eine Spielfigur (zum Beispiel eine Münze).

Wer zuerst eine 1 würfelt, darf anfangen. Dann würfeln die Spieler im Uhrzeigersinn, setzen ihre Spielfiguren entsprechend vor und lösen die verschiedenen Aufgaben. Ist die Gruppe mit der Lösung zufrieden, darf der Spieler auf seinem neuen Feld stehen bleiben. Andernfalls muss er auf das Feld zurücksetzen, auf dem er vorher stand.

Gewonnen hat der Spieler, der als erster mit der passenden Würfelzahl auf der Nummer 14 landet. Würfelt er nicht die passende Zahl, um die Nummer 14 zu erreichen, muss er jeweils ein Feld zurücksetzen.

LEZIONE 6 *Ripasso*

🄲 So viele Fragen!

Stellen Sie eine Reihe von Fragen zu den Themen zusammen, die auf der linken Spielplanhälfte angegeben sind. Verwenden Sie dabei die rechts aufgeführten Fragewörter. Wichtig: Die Fragen dürfen ruhig etwas unrealistisch und lustig sein!

Es wird in zwei Teams und mit zwei Spielfiguren gespielt. Das Team, das zuerst antwortet, bestimmt das Thema, zu dem es befragt werden möchte, indem es eine Spielfigur auf das entsprechende Bild stellt. Das Team, das zuerst eine Frage formuliert, setzt seine Spielfigur auf eines der Fragewörter bzw. das Fragezeichen auf dem Spielplan und stellt eine entsprechende Frage. Hat das befragte Team eine richtige Antwort gegeben, darf es selbst eine Frage stellen. Das Team, das jeweils die nächste Frage beantworten soll, darf vorher eine Spielfigur umsetzen und so entweder das Thema oder den Fragetyp wechseln.

In diesem Spiel gibt es keinen Verlierer und kein bestimmtes Ende, aber sicher viel Spaß!

LEZIONE 9 *Ripasso*

🄰 Ein Aufenthalt in Lucca

Es wird in Gruppen von 3–4 Personen gespielt. Jede Gruppe braucht einen Würfel, und jeder Spieler braucht eine Spielfigur (zum Beispiel eine Münze). Alle Spieler setzen ihre Spielfiguren auf *partenza*, und das Spiel beginnt.

Dann würfeln die Spieler der Reihe nach im Uhrzeigersinn und setzen ihre Spielfiguren entsprechend vor. Jeder Spieler liest zunächst die gestellte Aufgabe

und wendet sich dann an einen Mitspieler, um die Aufgabe gemeinsam zu lösen. Wer einem Mitspieler hilft, eine Aufgabe zu lösen, rückt dem Ziel zwar nicht näher, kann aber die Gelegenheit nutzen, etwas auf Italienisch zu sagen. Ist die Gruppe mit der Lösung zufrieden, darf der Spieler auf seinem neuen Feld stehen bleiben. Andernfalls muss er auf das Feld zurücksetzen, auf dem er vorher stand. Außerdem gibt es für jede gelöste Aufgabe einen Punkt.

Das Spiel endet, wenn ein Spieler mit der passenden Würfelzahl genau auf dem Feld *arrivo* landet. Würfelt ein Spieler am Spielende nicht die passende Zahl, muss er jeweils ein Feld zurücksetzen.

In diesem Spiel gewinnt nicht, wer als erster das Ziel erreicht, sondern wer die meisten Punkte sammeln konnte.

LEZIONE 12 *Ripasso*

🄲 Urlaub in Italien

Es wird in Gruppen von 3–4 Personen gespielt. Jede Gruppe braucht einen Würfel, und jeder Spieler braucht eine Spielfigur (zum Beispiel eine Münze). Alle Spieler setzen ihre Spielfiguren auf das Feld *partenza*, und das Spiel beginnt.

Dann würfeln die Spieler der Reihe nach im Uhrzeigersinn und setzen ihre Spielfiguren entsprechend vor. Jeder Spieler liest die gestellte Aufgabe und wendet sich dann an seinen linken Mitspieler, um die Aufgabe gemeinsam zu lösen. Wer einem Mitspieler hilft, eine Aufgabe zu lösen, rückt zwar dem Ziel nicht näher, kann aber die Gelegenheit nutzen, etwas auf Italienisch zu sagen. Ist die Gruppe mit der Lösung zufrieden, darf der Spieler auf seinem neuen Feld stehen bleiben. Andernfalls muss er auf das Feld zurücksetzen, auf dem er vorher stand.

Gewonnen hat der Spieler, der als erster mit der passenden Würfelzahl das Feld *arrivo* erreicht. Würfelt er nicht die passende Zahl, muss er jeweils ein Feld zurücksetzen.

Bild- und Quellennachweis

S. 8: D. Seider, Glött; S. 9: Azienda di Promozione Turistica dell'Umbria, S. Belli; S. 10: D. Seider, Glött; S. 11: D. Seider, Glött; S. 12: G. Robustelli, Napoli; S. 13: D. Seider, Glött; S. 14: MEV (Fotos 1, 2, 3 und 5 von links); B. Peters, Stuttgart (Fotos 4 und 6 von links); S. 16: M. Rambaldi, Napoli; S. 19: Ferrovie dello Stato, Centro Audiovisivi, Roma; S. 20: M. Rambaldi, Napoli; S. 21: IAT Senigallia; S. 22: Hotel Ritz, Senigallia; S. 24: M. Rambaldi, Napoli; S. 26: R. Degli Innocenti, Pistoia; S. 28: A. Schmid, Kernen (Blumen); S. 29: R. Fäßler, Frankfurt; Hotel Baia del Capitano, Cefalù; S. 30: APTR Ancona – IAT Urbino, Archivio (Urbino); Archivio Fotografico Servizio Turismo Regione Marche (Monastero di Fonte Avellana, Pesaro); B. Huter, Stuttgart (San Benedetto del Tronto, Loreto, Ascoli Piceno); S. 31: M. Rambaldi, Napoli; Klett-Archiv; R. Fäßler, Frankfurt; S. 32: M. Rambaldi, Napoli; S. 33: M. Rambaldi, Napoli; S. 34: R. Fäßler, Frankfurt; S. 35: M. Rambaldi, Napoli; S. 36: R. Fäßler, Frankfurt (oben); M. Rambaldi, Napoli (unten); S. 38: A. Schmid, Kerner; S. 40: M. Rambaldi, Napoli; S. 42: MEV; Panini Verlag, Nettetal; S. 43: Università Popolare di Roma; S. 44: M. Rambaldi, Napoli; S. 45: R. Fäßler, Frankfurt; S. 46: F. Bresciani, Pietrasanta; S. 48: M. Rambaldi, Napoli; S. 49: M. Rambaldi, Napoli; S. 50: M. Rambaldi, Napoli; S. 52: Klett-Archiv (oben); R. Fäßler, Frankfurt (Mitte); S. 53: R. Fäßler, Frankfurt; B. Peters, Stuttgart; MEV (Fotos 3 und 4 von links); S. 54: M. Rambaldi, Napoli; S. 55: M. Rambaldi (links oben); A. Schmid, Kernen (Mitte und links unten); R. Fäßler, Frankfurt (rechts unten); S. 56: M. Rambaldi, Napoli (links oben und rechts unten); R. Fäßler, Frankfurt (rechts oben); R. Merklinghaus, Vaterstetten (links unten); S. 57: M. Rambaldi, Napoli; S. 59: MEV; R. Fäßler, Frankfurt; S. 60: R. Merklinghaus, Vaterstetten (links); R. Fäßler, Frankfurt; S. 61: Bell'Italia, n. 189, gennaio 2002 (Text), S. Cellai, Firenze (Foto); S. 62: R. Fäßler, Frankfurt; S. 64: R. Fäßler, Frankfurt; B. Peters, Stuttgart; S. 66: B. Peters, Stuttgart (links oben, rechts Mitte); R. Fäßler, Frankfurt (Mitte oben, links unten); M. Rambaldi, Napoli (links Mitte); Photodisc (links unten); S. 67: B. Peters, Stuttgart; S. 68: Farabolafoto, Milano; S. 69: G. Mungai-Maier, Stuttgart; S. 70: Musei Civici Veneziani, Servizio Marketing Immagine Promozione, Venezia; Edizioni Sellerio, Palermo S. 71: R. Fäßler, Frankfurt, S. 72. MEV, R. Fäßler, Frankfurt; S. 73: Azienda Turismo Padova Terme Euganee; S. 74: M. d'Angelo, Stuttgart; S. 76–77: APT Lucca; S. 78: Photodisc; S. 79: G. Robustelli, Napoli; M. Rambaldi, Napoli; B. Peters, Stuttgart; S. 80: Digital Vision; S. 81: R. Fäßler, Frankfurt; S. 82: Farabola Foto, Milano; S. 83: M. Rambaldi, Napoli; S. 84: R. Fäßler, Frankfurt; S. 85: Bell'Italia, n. 190, febbraio 2002 (Text); Meridiana Immagini, Bologna (Foto); Klett-Archiv; S. 86: G. Mungai-Maier, Stuttgart; S. 87: A. Schmid, Kernen (links); M. Rambaldi, Napoli (rechts oben); R. Fäßler, Frankfurt (rechts unten); S. 90: R. Fäßler, Frankfurt (links oben, Mitte oben);

B. Huter, Stuttgart (links Mitte); Photodisc (links unten); B. Peters, Stuttgart (rechts oben, rechts unten); Farabola Foto (Mitte); Stockbyte (rechts Mitte); S. 92: M. Rambaldi, Napoli; S. 93: Farabola Foto, Milano; S. 94: Gino Cadeggianini, Viola Film, Ottobrunn (oben links und rechts, unten links); APT Venezia (oben Mitte); G. Tommasini, Stuttgart (unten Mitte); B. Peters, Stuttgart (unten rechts); S. 95: Studio Silvano Foto, Mezzano; S. 97: B. Peters, Stuttgart; S. 103: B. Peters, Stuttgart; Terme di Saturnia Spa & Golf, Saturnia; Farabola Foto, Milano; S. 115: B. Peters, Stuttgart; S. 120: B. Peters, Stuttgart; S. 124: G. Mungai-Maier, Stuttgart; S. 132: Stadtplanausschnitt Florenz: Hallwag Kümmerly&Frey AG; S. 137: G. Mungai-Maier, Stuttgart; S. 146: B. Peters, Stuttgart; S. 151: B. Peters, Stuttgart

2. Umschlagseite: Cartografia del Touring Club Italiano – autorizzazione del 20 novembre 2002